U0743466

《马藏》研究

第四辑

2023 年

北京大学《马藏》编纂与研究中心　主编

国家社科基金重大项目"《马藏》早期文献（1871–1921）与马克思主义在中国的早期传播"
（项目批准号 19ZDA006）阶段性研究成果

科学出版社

北京

内 容 简 介

《马藏》是对马克思主义形成和发展过程中相关文献的汇纂。本辑收录的论文是国家社科基金重大项目"《马藏》早期文献（1871—1921）与马克思主义在中国的早期传播"课题组近年来的部分研究成果。大部分作者都参与了《马藏》第一部至第四部的编纂工作。本辑的论文，既有对马克思主义及其经典著作在中国早期传播的历史图景、思想过程和文本特征的总体性探讨，也有对《马藏》文本和相关著译者群体的考证式与专题式研究。本辑的论文，在研究范式、文献梳理及学术观点上，都体现了目前学界在马克思主义早期传播史领域研究的新水平，对于深化马克思主义在中国的早期传播具有重要意义。

图书在版编目（CIP）数据

《马藏》研究. 第四辑 / 北京大学《马藏》编纂与研究中心主编. —北京：科学出版社，2024.3
ISBN 978-7-03-078194-9

Ⅰ. ①马… Ⅱ. ①北… Ⅲ. ①马克思主义－研究 Ⅳ. ①A81

中国国家版本馆 CIP 数据核字（2024）第 067224 号

责任编辑：刘英红 夏水云 / 责任校对：贾娜娜
责任印制：师艳茹 / 封面设计：润一文化

科 学 出 版 社 出版
北京东黄城根北街 16 号
邮政编码：100717
http://www.sciencep.com
涿州市般润文化传播有限公司印刷
科学出版社发行 各地新华书店经销

*

2024 年 3 月第 一 版 开本：787×1092 1/16
2024 年 3 月第一次印刷 印张：14 3/4
字数：249 000
定价：98.00 元
（如有印装质量问题，我社负责调换）

目　　录

20 世纪 30 年代"中国现代化"问题论争及其思想史意义

顾海良

摘要： 20 世纪 20 年代初，李大钊、恽代英、瞿秋白等中国共产党思想家关于"以工立国"的理论及其中国工业化道路和方式的各种观点，形成了中国共产党关于社会主义工业化和现代化的基本思想；杨明斋对"以农立国"论基本观点的驳斥，对那一时期中国思想界产生了较为广泛的影响，甚至可以被看作 20 世纪 30 年代关于"中国现代化问题"探索的直接的思想来源。1933 年 7 月，《申报月刊》设立"中国现代化问题"特辑，提出了"中国现代化问题"以及现代化中"工业化"意义和道路等问题，这是中国思想界第一次以"中国现代化"为主题进行的思想交流和交融，其中不乏各种思想交锋。在这一论争中提出的一系列观点，受中国共产党成立十多年间已经形成的社会主义工业化和现代化思想的影响，树立了中国现代化思想研究的先导。

关键词： "以农立国"和"以工立国"；"中国现代化问题"特辑；工业化和现代化；中国式现代化

作者简介： 顾海良，北京大学博雅讲席教授，北京大学马克思主义学院教授、博士生导师，北京大学《马藏》编纂与研究中心主任、《马藏》主编。主要从事马克思主义原理、马克思主义发展史、马克思主义政治经济学研究。

鸦片战争之后，帝国主义列强对中国的侵略步步紧逼，封建统治日益衰败，祖国山河破碎、战乱不已，人民饥寒交迫、备受奴役。回溯历史，可以看到："实现中华民族伟大复兴是近代以来中国人民的共同梦想，无数

仁人志士为此苦苦求索、进行各种尝试，但都以失败告终。"1917 年俄国十月革命的爆发，特别是 1919 年我国五四运动的爆发，使得马克思主义在中国的传播由思想自发转为思想自觉。中国共产党的创立者坚守历史自觉和历史主动，使"探索中国现代化道路的重任，历史地落在了中国共产党身上"[①]。

在新民主主义革命时期，中国共产党领导全国人民"推翻帝国主义、封建主义、官僚资本主义三座大山，建立了人民当家作主的中华人民共和国，实现了民族独立、人民解放，为实现现代化创造了根本社会条件"[②]。与此同时，中国共产党也从"立国"意义上，对"以工立国"、中国工业化-现代化思想作出渐次深入的探索，对这一时期中国思想界产生了重要影响。在1921 年再度兴起的那场"以农立国"和"以工立国"的论争中，中国共产党理论家们提出了关于社会主义工业化的最初的理论主张和思想观念；在1933 年《申报月刊》上展开的那场"中国现代化问题"的论争中，中国共产党关于中国工业化和现代化的基本理论主张和思想观念得到传播和运用，开拓了中国思想界关于现代化问题探索的新局面。

一、中国共产党成立初期对"立国"理念的探索及其意义

选择一条什么样的社会革命道路，是中国共产党成立伊始面对的首要问题。20 世纪 20 年代初，中华民族正遭受着前所未有的劫难，西方列强的疯狂侵略和掠夺、封建专制的残酷统治和压迫，使中国社会加速沦为半殖民地半封建社会。正是在这一时期，中国思想界再度对"以农立国"还是"以工立国"问题展开论争，试图从中国"立国"道路的选择上，找到拯救民族危亡的出路。

1921 年之前，中国思想界有过关于是"以农立国"还是"以工立国"的零星论争。1921 年，章士钊在欧洲进行政治考察回国之后，对"以农立国"思想作出新的阐释，使得这一论争的思想史意义得以深入。1923 年 8

---

① 中共中央党史和文献研究院，中央学习贯彻习近平新时代中国特色社会主义思想主题教育领导小组办公室. 习近平新时代中国特色社会主义思想专题摘编[M]. 北京：党建读物出版社、中央文献出版社，2023：91.

② 中共中央党史和文献研究院，中央学习贯彻习近平新时代中国特色社会主义思想主题教育领导小组办公室. 习近平新时代中国特色社会主义思想专题摘编[M]. 北京：党建读物出版社、中央文献出版社，2023：91.

月，章士钊在上海《新闻报》发表的《业治与农》一文，列举了 18 世纪以来欧洲工商业发展的许多弊端，同时在对中国工业化道路种种梗阻的分析中得出如下结论："当世工业国所贻于人民之苦痛何若，昭哉可观，彼正航于断港绝潢而不得出，吾扬帆以穷追之，毋乃与于不智之甚，世界真工业制之已崩坏难于收拾也如彼，吾国伪工业病之复洪胀不可终日也如此，此愚所为鸟瞰天下，内观国情，断然以农村立国之论易天下，无所用其踌躇者也。"①同年 11 月，章士钊（字行严）在《新闻报》发表《农国辨》一文，极力褒扬传统文化与农业国的优越性，在对 "以农立国" 主张的阐释中认为，相较于工业国，农业国 "寡欲而事节，财足而不争"。② "以农立国"论者往往认为："工国运命，已濒厄境。若尚趋赴，何异自蹈陷阱中乎？" "以农立国" 可以避免西方工业化国家生产过剩等诸多弊疾，因为往往 "农国求过于供，工国供过于求"；加上 "中国有长远之农史，广大之农地，良善之农民"，"以农立国" 被看作 "宜发挥其所长，不宜与西人为我占劣势之竞争"。③

1920 年 1 月，在中国共产党成立前夕，李大钊在《由经济上解释中国近代思想变动的原因》一文中就提出："我们可以晓得中国今日在世界经济上，实立于将为世界的无产阶级的地位。我们应该研究如何使世界的生产手段和生产机关同中国劳工发生关系。"④在李大钊看来，从无产阶级地位上探索中国与世界经济的关系，要立足于对生产资料同工人关系的研究。李大钊多次谈到中国要发展社会主义 "实业" 问题。1921 年 3 月，他在《社会主义下之实业》一文中谈道："中国以农立国，然而农业腐败得不堪过问。"对于中国实业界，"用资本主义发展实业，还不如用社会主义为宜"。"中国不欲振兴实业则已，如欲振兴实业，非先实行社会主义不可。""中国实业界的人，没有不受官僚的操纵压迫的。既行社会主义而后，则此种掣肘实业的人，当然可以消灭了。我要说一句武断的预言：中国实业之振兴，必在社会主义之实行。"⑤在同月发表的《中国的社会主义与世界的资本主义》一文中，李大钊进一步提出通过社会主义的办法，把中国从落后

① 罗荣渠. 从 "西化" 到现代化：下册[M]. 合肥：黄山书社，2008：743-744.
② 行严. 农国辨[N]. 新闻报，1923-11-03（3）.
③ 罗荣渠. 从 "西化" 到现代化：下册[M]. 合肥：黄山书社，2008：769-770.
④ 中国李大钊研究会. 李大钊文集：第 3 卷[M]. 北京：人民出版社，1999：146-147.
⑤ 中国李大钊研究会. 李大钊文集：第 4 卷[M]. 北京：人民出版社，1999：80-81.

的农业国变为发达的工业国的观点，认为"今日在中国想发展实业，非由纯粹生产者组织政府，以铲除国内的掠夺阶级，抵抗此世界的资本主义，依社会主义的组织经营实业不可"①。李大钊坚信，中国"实业"发展，要以推翻国内反动统治和国外资本主义统治为前提，要以建立社会主义制度为基础。

1922 年 7 月，党的二大通过的《中国共产党第二次全国代表大会宣言》，对中国实现工业化的条件及其必然性问题作出了清晰的表达。在对中国共产党"民主主义革命"七项奋斗目标的阐释中，最先两项奋斗目标就是"消除内乱，打倒军阀，建设国内和平"和"推翻国际帝国主义的压迫，达到中华民族完全独立"②。这就说明，中国共产党最初确定的"民主主义革命"奋斗目标，已经蕴含了中国共产党后来明确的中华民族伟大复兴两大历史任务的思想，即"一个是求得民族独立和人民解放；一个是实现国家繁荣富强和人民共同富裕。前一任务是为后一任务扫清障碍，创造必要的前提"③。党的二大之后，关于中国工业化必须以新民主主义革命的胜利、社会主义制度的建立为根本基础和前提条件的思想，一直是中国共产党关于中华民族伟大复兴和推进中国现代化进程的基本思想。

恽代英是中国共产党内最先对"以农立国"观点提出质疑的，也是最先提出中国必须走社会主义工业化道路的思想家之一。1923 年 6 月，在《中国社会革命及我们目前的任务——致存统》一文中，恽代英就对"以农立国"观点作出抨击，提出"国家发达交通与各种大工业"在根本上是"为无产阶级势力植根基"的，这是因为，"国家握大工业之权，自能吸收小工业而完成共产，用交通及其他如电化之类，则可联络各种独立事业，使成为互相倚赖，而同时使工人集中，且加增其经济地位上的重要。如此然后无产阶级团结有力，可以反抗一切反动势力"④。立足中国国情，走社会主义工业化道路，是中国社会发展的必然选择，也是中国共产党人从唯物史观立场上，对"立国"道路和发展战略问题的最初探索。

1923 年 10 月，恽代英在《中国可以不工业化乎？》一文中，再次对

① 中国李大钊研究会. 李大钊文集：第 4 卷[M]. 北京：人民出版社，1999：85-86.
② 中共中央文献研究室，中央档案馆. 建党以来重要文献选编（1921—1949）：第 1 册[M]. 北京：中央文献出版社，2011：133.
③ 中共中央文献研究室. 十五大以来重要文献选编（上）[M]. 北京：人民出版社，2000：2.
④ 恽代英. 恽代英全集：第 5 卷[M]. 北京：人民出版社，2014：84.

当时中国思想界流行的"中国不宜工业化"的观点作出批驳，提出"中国亦必化为工业国然后乃可以自存，吾以为殆无疑议"。当时，帝国主义列强的殖民政策和国外垄断资本对中国的掠夺，完全阻断了中国工业化道路。在这种情况下，"国人之生路俱为外国工业之所压迫而日趋逼狭……既有赔款，复有外债，使国民所担任之赋税日益增高，而上流、中流之阶级亦日呈中落之倾向。此非吾之工业有以与外国相抗衡，盖惟有万劫而不复。岂尚得谓中国不宜工业化乎？"①在帝国主义列强的控制下，中国的工业化是不可能实现的；但绝不能由此而认为中国不需要工业化、不需要走出中国自己的工业化道路。在《读〈国家主义的教育〉》中，恽代英坚信，"吾人必须在经济上得着独立，中华民族乃能独立"②，也才能走出中国自己的社会主义工业化道路。

恽代英清醒地认识到，缺乏资本将是中国工业化经济建设中一个不可回避的难题。当时有的"以农立国"论者就以为，"中国若行工业化，必不能免外资之纠葛。然外资之纠葛，初何必待中国将来之工业化。眼前逼近眉睫之事，实已不胜枚举矣。开平之煤、大冶之铁，此外铁路矿山，已为外人染指者，岂以中国不求工业化遂免于外资之纠葛乎？"③在这种情况下，"此非吾之工业有以与外国相抗衡，盖惟有万劫而不复"④。1924 年 4 月，恽代英在《民国日报》副刊《评论之评论》第 6 期发表《如何方可利用外资》一文，在对"中国不宜以外资开发富源"这种观点作出反驳时指出，中国作为一个经济落后的国家，"欲开发富源，就事实言，终不能不借入外资"。借鉴当时苏俄（联）正在实行的新经济政策，恽代英提出："以苏俄共产主义精神的租税制度，他们还是不能不利用外资，以助国内产业的发展，中国将来是应当仿效苏俄的。"⑤

1923 年 1 月，瞿秋白在《世界的社会改造与共产国际——共产国际之党纲问题》一文中，根据自己在苏俄（联）新经济政策实施时期的所见所闻，以及对马克思主义学说的研究，提出"各国各有其特殊的社会主义的经济形式"的问题。他认为社会主义"只能建筑在现存的实有的基

---

① 恽代英. 恽代英全集：第 5 卷[M]. 北京：人民出版社，2014：129-130.
② 恽代英. 恽代英全集：第 5 卷[M]. 北京：人民出版社，2014：26.
③ 恽代英. 恽代英全集：第 5 卷[M]. 北京：人民出版社，2014：128.
④ 恽代英. 恽代英全集：第 5 卷[M]. 北京：人民出版社，2014：129.
⑤ 恽代英. 恽代英全集：第 6 卷[M]. 北京：人民出版社，2014：294-295.

础上，所以将来会发现各种不同的社会主义形式，或者可以说是那各种不同的资本主义之继续变革"。各国无产阶级取得政权后，根据"现存的实有的基础"，必有"种种'社会主义生产'之不同形式"，也"必暂呈互异的社会主义，——各国各有其特殊的社会主义的经济形式"[①]。中国共产党对中国社会革命道路的探索，集中体现在把马克思主义基本原理与中国的实际相结合之中，集中体现在探寻适合中国实际的社会革命和发展道路之中。瞿秋白在对这一问题探索中秉持的这种理论自觉和历史自觉尽管还是初步的，但却是十分珍贵的，对中国共产党探索中国社会革命和发展道路有着重要的影响。

1923 年 5 月，在《现代中国的国会制与军阀——驳章士钊之〈论代议制何以不适于中国〉》一文中，瞿秋白对章士钊脱离中国国情的倾向作出批判，对"中国以农业国而受此帝国主义的逼迫，早已滚入世界资本主义的漩涡中，成了世界经济里的一个齿轮"，以及"全国经济生活已渐入工业的范式"的现状作出深刻分析。他认为，"以农立国"论在根本上就是"要斡旋天地，倒转历史，——纯纯粹粹的唯心论"。瞿秋白认为，"不但章氏之'中国为农业国'的前题已破，而且他的历史根本观念就错"，中国经济和社会发展的"事实"就在于：第一，"中国正在由宗法式的农业国，依历史的逻辑，渐进于商业工业国"；第二，"因中国此种经济发展过程乃受帝国主义的侵铄故成外强中干的病态，所以有一时期的当然的竭蹶窘迫的情形"；第三，"正因此而中国社会的发展倾向，——乃是以其民族运动与世界社会革命运动相联结，而求真正的民权运动"。瞿秋白的结论就是："历史的逻辑，在于经济动象中社会实力步步促起制度的改进，——是永永流动的。没有一种制度能'适'于永久，亦没有一种制度能'适'于预定的轨范。所以客观对象既明，便可以知道：不必讨论制度与经济基础'适不适'，而当研究运动的趋向与经济动象'顺不顺'。"[②]在这里，瞿秋白吸收了列宁主义对俄国民粹主义思想批判的理论要义，同时又结合了中国国情和中国经济社会发展的实际，形成了中国共产党关于中国社会发展道路的马克思主义基本理论。

1929 年 12 月，在《中国资本主义发展的问题》一文中，瞿秋白进一

---

① 瞿秋白. 瞿秋白文集·政治理论编：第 1 卷[M]. 北京：人民出版社，2013：451.
② 瞿秋白. 瞿秋白文集·政治理论编：第 2 卷[M]. 北京：人民出版社，2013：53，57-60.

步指出："帝国主义打破了中国旧的经济，封建的经济是在崩解；但是另一方面，又造成了农村经济的破产，农民的骚动，商业的停滞，旧的封建关系只是变动了一下形式，他又要反复的阻碍着中国工业的发展。"瞿秋白认为，在这种情况下，"中国的经济没有一个独立的前途，而只是在变成帝国主义的完完全全的附庸。只有工农革命的胜利，方才能够解放中国，使他在无产阶级的统治之下，用极快的速度，实行社会主义的工业化。"[1]这些论述以对中国国情的科学把握为根基，深化了对中国革命和发展道路的探索，表达了中国共产党创立者的理想信念、民族情怀、坚强意志和使命担当。

中国共产党理论家们的一系列重要论述，对"以工立国"的中国理论作出了多方面的阐释，初步形成了中国共产党关于社会主义工业化和现代化的基本思想，对那一时期中国思想界产生了较为广泛的影响，甚至可以认为，这也成为之后关于"中国现代化问题"探索的直接的思想来源和理论基础。

二、杨明斋的 "中西文化观" 与中国工业化的理念和构想

中国共产党成立之初，杨明斋从中国国情出发，以马克思主义基本原理为指导，对中国经济社会的发展，特别是对工业化发展的道路和形式作出了具有重要影响的探索。杨明斋（1882—1938）是中国共产党建党时期颇具影响的马克思主义理论家，他在十月革命爆发前就在俄国加入布尔什维克，1920 年作为以维经斯基为首的共产国际工作小组成员，先后在北京、上海，与李大钊、陈独秀等一起，研究在中国建立共产党组织的问题，为中国共产党成立作出过重要贡献。1921 年中国共产党成立后，杨明斋主要从事党的理论教育和新闻工作。1938 年在苏联逝世。杨明斋于 1924 年初出版的《评中西文化观》一书，被称作"中国学术界以马克思主义世界观和历史观来研究中国问题的最早的一部系统性论著""上世纪 20 年代初关于中西文化论战留下的出色文献""早期马克思主义启蒙运动、中国现代化启蒙思想运动留下的珍贵遗产"[2]。

《评中西文化观》主要分作四部分：卷一是对梁漱溟《东西文化及其

---

[1] 瞿秋白. 瞿秋白文集・政治理论编：第 6 卷[M]. 北京：人民出版社，2013：764.

[2] 杨明斋. 评中西文化观[M]. 合肥：黄山书社，2008：265.

哲学》的"批评"，通过对中西方文化内容的分析和评价，通过对"西洋"（即西方国家）、中国、印度三方面的哲学及其对生活的影响的解释和理解，对"世界未来之文化与我们今日应持的态度"[①]问题作出深入探讨；卷二是对梁启超《先秦政治思想史》从"序论"、"前论"和"本论"三个方面作出分析，集中于对梁启超宣扬的"发挥儒家的政治思想以期救现世之政治的流弊"观点的批评；卷三集中于对章士钊《农国辨》中"农村立国主义"核心观点的批判，对"以农立国"和"以工立国"在政治、法律、社会道德上的本质区分及其根本对立问题作出阐释；卷四"总解释"是对以上三种中西文化观作出的总的"批评"，注重用"比较有系统的方法"[②]作出整体性探索。在对当时颇为流行的"以农立国"思想的评析中，杨明斋对中国工业化和现代化道路和形式问题作出了系统阐释。

作为批评对象的《农国辨》是章士钊"以农立国"论的主要著述，发表于1923年11月的上海《新闻报》上。杨明斋主要从两个方面对《农国辨》作出批评：一是"评农工立国经济政治观察之错误"，二是"评观察工国政变及我国对待工国之主张的错误"。

在"评农工立国经济政治观察之错误"中，杨明斋对《农国辨》中"以农立国"的立论基础作出批判，集中对其中的经济观、政治观和文化观的错误作出详尽而深入的批判。在经济观上，杨明斋对《农国辨》宣扬的"以农立国"论的两个主要观点作出批判。一是章士钊错误地认为，农业国的长处在于生产和分配"取义在均，使有余不足之差不甚相远"；而工业国"因之资产集中，贫富悬殊，国内有劳资两级相对如寇仇者"[③]。杨明斋指出，中国农村根本就不存在"取义在均"的事实，存在的只是"富者家有粮万石，而贫者夏则食粮与草根糟糠，冬则冻饿而死于沟濠街巷者很多"；至于"生产之过剩"，是"劳资阶级相对如寇仇"的结果，根本不是工业化生产本身的"病"，而是"分配和财产权制度的病"[④]。二是章士钊错误地认为，"农业立国"利于"节欲"，"勉无为，知足戒争"，能消除"奢华"甚至避免"杀戮"。杨明斋对此作出严厉批驳，提出"拿农业国的政治道德法律施行于工业国是不适用的。反之，拿工业国的政治法律来施行于农业国也一

① 杨明斋. 评中西文化观[M]. 合肥：黄山书社，2008：1.
② 杨明斋. 评中西文化观[M]. 合肥：黄山书社，2008：187.
③ 杨明斋. 评中西文化观[M]. 合肥：黄山书社，2008：156.
④ 杨明斋. 评中西文化观[M]. 合肥：黄山书社，2008：160-161.

样不相宜",因为它们"各自有适宜于经济状况的组织"①。"奢华"和"杀戮"是私有制的必然产物,对于所谓"以农立国"的中国社会来说也是必然现象。杨明斋提到:"中国虽系农国,而却不是节欲的国",《农国辨》中所提到的"那些中下户农民和不很阔绰的工商以及穷读书人,的确是节欲,但是他们的节欲是被经济条件逼迫的,不得不节"。显然,以众多贫民过不了"奢侈生活"而断言"凡是农国就讲节欲"的观点是极其错误的。更应该看到的是,中国官僚、阔人们的"极奢纵欲",不仅长期存在于中国这样的"农国",而且在外国资本进入后,"除纵自己固有欲外,还摹仿外人的嗜欲"②,"纵欲"的花样翻新且极度膨胀。

章士钊所谓的"农国戒争",也有悖于历史事实。杨明斋认为:"历史告诉我们说,中国每隔一二百年朝廷必演暴横虐政,人口增加家族经济生活不安,于是必有'占山为王''强盗豪杰'生活之乱";即使在欧洲,"各国当其未进于工业国之时",各种各样的战争名堂亦繁多。杨明斋认为,就中西历史比较来看,中国在历史上确实比较"戒争",这与"四千余年的文化"是有关系的,像《农国辨》认为的"保守农业不进的经济就可以免去一切人事的战争"的观点的讹误就在于,"人类生活的悲惨痛苦并不在农工生产之分,而是在生产之不足,分配之不均,教育之不适宜与不普及"③。

在政治观上,阐明"以农立国"和"以工立国"论争的实质就是中国社会制度变革的问题。杨明斋认为:"立国"的道路和方式问题的论证,在根本上就是社会是否需要进行改造和改良的问题。"要知道人类生活的政治是由经济演出的,经济的制度和生产的方法不改良,空谈政治改良教育改良人格道德改良提高是无益的。"④按照唯物史观的理解,"立国"之根本,在于对社会经济制度、生产方式及方法的改造和改良,在此基础上才能有教育和道德的改良和提高。

在文化观上,杨明斋认为,"农国"长时期受"旧思想"禁锢,是"中国之所以不治,国家贫穷,人民无社会法律观念之由来"。他提出:"中国二千余年来读书人不能产出成文的科学方法去研究客观的事物之理,停住了一切理性发展的创造,养成不识时务的腐儒,这虽是由于儒家的学术,

① 杨明斋. 评中西文化观[M]. 合肥:黄山书社,2008:161.
② 杨明斋. 评中西文化观[M]. 合肥:黄山书社,2008:162-163.
③ 杨明斋. 评中西文化观[M]. 合肥:黄山书社,2008:163-164.
④ 杨明斋. 评中西文化观[M]. 合肥:黄山书社,2008:166.

然而科举制之济弊也为最大原因。"①即使要消除欧洲工业发展中贫困、失业等弊端，也是要人类通过制度变革创造新制度实现的，即如杨明斋所言："人类所创造的制度，那并不是自然的东西，尽可及时变更，毁坏旧的，创造新的。"②这里讲的"新的"社会制度，就是杨明斋所说的社会主义制度。杨明斋的批判是中国共产党人依照马克思主义基本观点，对中国社会发展道路以及中国工业化-现代化思想所作的最有影响的阐释，在当时中国思想界发出了中国共产党人的声音。

在"评观察工国政变及我国对待工国之主张的错误"的阐释中，杨明斋对中国社会主义工业化的四个基本问题作出了分析。

一是对"农化为工"的过程中，农业和工业发展关系问题的分析。针对国外工业大肆入侵中国的后果而言，杨明斋认为"工业之兴，农业时代的各种组织之所以崩坏，国外商务之发展，他农国之被掠夺，这话是不错的"。但是，在一国实现"农化为工"的过程中，同样存在着工业推进和促进农业发展的"实事"，即"在农化为工之时，农业生产只有受工业之影响奖励发展，并不受其坏影响"③。杨明斋认为，这是因为"工商无论如何发达，其本仍旧在农。因此工业器械发达不久，就把农田所应用的耕具或改良或发明新机械农具，辨土性，选种设置试验场，研究去虫灾法，改良水利……等类的农学相继而发明，较前愈精而有用"④。工业呈现出对农业的推动作用，在"农化为工"的过程中形成"工业的生产法变动，而农业生产法亦随之"⑤的趋势。同时，在工业化国家，农业生产也更多地转向能够为工业生产对象的农产品的生产中。当然在战争时期，壮年农民和工商人到前线打仗，农田荒芜的景象也会出现。在对"以农立国"论的批判中，杨明斋对"农化为工"过程的辩证的分析，体现了中国共产党对农业经济基础地位的认识，以及工业之于农业推动作用观点的初步认识。

二是对"工国之害"和"农国之利"关系的分析。杨明斋对《农国辨》在观察"工国之害"和"农国之利"中，"出于偏见""有背于实事"的观点作出分析。例如，欧洲各工业国中"贫富两阶级相去太殊"的现象，并

---

① 杨明斋. 评中西文化观[M]. 合肥：黄山书社，2008：173.
② 杨明斋. 评中西文化观[M]. 合肥：黄山书社，2008：179-180.
③ 杨明斋. 评中西文化观[M]. 合肥：黄山书社，2008：175.
④ 杨明斋. 评中西文化观[M]. 合肥：黄山书社，2008：175.
⑤ 杨明斋. 评中西文化观[M]. 合肥：黄山书社，2008：175.

非自工业兴起以后才有的。历史上，欧洲各国贫富阶级 "起自上古，成于封建时"，并不是工业化过后才出现的；同时，"即令贫富阶级悬殊之甚是起自工业兴以后，但这个时代之工人与农人并不比农业封建时代之奴工奴农的生活痛苦"。从历史发展的整体性上，杨明斋对资本主义工业化中贫富差距问题作出分析，特别指出 "中国的地主与佃农贫富之相殊较工国犹过之。小灾年之贫民死者每省动以千百计，大灾年无算矣"①。

三是对 "西洋文化" 在中国的命运问题的探讨。针对那种认为学习欧洲如何国势强盛是有益的，学习欧洲的文化学术则是无益的因而可以 "唾弃不惜" 的观点，杨明斋首先提出："文化学术并不是于被迫无奈愤恨仓卒之间，可以于短时期学得来的，并不是虚心假意所可能吸收人家的文化学术之精"，而 "以农立国" 论 "把学术之精看得太轻，并不管民族性与民族固有的文化是何何！"②在杨明斋看来，学习 "西洋文化" 而 "不管我国的文化地理历史民族与民族遇合政治经济民人的习惯风俗等类"③，是不可能将其真正学到手的。

四是对欧洲社会主义主张的 "均民用" 与 "逃工归农" 关系问题的分析。《农国辨》武断地认为，第一国际至第三国际 "欧洲工党" 的观点，就是 "与资本帝国主义抗，虽不离工，而考其用心，固隐然有逃工归农之意"④。杨明斋认为，"以农立国" 论者的这些武断观点，充斥着对社会主义思想的误解。

在《评中西文化观》卷二中，杨明斋对社会主义的本质及其思想内涵作过简要的论述，认为 "社会主义是人类生活的生产演进中的一种经济革命，他和无限制的个人之私有制度相对待，并且和资本私有之国家主义也不和睦。换句话讲无限制的个人之经济私有制度及资本私有之国家主义，这便是他的仇敌。要打破这两种制度的进行方法，这便是社会主义者的义务"⑤。杨明斋以对社会主义的这一认识为基本立场，对《农国辨》的武断观点作出如下驳斥。首先，杨明斋提出："据我所知社会主义者因为生产不足民用，极力主张发达生产——工艺学术——并没想到逃工归农"，社会

① 杨明斋. 评中西文化观[M]. 合肥：黄山书社，2008：177-178.
② 杨明斋. 评中西文化观[M]. 合肥：黄山书社，2008：180-181.
③ 杨明斋. 评中西文化观[M]. 合肥：黄山书社，2008：182.
④ 杨明斋. 评中西文化观[M]. 合肥：黄山书社，2008：182.
⑤ 杨明斋. 评中西文化观[M]. 合肥：黄山书社，2008：111.

主义者主张的"均劳力"是要达到"发展生产和均民用的享受权"，根本没有"隐然逃工归农之意"。其次，社会主义者以其"国际主义"观点，"倡打倒资本帝国主义的侵略掠夺淫奢欺压弱国奴隶弱族，他们要解放弱国弱族，使其自由的发展生产经济财政教育；并不想去工就农。他们只是主张自由通商，排斥列强之霸占市场，强迫关税协定和强盗性质的条约；可是并不想闭关自守长为农国"。最后，欧洲各工业国失业人口渐多是事实，但是要清楚的是，"其失业之所以然，并不是由于工业之生产，而是由于生产的资本被资本家集收了去；平民许多除劳力外无资借以生产，于是妨碍平民生产。假使能打破这种妨碍，则失业之民救矣"[①]。

杨明斋对《农国辨》中倡导的"以农立国"基本观点的驳斥，重点在于对章士钊以"不讲经济之儒学的眼光"对中西文化差异的分析及将其作为改造社会的思想根源系列观点的批驳。杨明斋的这些批驳性观点，对当时中国思想界的影响，不仅在于阐释了中西文化发展及其本质的马克思主义的立场和观点，也在于从"立国"的意义上，阐明了中国共产党对中国社会发展道路和方式选择的马克思主义基本理论和理念。

三、"中国现代化问题"探索缘起和基本问题探讨

20 世纪 20 年代，中国共产党关于"以工立国"的理论及其对中国工业化道路和方式的各种观点，对中国思想界产生了重要的影响。1933 年 7 月，《申报月刊》在其创刊一周年的"特大号"上设立"中国现代化问题"特辑，提出了"中国现代化问题"，以及现代化中"工业化"的意义和道路等问题，这是中国思想界第一次以"中国现代化"为主题进行的思想交流和交融，其中不乏各种思想交锋。在这一论争中提出的一系列观点，明显地受到中国共产党成立十多年间已经形成的社会主义工业化和现代化思想的影响。

以"中国现代化问题"为专题，探讨国家发展道路的特征、战略和方式，开创了中国思想界关于现代化问题探索的先河，也在国际思想界开创了现代化问题探索的先例。这一专题讨论的时代背景，一方面是，1929 年开始的世界资本主义经济"大萧条"对世界经济的冲击正在显现，欧美资本主义国家经济发展道路和前景黯淡；另一方面是，1931 年"九一八"事

---

① 杨明斋. 评中西文化观[M]. 合肥：黄山书社，2008：183-184.

变和 1932 年"一·二八"事变后，中国的政治形势已经发生极其深刻的变化，反对日本帝国主义的侵略正成为全国各族人民面临的首要问题。这一时期，中国共产党初步形成的抗日民族统一战线思想，在民众中也在中国思想界产生显著影响。对处在民族危亡中的中国发展道路选择问题的探讨，成为中国思想界的重要话题，特别是在"中国现代化问题"探索中展现的现代化话题和话语，从多方面体现了中国共产党相关思想间接的或直接的影响，在不同程度上体现了马克思主义对中国社会道路和方式问题探讨的理论感召力。

　　"中国现代化问题"是一个自鸦片战争以来就一直存在的问题。20 世纪 30 年代初，中国思想界再度提出这一问题，是有其重要的学术和学理背景的。《申报月刊》在编辑"中国现代化问题"特辑的一开始就指出：自鸦片战争以来，"全国上下，即感受到西方势力进侵的重大刺戟。那时就有人认为从此开了中国三千余年来的一大变局，不能不急急巩固国防，发展交通，以图补救。于是讲究洋务，设制造局，造轮船，修铁路；兴办电报，提倡格致"。凡此种种，都成为"促使中国'现代化'的工作和努力"，而"中学为体，西学为用"也就成为对待"现代化"问题的"主张"。①

　　面对当时中国的状况，"中国现代化问题"特辑的编者不无忧虑地提出："须知今后中国，若于生产方面，再不赶快顺着'现代化'的方向进展，不特无以'足兵'，抑且无以'足食'。我们整个的民族，将难逃渐归淘汰万劫不复的厄运。"国力衰弱、民族危亡、百姓困苦，中华民族实在是到了最危险的时刻；提出"中国现代化问题"，将其作为一种"药石"，是希冀它能"刺激并救治一大部分人向来漠视中国经济危机的麻木心理"。②

　　"中国现代化问题"特辑，重于经济方面"现代化"问题的探讨，这主要有两大基本问题：一是"中国现代化的困难和障碍是什么？要促进中国现代化，需要甚么几个先决条件"；二是"中国现代化当采取那一个方式，个人主义的或社会主义的？外国资本所促成的现代化，或国民资本所自发的现的（代）化？又实现这方式的步骤怎样？"③但实际讨论的内容，既超出了这两个基本问题的范围，也多有超出经济上的现代化问题。"中国现

　　① 佚名. 编者之言[J]. 申报月刊, 1933（7）：1.
　　② 佚名. 编者之言[J]. 申报月刊, 1933（7）：1.
　　③ 佚名. 编者之言[J]. 申报月刊, 1933（7）：1.

代化问题"特辑编者把各家来稿分作"短文"和"专论"两类，其中"短文"10篇、"专论"16篇。各撰稿者不管是在"短文"中还是在"专论"中，尽管论题不一，但阐释的内容却颇为接近。在阐释的题目上，"短文"集中于对特辑两个问题的直接回答；"专论"则重于对两个问题作专题性的论述。从内容上看，"短文"和"专论"并没有严格的区分。

从以上提到的两大基本问题的直接回答上看，"短文"（包括部分"专论"）主要集中于三个方面论题的阐释。

第一，厘清现代化的基本含义。讨论"现代化"问题，首先要认清"现代化"的基本含义。陶孟如在对"中国现代化问题"的探析中，首先对狭义的和广义的现代化两种内涵作出探讨。狭义的现代化，即限于经济的现代化，这里"所谓中国现代化便是产业革命与经济改造了"；广义的现代化，包含"社会的许多方面"。[①]在"中国现代化问题"各家的阐释中，广泛涉及的是广义的现代化问题，主要是对政治制度、社会制度、教育文化、物质文明和精神文明等方面的现代化问题的探析。但是，提到现代化问题，主要还是指狭义的现代化，如张良辅认为：中国的现代化虽然包括"政治文化学术及社会制度各方面"，但"主要的含义，却是关于经济方面的"。这是因为，"经济关系的变迁是必需继之以政治文化学术等上层社会结构之变迁的"。经济方面的现代化，突出的就是"工业化与机械化"。[②]在这里，从经济关系与上层建筑的关联上来理解现代化的内涵，还是有其独创性的。

中国现代化不仅在基本含义上有广义和狭义之分，而且根据中国的实际状况，还会因时间和空间上的不同，在现代化内涵的理解上有极大的差异性。陶孟如认为，由于中国疆土的广大、各区域文化和经济发展程度的不同，"中国现代化的困难与障碍必不永远是一个或数个，必不到处是一个或数个，必然依时依地而异，其重要之程度也必依时依地而变化……其轻重之程度在各时各地也必然相异"[③]。这些差异表明"现代化乃是一个程序"[④]。

第二，中国现代化的基础和先决条件问题。杨端六在对"中国现代化之先决问题"的探讨上，提出了人的思想观念在现代化中的重要作用问题。

---

① 陶孟如. 中国现代化问题[J]. 申报月刊, 1933（7）: 2-3.
② 张良辅. 中国现代化的障碍和方式[J]. 申报月刊, 1933（7）: 3.
③ 陶孟如. 中国现代化问题[J]. 申报月刊, 1933（7）: 3.
④ 陶孟如. 中国现代化问题[J]. 申报月刊, 1933（7）: 3.

他提出:"今日政府当局的人,有的思想陈旧至于诵经念佛,有的道德堕落至于贪赃枉法,大多数的人则彼此徇情顾面子,明知那些人对于国家社会有损无益而不肯屏弃他们。还有一部分贤明之士,总不肯疏远那些饭桶人才的亲戚,必定要把他们摆在极重要的地位。"在杨端六看来,政治清廉、政府管理人才及其治理能力的提高是现代化的"先决问题"。这一"先决问题"不能解决,就必然在"政治"和"教育"两个方面出现严重问题,即"政治不能上轨道"和教育发展"很可怜"的问题,这两者中"政治的影响是由上而下的,教育的影响是由下而上的"。这两个方面问题的存在和联系,是由"把精神文明建筑在物质文明之上"的道理决定的,"他们都不知道把精神文明建筑在物质文明之上"。在根本上,中国教育的发展程度对现代化起着严重的滞后作用,杨端六认为,"中华民族本是教育程度不足的人民,纵令掌握教育权柄的人拼命地急起直追,还不知道何时才看见有进步,现在大家都在开倒车,人民怎样能够'现代化'?"①

"教育救国"论在当时中国思想界获得了相当程度的认同感。金仲华在"现代化的关键在普及教育"的论题中指出,教育在现代化中的作用,关键就在于:"怎样使我国的百分之八十以上的文盲受到健全的教育,成为有意识的自觉的国民,乃是我国的现代化的途中的一个切要问题";"如果要使中国成为一个现代化的国家,那必须在全数,或大部分的国民受到良好的教育的启发,成为自觉的自由的和平等的人的时候"②。

陶孟如在对中国现代化先决问题的探讨中,同样把教育发展和政治廉洁作为两个最基本的条件:一是"教育,特别是科学的教育与做事的教育",民众的"知识太幼稚","物质的认识太缺乏","办事的能力太低",而"提高知识与做事的能力,非从教育下手不可";二是"政府的廉洁与效率",廉洁的政府是"一切事业进步必不可缺的条件",而有效率的政府则是"辅助一切事业进行最有用的条件",故而"这样的政府不存在,现代化是无望的"③。

在对中国现代化的"障碍和方式"的探讨中,张良辅依据唯物史观关于经济基础和上层建筑关系的基本思想提出:"中国现代化的困难和障碍,

① 杨端六. 中国现代化之先决问题[J]. 申报月刊, 1933 (7): 2.
② 金仲华. 现代化的关键在普及教育[J]. 申报月刊, 1933 (7): 11.
③ 陶孟如. 中国现代化问题[J]. 申报月刊, 1933 (7): 3.

并不如一般人所说的是缺乏资本与新式技术，而很明显的是国际资本帝国主义者，帝国主义的依生者，封建势力的余孽以及那些'佛乘飞机'之西学为用的中西文化融和论者。"其中特别提到："帝国主义的依生者，为军阀官僚，买办阶级之类，因为是寄生于帝国主义者之上的，所以也随着帝国主义者为中国现代化的障碍物。隐蔽于残余封建势力如下的土豪劣绅，甘地之'手摇纺机'的崇拜者以及'佛乘飞机'的中西文化调和论者，也都是在中国现代化路上所该铲除的障碍物。"①显然，这些思想和话语深受中国共产党相关思想和理论的影响，构成"中国现代化问题"探索中最为显著的思想要义和话语特征。

在"中国现代化问题"的探讨中，多见从经济基础与上层建筑相互关系和作用上作出的思考。金仲华从当时中国社会形态性质问题探讨入手，提出"虽然新思潮的介绍和新式物质科学的输入已经有了许多年的历史，而这些外来的影响并没有使中国建成一个现代化的社会。综合许多的批评，目前的中国是被认为停留在半封建的，前期资本主义的和半殖民地化的阶段的，在我们的问题下，这些形态可以断定都是不合于'现代化'的意义的"。在对当时中国实现现代化的经济基础问题的理解上认为，要使中国现代化，首先需要"经济的改进"，其"主要途径是要使中国澈底地工业化，但这决不能于抛弃或牺牲农业的意义上去实行，而应当是在改进和发展我们所立足的农业的意义上去实行的"②。

第三，中国现代化道路发展和选择中的基本问题。樊仲云在对"中国现代化的唯一前提"的探讨中，回顾中国思想界的实际，认为在20世纪开头20年，对中国现代化出路问题的讨论，"其意义不消说就是资本主义化"；但是，到了20世纪20年代末和30年代初，"这资本主义制度已生破绽，濒于没落的今日，则无疑的是指那走向高于资本主义制度的过程而言"，也就是对社会主义制度的现代化出路的选择。但是，这一过程是一个"由前资本主义走向社会主义"的过程，其间自然也"需要一个'产业革命'，以打破那封建的地方经济，完成现代的国民经济"；同时，这一"产业革命"必须是"为社会主义的准备"，这一"产业革命"的条件，"应该是国家统制的，是以全社会的福利为目的的，与资本主义时代之以自由经营以个人

---

① 张良辅. 中国现代化的障碍和方式[J]. 申报月刊, 1933（7）：3-4.
② 金仲华. 现代化的关键在普及教育[J]. 申报月刊, 1933（7）：10-11.

的利益为前提者，绝不相同"①。因此，面对中国社会发展的现实，"以外国势力来促成中国的现代化，这样，将是中国更深陷于殖民地境域的路。无疑的，这条路是不通的。所以中国如欲走自己的路，唯一的前提要件是'打倒帝国主义'六个大字"②。他对"中国现代化"道路选择的这一阐释，不论是在理论观点上还是在思想方法上，都深受中国共产党相关思想的影响，也可以认为是在中国共产党相关思想影响下的自发表达。

"社会主义式的'中国现代化'"的主张，是"中国现代化问题"探讨中最显著的术语突破和话语创新。李圣五在对中国现代化道路问题的探索中提出："中国现代化的方式应当采取社会主义的。要在有组织的生产，很公允的分配，使'劳力'与'资本'站在平等的地位。'资本阶级'合'劳力阶级'的划分，须积渐划除；私有财产制度亦应逐渐改革。于不破坏社会秩序之范围内，推进社会主义式的'中国现代化'。"他甚至还设想到，在这种"社会主义式的'中国现代化'"中，在资本的利用上，"无论是外国资本，或本国资本，只要支配得当，毫无差别。但是利用外资以不丧权为先决条件"③。

与"社会主义式的'中国现代化'"的方式和道路的提法相类似，陈彬龢在对"现代化的方式与先决条件"问题的谈论中提出了"真正的使中国的经济结构成为社会主义的"现代化的思想。陈彬龢提出："所谓现代化，固然只有个人主义的与社会主义的两个方式；然而个人主义的现代化中间，却有两种不同的形式：一是资本主义宗祖国——帝国主义的现代化，一是殖民地的现代化，即殖民地化。中国的现代化，自然要排斥殖民地化与资本帝国主义的个人主义化，而采取社会主义的现代化。因为现在已不是帝国主义的时代，而是打倒帝国主义的时代了。"选择社会主义的现代化，还要进一步思考的问题就是："这种社会主义的现代化，在中国是外国资本所促成的，抑是'国民资本所自发的'呢？"陈彬龢主张利用"国民资本"即民族资本来发展社会主义的现代化，"我们处在世界经济恐慌的狂潮中，处在国际资本主义的四面楚歌中，只有学苏联实现五年计划的孤军奋斗，应当用国民资本来促进"。因此，要"真正地使中国的经济结构成为社会主

① 樊仲云. 中国现代化的唯一前提[J]. 申报月刊，1933（7）：4-5.
② 樊仲云. 中国现代化的唯一前提[J]. 申报月刊，1933（7）：5.
③ 李圣五. 中国现代化的条件与方式[J]. 申报月刊，1933（7）：6-7.

义的，那它的先决条件也就不得不是：（一）排斥帝国主义在华一切势力，取消一切不平等条约；（二）消灭帝国主义在华的工具"。在这两个条件未能达到之前来谈中国现代化问题，也就是"纸上谈兵"了。[①]

罗吟圃在对"专论"关于中国现代化的讨论中同样赞成：要促进中国现代化，最为需要的是"打倒帝国主义和变革内在的社会组织"。这里的"社会组织"就是对社会主义经济和政治等结构的选择，如罗吟圃提出的："如果能决心依照社会主义所主张一样，把生产机关收归公有，实行社会主义的政治的、经济的政策，有计划的，图谋根本上使中国现代化，则中国的前途才有希望。"[②] 从世界经济政治格局的变化看待中国的现代化，应该有着更为广泛的意义，罗吟圃提出："中国的革命并不是狭义的民族解放，而是必须进展为全世界被压迫的弱小民族与被剥削的社会大众共同推翻国际资本帝国主义的革命的一部分。中国的现代化也不是仅仅是止于中国现代化这个含义而已，中国的现代化是全世界'现代化'的大连锁之一。'中国的现代化'如果失去了这个意义，中国就是退化！"[③]

四、对"中国现代化"道路发展和选择上主要问题的探索

"中国现代化问题"特辑的"专论"，对中国现代化的一些专门问题作出了阐释。如孙静生在《产业革命与中国：欧美日本产业革命之经过与我们今后应取之途径》一文中认为的，"中国现代化是必要的，中国产业革命也是必要的，但一般明了资本主义罪恶的人，我想一定是不主张中国进入资本主义的。这样，一方面中国固然要有一次产业革命，但这个产业革命是不要私人的资本家来活动，然后可以避免了西洋产业革命后同样的罪恶"[④]。借鉴国外现代化的成功举措，但又不照搬照抄，前车之覆，后车之鉴，这就是"中国现代化"道路发展和选择问题的要义。

"专论"中引人注意的论题，是对中国现代化与生产现代化、农业现代化、文化现代化等三个方面问题的探索。

第一，生产现代化。无论是现代化还是工业现代化问题，首先就是如

---

① 陈彬龢. 现代化的方式与先决条件[J]. 申报月刊，1933（7）：9-10.
② 罗吟圃. 对于中国现代化问题的我见[J]. 申报月刊，1933（7）：33-34.
③ 罗吟圃. 对于中国现代化问题的我见[J]. 申报月刊，1933（7）：36.
④ 孙静生. 产业革命与中国：欧美日本产业革命之经过与我们今后应取之途径[J]. 申报月刊，1933（7）：20.

何看待产业革命及其对中国的影响的问题。孙静生提出，西方国家包括日本在内的产业革命，一般都具备四个条件：一是"封建制度的崩坏"；二是"新技术之发见与应用"；三是"资本大量的需要"；四是"市场的扩张"，其结果就是向资本主义的转化。对于像中国这样的半殖民地半封建国家，在现代化道路的选择上将面临困惑，中国的现代化不能是资本主义的现代化，但世界上现代化国家都是以资本主义为其发展形式基础的或者都是以资本主义为其结果形式的。

在产业革命与现代化关系的理解中，现代化往往被看作工业化的同义语，张素民提出："就国家社会言，现代化即是工业化（industrialization）；凡一个现代化的国家，即是一个工业化的国家。至于政治是不是要民主，宗教是不是要耶稣，这与现代化无必然的关系。"当然，"工业化了（industrialized）"相对于国家社会而言是"较狭的意义"。在张素民看来，"工业化为其他一切的现代化之基础，如果中国工业化了，则教育、学术和其他社会制度，自然会跟着现代化"[1]。

生产现代化是对现代化较为狭义意义上的理解，指的只是工业生产技术的现代化，"生产技术自从十八世纪末叶发明纺机之后，就随着科学的进步，时间的推进，日逐翻新，向着现代化的路程走"[2]。郑林庄在《生产现代化与中国出路》一文中认为，生产现代化的"意义"和"特征"的主要表现在于：生产机械化、生产合理化、生产计划化。在这"三化"中，生产机械化是生产现代化整个运动开始以后的第一个步骤，其特征就是"以前在生产程序中认为必需人工的技巧部分"可以由机械代之，于是"机械简直夺取了工人的位置"；生产合理化是指"如何均衡一个工业的各种关系"，其中"节制浪费""劳动效率"等问题开始出现，重要的是"生产现代化运动遂由外扩转向理内的路程去"；生产计划化指的就是"一种均衡联络各工业部门及平均生产与消费的国家经济"。这也是现代化的"三个步骤"。在寻求中国现代化程序时，未必依照这三个步骤的先后顺序去做，但却"非要融和了三步骤的一切方法，数管齐下不可"；中国现代化的程序，"不但应求生产的机械化，工业内部的合理化，还要早定全国经济发展的

① 张素民. 中国现代化之前提与方式[J]. 申报月刊，1933（7）：43.
② 郑林庄. 生产现代化与中国出路[J]. 申报月刊，1933（7）：82.

大计，缜密筹划，免陷别人已踏的旧错"。①

在经济上，还要考虑三个问题：一是发展的程序，"一国要发展自国的生产，须视其所处的时代环境与所具的天时地势而定"；二是必须对劳动进行"训练"，一方面要"尽力在不使资方完全无利之限度内，改善劳动状况，以达到提高劳动效率的最后目的"，另一方面要强化"职业教育"；三是"全国计划掌握一切"。除此之外，郑林庄还强调："发展一国的国家经济，其问题是多方面的。举凡政治、社会、法律、教育等问题，都直接的或间接的与此发生关系，都应在考虑之内。"②

第二，农业现代化。中国农业虽有几千年历史，但现时生产技术的落后，经营方式的退步，已落后于任何独立国家，甚至"其他的殖民地国家，也比较中国要近代化得多了"！吴觉农在《中国农业的现代化》一开始，就感慨近代以来中国农业的滞后发展状态。他认为，在农业现代化上，先要有一个农业"近代化"的问题，即先达到"工业化，科学化，组织化，集团化"③的问题。

在中国，"土地私有制度的剥削以及商工业资本的榨取"，以及相对应的"个人主义的农业经营"，是达到"农业现代化"的首要"障碍"，特别是"个人主义的农业经营，不要说是现代，便是在闭关主义的时代，也已经是无法谋进步了"。④这里提到的"个人主义的农业经营"是指小私有制的农业经营。吴觉农认为，个人主义的农业经营在中国只能带来"苦痛"，而农业资本主义化也只能带来"困难与危机"，特别是中国农村土地私有制的性质及其现状更容易造成"基本的困难"。这主要因为，"在农业，尝以土地占大部分的固定资本。土地的有'报酬渐减率'的支配，尤为资本主义化最困难的问题之一。加以中国的土地，除边陲各省以外，大部分割的已极零碎，而其较大面积的土地，又在少数的旧军阀、旧官僚及各地的土豪劣绅之手，在集中土地的一点上，也发生极大的困难"。概括地说，"农业的资本主义式的现代化在中国的现状下，是无法走的一条远路"。⑤中国农业现代化的前提条件必然如下：一是"有统一的政府与贤明的政治"，二

---

① 郑林庄. 生产现代化与中国出路[J]. 申报月刊, 1933（7）: 82-84.
② 郑林庄. 生产现代化与中国出路[J]. 申报月刊, 1933（7）: 84.
③ 吴觉农. 中国农业的现代化[J]. 申报月刊, 1933（7）: 74.
④ 吴觉农. 中国农业的现代化[J]. 申报月刊, 1933（7）: 74.
⑤ 吴觉农. 中国农业的现代化[J]. 申报月刊, 1933（7）: 76, 77.

是 "脱离帝国主义的羁绊",三是 "改革土地私有制度",四是 "铲除商工资本的榨取形式"。问题的实质就在于:中国农业现代化 "应该采用社会主义的方式"。

第三,文化现代化。陈高佣在对 "怎样使中国文化现代化" 问题的探索中,既有对中国文化的批判和对鸦片战争之后中华文化衰落的反思,更有对中国文化 "怎样" 现代化的路径和方向的思考。对于 "文化现代化",首先要清楚 "文化既是随人类的经济演进而发展,所以要改造任何民族的文化,推进任何民族的文化,都不能不从经济上着手"。因此, "要想使中国文化现代化,亦惟有先使中国的经济现代化而已"。[①]

但是,自鸦片战争之后,中国的文化已经陷于一种 "最萎靡,最复杂,最矛盾的状态"。其一, "中国固有的文化,自从与西洋近代文化接触之后,已经暴露其落后无能了,因为所谓中国文化,无论其本质如何,而在历史演进的程序上来说,总未能超越过封建的阶段,以封建的文化与资本主义的文化相比,当然封建文化敌不过资本主义文化"。其二,因为中国的民族并没有自动地走上资本主义道路,所以 "欧美的近代文化输入中国,不过在中国多了几本书籍,几个名词,而并没有成为人民生活的表现"。其三, "欧美近代的资本主义文化,在我们落后的民族看来,虽然是比我们的封建文化前进了一步,但是到了今日,这种文化在欧美已经是破绽百出,走入没落之途。我们落后的民族,不惟在客观条件上不能接受这样的文化,就是生吞活剥的搬来一点,亦不过是帮助帝国主义侵略而已。所以中国近年来所传入一点西洋文化,差不多可说是帝国主义麻醉中国民族的宣传品"。其四,中国的封建文化既日见崩坏,而西方国家的资本主义文化又势不能建立于今日的中国,在此矛盾纷乱的状态之下, "种种无利于己,有害于国的思想无所不有"。[②]在 "文化现代化" 中, "我们现在若不能把我们的国家,从重重压迫之下解放出来,使其成为现代式的一个独立国家,则一切事业都无法可谈,文化之事当然亦不能例外"。这就是说, "我们要使中国文化现代化,必须先使中国国家现代化;要使中国国家现代化,则必须先使中国经济现代化。不然,离开国计民生而高谈文化,则虽持之有故,

---

① 陈高佣. 怎样使中国文化现代化[J]. 申报月刊, 1933 (7): 47.
② 陈高佣. 怎样使中国文化现代化[J]. 申报月刊, 1933 (7): 48-49.

言之成理，亦不过是清谈之资料而已，何足贵呢？"①从经济现代化到"国家现代化"，再到"文化现代化"，似乎成为中国现代化的思维逻辑和现实路径。

结合 20 世纪前 30 多年中国文化的发展，可以感悟到："一个民族的强弱盛衰完全以文化为标准，一个社会的发展与改进，亦是以文化为动力。"因此，"如欲改进社会，解放民族，则文化运动仍为当务之急"。在"文化现代化"中，中国文化的发展必将面临三个重大课题：一是"以解放民族为中心问题"，二是"以发展民族资本为具体任务"，三是"平均发展城市文化与乡村文化"。同时，还"应当反对帝国主义的文化，消灭封建意识的文化，摒斥一切空想、浪漫、颓废的文化。如此然后可以使中国人民的生活现代化；人民的生活现代化，然后中国的文化可以现代化"。②把"生活现代化"落实于"文化现代化"的过程之中，不失为当时文化现代化意识的鲜明特征。

五、"中国现代化问题"讨论的思想史意义简析

中国思想界关于"以农立国"还是"以工立国"的论争，已经过去 100 多年了；1933 年《申报月刊》关于"中国现代化问题"的论争，也已经过去 90 多年了。在中国共产党领导全国人民探寻中华民族伟大复兴的百年奋斗历程中，这一系列论争中的许多问题，实际上也已经在理论上和实践上作出多方面的回答，但是作为百年以来中国式现代化探索的思想历史过程，从"以农立国"还是"以工立国"到"中国现代化问题"的系列探索，仍然有着重要的现实意义。马克思在《资本论》中提到思想史研究的"从后思索"方法时指出："对人类生活形式的思索，从而对这些形式的科学分析，总是采取同实际发展相反的道路。这种思索是从事后开始的，就是说，是从发展过程的完成的结果开始的。"③站在新时代中国式现代化理论体系探索的新高度，回眸 20 世纪 20 年代到 30 年代的论争，依然可以感受到思想史的影响和感召。

2023 年 2 月 7 日，在学习贯彻党的二十大精神研讨班开班式上，习近平

① 陈高佣. 怎样使中国文化现代化[J]. 申报月刊，1933（7）：49.
② 陈高佣. 怎样使中国文化现代化[J]. 申报月刊，1933（7）：51-52.
③ 马克思，恩格斯. 马克思恩格斯文集：第 5 卷[M]. 北京：人民出版社，2009：93.

提出 "初步构建中国式现代化的理论体系"①的重要观点时，首先就是从历史、理论和现实相结合的高度，依循百年历史轨迹和理论线索论述中国式现代化发展的社会条件、历史背景、经济和政治基础演进的，由此而对中国式现代化形成和发展的主要进程及其系统过程作出全面阐释。中国共产党百余年思想史的探索是理解新时代中国式现代化理论体系的基本前提。

在对中国现代化问题的探讨中存在一种思维定式，认为中国现代化思想只是一种外源性 "诱发型" 的理论，现代化的 "原生形态" 则开始于西欧，扩展于北美和欧洲其他地区。在这种思维定式下，对 "现代化" 包括其术语、思想、话语体系起源问题的探讨，完全无视非西方国家对这一问题探讨的理论过程及其思想史意义，更忽视像中国这样的曾经的半殖民地半封建国家在现代化思想进程中的独特贡献，且在整体上忽视了中国现代化问题探索中的 "原生形态" 的思想特征。

西方学者对 "现代化" 思想的兴起有着较为明确的说法。1951 年 6 月，美国《文化变迁》杂志在芝加哥大学举行的学术会议，讨论了第二次世界大战后有关贫困和经济发展不平衡的问题、美国的对外政策以及相关的各种理论。在对这些问题的讨论中，"现代化" 一词开始被提出，并被认为用来概括从农业社会向工业社会转变的特征是比较合适的。于是，"'现代化' 这个术语开始被学者们广泛使用了"②。按照这一说法，相对于中国思想界对现代化问题的探索而言，国外思想界明确地以 "现代化" 为名展开的探讨，至少晚了 20 年。实际上，这一看法在国内学术界也时有提起。何传启在为何爱国《中国现代化思想史论（1912—1949）》一书撰写的序言中就指出："'现代化研究' 大约出现于 20 世纪 50 年代；在中国，'现代化研究' 出现于 20 世纪 30 年代前后，中国比西方约早 20 年。"③这里所谓的 "现代化研究" 应该是指 "现代化" 作为 "国家目标" 和社会发展整体意义上的研究。

---

① 中共中央党史和文献研究院，中央学习贯彻习近平新时代中国特色社会主义思想主题教育领导小组办公室. 习近平新时代中国特色社会主义思想专题摘编[M]. 北京：党建读物出版社、中央文献出版社，2023：92.

② 西里尔·E·布莱克. 比较现代化[M]. 杨豫，陈祖洲，译. 上海：上海译文出版社，1996：译者前言.

③ 何传启. 序二[M]//何爱国. 中国现代化思想史论（1912—1949）. 广州：世界图书出版广东有限公司，2014：3.

　　对"中国现代化问题"论争中"现代化"的含义及其思想史意义问题，罗荣渠1988年在他主编的《从"西化"到现代化》一书的代序《中国近百年来现代化思潮演变的反思》中就提出：20世纪30年代初，中国思想文化界在关于东西方文化问题的新的论争中，"已不限于东西文化观的问题，在广度和深度上都大大超过之。最重要的是，在新的论争中提出了'现代化'的概念来代替'西化'这个偏狭的概念，同时在知识界的讨论中，也把中国出路问题从文化领域延伸到经济的领域，实际上是引出了整个中国出路即发展道路问题"。罗荣渠肯定地认为："把中国的现代化问题作为当代中国发展的总问题提出来进行讨论，始于1933年7月《申报月刊》2卷7号上发表的'中国现代化问题号'特辑。"[①]

　　在世界范围内，20世纪60年代初，现代化被作为国家发展及其目标理论的发轫，与西方社会意识形态发展的需要有着密切的联系，在根本上是为了遏制社会主义国家意识形态需要而提出的观点。在这一目的下被"塑造"成的"现代化"模式，直接就是美国模式，这一模式被认为是第二次世界大战之后最成功的，也是最值得仿效的"现代化"模式。这一"现代化"模式的要义在于：一是美国式的"完全的"自由主义，二是资本主义，三是用于消解当时民族解放运动的"非革命化"的发展道路。如雷迅马所指出的，当时作为一种"有吸引力"的学说，"现代化"理论绝不仅仅是一种纯粹学术性的学说，而是一篇"非《共产党宣言》"，是一种可以使美国加速全球发展的手段，这种美国主导下的发展模式将削弱激进主义的吸引力和必要性。[②]美国一些学者因此才开始对所谓"传统"社会和"现代"社会的差异作出比较评判，也才开始对"传统"社会向"现代"社会过渡所需的条件作出"估定"。按照这一说法，相对于国际思想界而言，中国思想界对现代化问题的探索要早出近30年。

　　《申报月刊》"中国现代化问题"特辑的探索，总体上体现了中国思想界有识之士对中国现代化现状、进路和意义的积极思考，在中国现代化理论的形成与发展中有着深远的影响。从《申报月刊》"中国现代化问题"特辑的探索中，可以看到中国共产党成立后对中国社会发展道路思考的影

　　① 罗荣渠. 从"西化"到现代化：上册[M]. 合肥：黄山书社，2008：15，217.
　　② 雷迅马. 作为意识形态的现代化：社会科学与美国对第三世界政策[M]. 牛可，译. 北京：中央编译出版社，2003.

响,特别是对这一时期"中国现代化"话语特征和话语体系的影响。可以认为,该特辑探索自身所具有的重大影响,不仅拓宽了中国思想界对现代化问题探讨的视界,而且显现了中国共产党思想在其中所具有的重大作用,提升了中国思想界对中国现代化认识的境界,对中国社会主义现代化理论的发展产生了积极影响。

无论是"中国现代化",还是中华人民共和国成立之后中国共产党提出的"四个现代化""中国式的现代化道路""中国式现代化",都植根于中国国情这一丰润的思想沃土之中。正如"中国现代化问题"特辑撰稿者感慨的那样:"中国问题是世界问题的枢纽,中国问题而得解决,世界破晓之期当亦即在目前。那末,为了自己,为了民族,为了世界,为了历史的前途,中国人应该怎样地努力呵!"[①]

就中国现代化思想史研究而言,"中国现代化问题"的论争,应该看作是 20 世纪 20 年代初开始的"以农立国"和"以工立国"问题论争的赓续,是中国现代化思想史探索的重要开端,其显著的理论特征体现在以下三方面。

第一,在对现代化含义的探讨中提出了狭义的和广义的理解:"现代化"有其狭义上的理解,主要就是"现代化就是产业革命和经济改革"意义上的理解;"现代化"也有其广义上的理解,这一理解的根据与马克思和恩格斯关于社会整体结构理论相关联,即"经济关系的变迁是必需继之以政治文化学术等上层建筑结构之变迁的"。狭义的现代化必然会拓展为广义的现代化,这也就是"我们要使中国文化现代化,必须先使中国国家现代化;要使中国国家现代化,则必须先使中国经济现代化"的构想,以及诸如"物质文明"和"精神文明"的术语与两个文明关系初步探索的根据。这些观点,使得中国现代化问题在研究之初,就达到较高的思想和学理的高度。

1954 年 9 月,毛泽东在第一届全国人民代表大会第一次会议的开幕词中就提出,把我国"建设成为一个工业化的具有高度现代文化程度的伟大的国家"[②]的奋斗目标。在这次大会上,周恩来提出:"如果我们不建设起强大的现代化的工业、现代化的农业、现代化的交通运输业和现代化的

---

① 杨幸之. 论中国现代化[J]. 申报月刊, 1933 (7): 73.

② 毛泽东. 毛泽东文集: 第 6 卷[M]. 北京: 人民出版社, 1999: 350.

国防，我们就不能摆脱落后和贫困，我们的革命就不能达到目的。"[①]同时，中国共产党也一直坚持以广义的现代化为路径和目标。2020 年 10 月，习近平在党的十九届五中全会第二次全体会议的讲话中，第一次对中国式现代化五个方面的主要内涵作出阐释：一是人口规模巨大的现代化，14 亿人口整体迈入现代化社会，将彻底改写现代化的世界版图，在人类历史上是一件有深远影响的大事；二是全体人民共同富裕的现代化，共同富裕是社会主义的本质要求，是中国共产党以人民为中心的发展思想的必然要求；三是物质文明和精神文明相协调的现代化，坚持社会主义核心价值观，加强理想信念教育，弘扬中华优秀传统文化，增强人民精神力量，不断促进物的全面丰富和人的全面发展；四是人与自然和谐共生的现代化，注重同步推进物质文明建设和生态文明建设；五是走和平发展道路的现代化，同世界各国互利共赢，推动构建人类命运共同体，努力为人类和平与发展作出贡献。在新时代，习近平对中国式现代化内涵的全面阐释，集中体现了中国共产党在现代化含义和特征上的理论升华。

第二，关于中国现代化国情基础的探讨，是"中国现代化问题"探索的理论基础。在中国共产党关于中国社会革命分作两大历史任务思想的影响下，认定社会主义制度的建立是实现中国现代化的基本前提，成为"中国现代化问题"讨论中的主流观点。在对"中国现代化问题"的探索中，学者们不仅鲜明地提出"推进社会主义式的'中国现代化'"主张，还提出既要反对甘地的"手摇纺机"崇拜者的现代化的路径选择，也要反对"佛乘飞机"那样的"中西文化调和论者"对现代化路径的选择。对现代化道路制度和路径选择的探索，既有唯物史观运用于中国现实的体现，又包含着不同国情下现代化模式的比较研究的创新性探索，特别是"社会主义式"的"中国现代化"的认知，提升了"中国现代化问题"探索的境界。

新时代，在对中国式现代化本质特征的理解中，习近平提出："坚持中国共产党领导，坚持中国特色社会主义，实现高质量发展，发展全过程人民民主，丰富人民精神世界，实现全体人民共同富裕，促进人与自然和谐共生，推动构建人类命运共同体，创造人类文明新形态。"[②]这一论述既

---

① 周恩来. 周恩来选集（下）[M]. 北京：人民出版社，1984：132.

② 习近平. 高举中国特色社会主义伟大旗帜 为全面建设社会主义现代化国家而团结奋斗——在中国共产党第二十次全国代表大会上的报告[M]. 北京：人民出版社，2022：23-24.

揭示了中国式现代化与其本质特征的联系，又彰显了中国式现代化具有的人类社会新形态的理论境界和思想智慧。

第三，关于中国现代化 "乃是一个程序" 的思想，拓宽了现代化道路全面性、系统性理解的视界。在这一方面，"中国现代化问题" 论争不仅提出了现代化进展 "轻重之程度在各时各地也必然相异" 的观点，展现出现代化进程要统筹兼顾的思想意识，也提出了 "要使中国成为一个现代化的国家，那必须在全数，或大部分的国民受到良好的教育" 的观点，提出了 "中华民族本是教育程度不足的人民，纵令掌握教育权柄的人拼命地急起直追，还不知道何时才看见有进步，现在大家都在开倒车，人民怎样能够 '现代化'" 的问题，凸显了现代化进程中教育具有先导性、基础性、关键性作用的思想意识；还提出了现代化进程中，"无论是外国资本，或本国资本，只要支配得当，毫无差别。但是利用外资以不丧权为先决条件" 的先见，开阔了对现代化过程中新问题探索的思路。

在对中国式现代化 "系统过程" 中要处理和解决好的一系列重大关系问题的阐释时，习近平指出："推进中国式现代化，是一项前无古人的开创性事业，必然会遇到各种可以预料和难以预料的风险挑战、艰难险阻甚至惊涛骇浪，必须增强忧患意识，坚持底线思维，居安思危、未雨绸缪，敢于斗争、善于斗争，通过顽强斗争打开事业发展新天地。"①习近平把对现代化过程 "程序" 意义的问题，提升到一个全新的 "系统过程" 的境界。

The Debate on "Chinese Modernization" in the 1930s and Its Significance in the History of Thought

Gu Hailiang

Abstract: In the early 1920s, Li Dazhao, Yun Daiying, Qu Qiubai and other Chinese Communist Party intellectuals, engaging in discussions surrounding the theory of "building a nation by industry" and exploring various views on China's path and approach to industrialization, laid the foundation for

① 中共中央党史和文献研究院，中央学习贯彻习近平新时代中国特色社会主义思想主题教育领导小组办公室. 习近平新时代中国特色社会主义思想专题摘编[M]. 北京：党建读物出版社、中央文献出版社，2023：96.

the Communist Party of China's socialist industrialization and modernization ideology. Yang Mingzhai's refutation of the basic view of "building a nation by agriculture" had a wide influence on the Chinese intellectual circles at that time, and could even be regarded as the direct ideological source to the exploration of "the problem of Chinese modernization" in the 1930s. In July 1933, the publication *Shen Pao Monthly* dedicated a special issue to "*The Problem of China's Modernization*",which put forward "the problem of China's modernization" and the meaning and path of "industrialization" in the modernization process. It became the first time for the intellectual circles of China to exchange and blend ideas on the theme of "China's modernization", and there were many ideological clashes among different views. Influenced by the socialist industrialization and modernization ideology which had been formed over the past decade since the founding of the Communist Party of China, a series of viewpoints put forward in this debate had paved the way for the exploration of Chinese modernization thought in the history of thought.

Key words: "building a nation by agriculture" and "building a nation by industry"; special issue of "*The Problem of China's Modernization*"; industrialization and modernization; Chinese style modernization

20世纪20年代中国共产党初创时期在香港的革命活动考辨

张 懿

摘要：香港自古以来就是中国的领土，在中国共产主义运动史上发挥着重要作用。回溯 20 世纪 20 年代中国共产党成立之初在香港的革命活动，包括中国共产党香港组织的建立、支持和领导香港的共产主义运动、中国共产党早期领导人与香港结下的不解之缘等，能够使我们深刻地了解香港在中国革命、建设和发展史上的重大意义，领会香港与中国共产党、祖国内地命运一体的历程。明晰香港地区党史党建研究的重要性和必要性，以史为鉴，可以更加准确地把握香港在迈向中华民族伟大复兴新征程中的特殊重要地位。

关键词：中国共产党；香港；革命活动

作者简介：张懿，法学博士，北京大学医学人文学院、马克思主义学院医学部教研中心讲师，北京大学《马藏》编纂与研究中心研究员，主要从事马克思主义发展史、马克思主义中国化史研究。

　　香港自古以来就是中国不可分割的一部分，鸦片战争后虽然被英国强行割占和"租借"，但是这种直接面对帝国主义压迫而产生的强烈的爱国主义精神和鲜明的革命主体意识也较早凸显和更为自觉，是中国反帝反封建运动中不可缺少的阵地，在中国革命史上具有举足轻重的历史地位。中国共产党初创时期就涉足香港，建立党团组织，积极开展革命活动，与香港建立了多方面、多领域的深度联系。通过历史性梳理和回溯性总结中国共产党建党初期在香港开展的活动，我们能够了解中国共产党与香港的渊源，更好地领会香港在中共党史和马克思主义中国化史上的独特意义和重要作

用，从而更好地巩固香港与内地的交流发展。

一、20 世纪 20 年代之前香港的革命背景

20 世纪 20 年代之前的香港情状构成了中共初创时期在香港开展一系列活动的历史背景。早在 19 世纪初期，香港就被英国商人当作向中国内地走私和贩卖鸦片的渠道。鸦片战争后，英国殖民主义者便通过逼迫清政府签订三个不平等条约实现了对香港的侵占。

1840 年英国对中国发动的鸦片战争拉开了帷幕。此后，英国于 1841 年 1 月 26 日趁机占领香港岛。1842 年 8 月 29 日，英国逼迫清政府签订了中国近代史上第一个不平等条约，即中英《南京条约》①，其中第三条内容是将香港岛交给英国"主掌"②。由此，约 78 平方千米的中国香港岛就被迫割让给了英国殖民者。1856 年，英、法发动第二次鸦片战争。1860 年 10 月 24 日，迫使清政府签订中英《北京条约》，该条约第六款要求：割让九龙半岛南部给英国。③至此，英国殖民者又从中国割去了面积约 11.1 平方千米的九龙司地方一区。1895 年，清政府在中日甲午战争中战败，导致日、美、俄、德、法等国掀起了瓜分中国的狂潮。英国趁火打劫，迫使清政府在 1898 年 6 月 9 日又订立了中英《展拓香港界址专条》，将新界作为英国新租之地。④也就是说，英国要强租土地面积约 975 平方千米的"新界"⑤地区 99 年，到 1997 年 6 月 30 日满期。如此一来，通过三次侵略战争所签订的两"割"一"租"不平等条约，英国侵占了香港岛、九龙、新界等整个香港地区。

香港岛被英国强掠之后，中国人民开始了废除不平等条约和反对帝国主义在华特权的努力，如反洋教斗争、太平天国运动、义和团运动等。在巴黎和会（1919）和华盛顿会议（1921—1922）上，中国作为第一次世界大战的战胜国向国际社会提出了修改甚至解除不平等条约的要求，包括要收回帝国主义列强在中国的所有"租借地"⑥。五四运动中"外争国权"

---

① 该条约于 1843 年 6 月 26 日换文生效。
② 王铁崖. 中外旧约章汇编：第 1 册[M]. 北京：生活·读书·新知三联书店，1957：31.
③ 王铁崖. 中外旧约章汇编：第 1 册[M]. 北京：生活·读书·新知三联书店，1957：145.
④ 王铁崖. 中外旧约章汇编：第 1 册[M]. 北京：生活·读书·新知三联书店，1957：769.
⑤ "新界"即新租界，指深圳河以南九龙半岛的其余大片土地，以及附近 230 多个岛屿。
⑥ 程道德，郑月明，饶戈平. 中华民国外交史资料选编（1919—1931）[M]. 北京：北京大学出版社，1985：42.

的口号，大大震慑了北洋军阀，帝国主义对废约问题有所让步。但真正领导中国人民反对不平等条约取得重大成效的还是中国共产党。伴随着马克思主义在中国的早期传播，加之当时港英当局统治下的香港十分黑暗残酷，香港民众中的一些先进分子开始自觉接受马克思主义洗礼，展开了在中国共产党领导下进行英勇斗争与革命的历史进程①。

二、中共香港党（团）组织的建立

1917年，十月革命一声炮响，给中国送来了马克思主义。尤其是1919年五四运动的广泛影响辐射到了香港，进一步提高了香港同胞的思想觉悟，促使香港反帝爱国运动达到新阶段。香港的一些爱国青年，怀着求真理的渴望，对马克思主义研究产生了极大兴趣。作为中国人民反帝斗争的前沿阵地，香港民众素有爱国主义情感，香港本身也是一个有着红色传统的地方，在不同的历史阶段对中国革命和建设发挥了不可替代的特殊作用。

早期马克思主义者在香港的聚集不能绕过《真美善》②杂志，也离不开中国共产党创始人和早期领导人之一的陈独秀的帮助和鼓励。1920—1921年，香港进步青年林昌炽③、张仁道和李义宝④等，受《新青年》和《向导》等进步刊物影响，本着研究马克思主义和共产主义的旨归，集资出版了《真美善》，以宣扬社会主义思想。此为香港首份介绍马克思主义的刊物，不定期出版和刊载反孔斗争、马克思主义理论、香港工人状况、国民革命等文章，宣介进步思想，因而很受青年人欢迎。梁复燃记载道⑤：1921年⑥，陈独秀乘船从上海途经香港到广州，其间在港作短暂停留。林昌炽、张仁道、李义宝久闻陈独秀大名，专门到船上与其见面，并请陈独秀阅示《真美善》。陈独秀对他们给予肯定，鼓励他们成立小组深入研究马克思主义。三人之后便在李义宝家⑦中成立马克思主义研究小

---

① 潘琦. 中共初创时期在香港的活动[J]. 党史博览，2014（2）：24-27.

② 梁复燃曾错记为《真善美》。

③ 林昌炽亦名林君蔚。

④ 梁复燃曾错记为李义宝。

⑤ 广东省政协学习和文史资料委员会. 广东文史资料存稿选编：第3卷[M]. 广州：广东人民出版社，2005：253-254.

⑥ 梁复燃在《广东党组织成立一些情况的回忆》中记载此事的时间是1921年，而在《省港大罢工前党的组织》中将陈独秀经港与三人会面的时间写为1922年。

⑦ 香港跑马地黄泥涌的一间庙堂，是蒙养小学校址。

组。[①]据此不难得知，马克思主义在香港的传播较早，香港进步青年也很早就得到了内地共产党重要人物的科学指导。

1923 年，林昌炽和李义褛前后抵达广州，并联系上新学生社[②]。阮啸仙等推荐林昌炽和李义褛为社会主义青年团团员，告知他们可以香港分社的名义在港开展新学生社活动。此后张仁道也入了团，3 人成立了小组，组长是李义褛[③]。6 月 4 日，阮啸仙致施存统的信中指出香港团组织有 8 人，19 日再汇报的团员信息中有教员 2 人（林昌炽、李义褛），工人 3 人（潘子仲、谭浩峰、李毓秀），学生 3 人（杜沧洲、黄演麟、彭月笙[④]）[⑤]，大致形成了香港团组织雏形。该团组织隶属于广东团组织领导。8 月 22—23 日，共青团香港特别支部召开了全体团员会议，商议了主要工作内容，并选举林昌炽为主任，梁鹏万、梁九为干事。还将团员分组，指定每周日开会活动地点设在油麻地木匠支会、鸭巴甸街木匠总会和黄泥涌蒙养小学。[⑥]同年 9 月，阮啸仙以团粤区委代理书记的身份赴港助力发展香港团组织，团员人数增加到 26 人。经请示上级批准，10 月 5 日成立了团香港地委[⑦]，梁鹏万任委员长[⑧]。

1924 年 1 月前，虽有中共党员在香港活动，但香港并未建立起正式的党组织。中共三大通过的党章规定，入党须经过地方委员会审查。然而香港当时并没有相应的中共地方委员会。[⑨]1924 年 1 月，梁九、彭月笙向团中央报告不知道团员加入共产党的手续的原因是香港没有共产党[⑩]。为了

---

① 中共广东省委党史研究委员会办公室，广东省档案馆. "一大"前后的广东党组织[M]. 广州：广东人民出版社，1981：159.

② 新学生社是广东社会主义青年团的外围组织。参见：沈志刚. 外围组织探微：大革命时期广东青年团与新学生社的关系研究[J]. 中共党史研究，2017（4）：9-17.

③ 广东省政协学习和文史资料委员会. 广东文史资料存稿选编：第 3 卷[M]. 广州：广东人民出版社，2005：254.

④ 又名彭粤生。

⑤ 广东省档案馆，广东青运史研究委员会. 广东青年运动历史资料（1）[G]. 广州：广东省供销学校印刷厂，1986：51.

⑥ 杨少平. 中共香港党（团）组织的建立及其早期活动[J]. 广东党史，1996（5）：28-31.

⑦ 归属团广东区委领导。

⑧ 广东省档案馆，广东青运史研究委员会. 广东青年运动历史资料（1）[G]. 广州：广东省供销学校印刷厂，1986：91. 按：地委成员有 5 人，分别为梁鹏万、彭月笙、林昌炽、区直之、梁九；候补成员有 3 人，分别为苏南、李义褛、杜沧洲。

⑨ 邵明众. 中共香港党团组织的建立[J]. 百年潮，2021（9）：21-28.

⑩ 广东省档案馆，广东青运史研究委员会. 广东青年运动历史资料（1）[G]. 广州：广东省供销学校印刷厂，1986：191.

解决这一问题，11 月 14 日，中共广东区委和团广东省委召开联合会议，决定成立中共香港党小组。广东区党团①批准 7 位团员②加入中共香港党小组③。1925 年 1—2 月，香港共产党支部得以正式成立④，书记为黄平⑤，党员共 10 人⑥。2 月 10 日，团香港地委召开地方大会，彭月笙任团委书记⑦。彭月笙在工作报告中指出：香港共产党在港只有支部，对共产主义青年团缺乏指导，半数共产主义青年团地委委员兼做共产党工作。⑧可见，当时主要是青年团做共产党在港的诸多工作，党团分得并不是很清楚。直至 1927 年底，中共香港市委成立，受中共广东省委领导。总之，香港党团组织的建立健全和不断完善，为工人运动、爱国运动的兴起和发展铺垫了关键的组织基础。⑨

三、中国共产党在香港的早期革命活动

中国共产党香港组织的建立和其在香港的革命活动在时间上并不是完全吻合的。在中共香港支部成立之前，共产党就已在香港开展相关活动。实际上，中国共产党自成立后就将具有特殊地理环境的香港，作为开展革命活动的重要阵地，如在港支持和领导工人运动，促进海内外人士交流、从事统一战线工作、保存实力、扩大影响等。20 世纪 20 年代，在香港领导的工人运动以香港海员大罢工、省港大罢工最为著名，中国共产党香港组织在其中作出了令人无法忘却的贡献。

---

① 本文中提到的"党团"指的是中国共产党与中国共青团的并称缩略语。

② 7 位团员分别是：罗朗佳、黎炽、易全、杜纯绢、林均惠、李义襟、杨开。

③ 广东省档案馆，广东青运史研究委员会. 广东青年运动历史资料（1）[G]. 广州：广东省供销学校印刷厂，1986：321.

④ 中共广东省委党史研究委员会办公室，广东省档案馆. "一大"前后的广东党组织[M]. 广州：广东人民出版社，1981：160.

⑤ 广东省政协学习和文史资料委员会. 广东文史资料存稿选编：第 3 卷[M]. 广州：广东人民出版社，2005：255.

⑥ 10 位党员分别为：李义襟、张仁道、林昌炽、杨殷、陈日长、罗珠、李连、杨开、黄平和梁复燃。

⑦ 广东省档案馆，广东青运史研究委员会. 广东青年运动历史资料（1）[G]. 广州：广东省供销学校印刷厂，1986：384.

⑧ 广东省档案馆，广东青运史研究委员会. 广东青年运动历史资料（2）[G]. 广州：广东省供销学校印刷厂，1986：30.

⑨ 余冰，张棣. 20 世纪 20 年代中国共产党领导香港学生爱国运动研究[J]. 青年学报，2022（4）：97-105.

1. 推动香港海员大罢工

中国共产党一向致力于工人运动，"中国劳动组合书记部"就是专门为领导工人运动而成立的。20世纪20年代，中国共产党的领导和支持促推了全国轰轰烈烈的工人运动。从1922年1月至1923年2月，党成立后中国工人运动的第一次高潮逐渐形成。

香港的中国海员，经常在全球各地航行，被世界革命潮流所打动，现实中又遭受外国资本家的压制，见识广、革命意识强，敢于为争取自身合法权益而反抗。此前1921年3月中国最早的现代化工会之一"中华海员工业联合总会"成立了[①]，发达的工会组织、悠久的罢工传统和多次的斗争经验都是这次罢工的强大助益。香港海员为反抗英国资本家的剥削和压迫、改变与外国海员不平等的待遇，连续三次要求资方增加工资，均遭拒绝。在苏兆征、林伟民等人的带领下，罢工于1922年1月12日正式开始。罢工人数起初为6000多人，很快增加到2万多人，3月初达到10万多人，沉重地打击了港英当局，香港航运业几乎停顿，生活日用品供给短缺。[②]港英当局极为恐慌，强制将工会[③]封闭，并逮捕了一些罢工活跃人士。罢工工人没有听之任之，而是反抗镇压，阻绝交通、封锁进出香港的通道[④]。3月4日数千名罢工工人纷纷从香港步行返回广州。行至沙田时，遭英国军警开枪射击，死伤严重[⑤]。罢工工人更加坚决，通电全国求援。在中国共产党的领导和支持下，全国各地人民成立援助团体，提供精神声援、物质捐款等帮助。终于在3月6日，港英当局不得不做出妥协和让步，答应增加工资、恢复工会、释放工人、抚恤伤者。这次罢工总共持续56天，作为中国共产党成立后我国"第一次罢工高潮的第一怒涛"[⑥]，它显著增强了工人阶级勇于战斗、敢于反抗的信心和决心。

香港海员大罢工之所以能够获得胜利，就在于罢工工人的坚决反抗以及中国共产党和全国人民的鼎力支援。中国共产党从始至终都极为关注香

---

① 蔡洛，卢权. 省港大罢工[M]. 广州：广东人民出版社，1980：7-9.
② 王红续. 二十八年的不解之缘——建国前的中国共产党与香港[J]. 党史天地，1997（2）：34-38.
③ 包括海员工会和运输工会。
④ 罢工工人得到了广州附近农民的协助。
⑤ 这就是骇人听闻的"沙田惨案"。
⑥ 赵薇. 香港海员大罢工的性质及外在推力探析——兼论大罢工对苏兆征的影响[J]. 工会理论研究，2021（6）：52-62.

港海员大罢工，并给予支援、帮助与指导。对于这次罢工，多种党团刊物都进行了宣传和报道，还发表了《敬告罢工海员》①书等，鼓舞了全国人民力挺香港海员。中国劳动组合书记部付出了巨大努力，李启汉与朱宝庭等在上海成立"香港海员罢工后援会"，提供坚实后盾。李启汉还专程从上海前往广东，慰问和支持广大罢工工人。此外，李启汉等人还深入上海工人中，动之以情、晓之以理，劝退了原本打算前往香港受雇的不知情工人，粉碎了港英当局和资方阻挠罢工的阴谋。中共广东支部发表文告，大力称赞了这次罢工。认为这次罢工一方面给帝国主义以沉重的打击，另一方面使香港同胞与中国共产党和全国人民结下了深厚的革命情谊。通过这次罢工，香港工人阶级认识到中国共产党是用心用情帮助他们的，是真正代表工人阶级利益、为劳苦大众谋解放的。林伟民、苏兆征等海员先进分子也在罢工后都加入了中国共产党。②

2. 领导省港大罢工

在当时全国的反帝斗争中，省港大罢工堪称影响最深、规模最大、持续时间最长的罢工。1925 年 5 月 30 日，上海"五卅惨案"震惊全国、激起民愤，广大群众心中多年来对帝国主义的怒火难以遏制，反帝爱国运动迅即席卷全国。作为五卅运动的重要组成，省港大罢工同时在广州和香港进行，轰动中外，是中国工人运动的雄伟壮举，极大地推动了全国大革命高潮的到来。③

1925 年 6 月 19 日，香港、广州两地工人在邓中夏、陈延年、苏兆征等共产党人的领导下进行了支援上海五卅反帝运动的政治大罢工。海员、工人、农民、学生、商人等悉数加入进来。23 日，10 万余名群众在广州游行，行至沙基西桥时，遭到英、法军开枪射杀。游行群众遭到袭击，死伤百余人，这就是令人目不忍视的"沙基惨案"。帝国主义对中国人民的残忍行径引起全国愤怒，各地人民纷纷进行支援。中国共产党及中华全国总工会④，进一步强化领导，在广州召开香港、广州、沙面各工会代表大会，

---

① 谢春红. 中国共产党与港澳的百年历史考察与现实启示[J]. 岭南学刊，2022（2）：64-70.
② 曹贵民. 香港爱国民众同中国共产党合作进行的新民主主义革命斗争[J]. 刊授党校，1997（7）：20-21.
③ 刘英志. 香港与中国革命[J]. 江汉大学学报，1997（2）：6-10.
④ 中华全国总工会为中国共产党领导工人运动的机关。

并促成"省港罢工委员会"的建立，还组成工人武装纠察队[1]，切断香港交通线路。在中国共产党的领导和全国人民的支援下，这次大罢工于 1926 年 10 月胜利告终[2]。大英帝国主义终于屈服了[3]，这对巩固广东革命根据地建设和准备北伐战争来说意义非凡。广大共产党员在罢工中起到了先锋作用，空前提高了党在群众中的威信。罢工过程中，10 余万名香港工人返回广州，中国共产党都予以了妥善安排。罢工领导者邓中夏、苏兆征等全方位关心返回广州的香港工人，包括政治思想、日常生活、子女上学等方方面面。中国共产党得到了香港工人的极高认同，仅罢工期间就有近千名香港工人加入了中国共产党，香港同胞、中国共产党和全国人民在反帝革命中形成的情谊更加深厚和牢固。[4]可以说，这次大罢工是中国共产党领导的一次意义深远、深得民心的反帝爱国运动，为之后其在香港的活动，创造了良好的群众基础[5]。

3. 大革命失败后香港成为中国共产党的重要栖息地

1927 年，广东及香港（特别是香港）的共产主义运动发展进入了新阶段。国共合作破裂陡然逆转了国内政治局势，使得工农革命运动走向低沉，中国共产党的发展陷入困境。香港也由革命前沿变为后方，成为革命者暂时的栖息地、南北革命家的交通站[6]和中国共产党人的避难所。

1927 年"四一二"反革命政变后，国民党反动派大肆"清剿"共产党员，在全国制造白色恐怖。4 月中旬，国民党在广东搞"清党"。广东的共产党员处于异常艰险的境地，领导层不得已将广州的区委机关迁至香港。4 月底，中共广东区委转移到香港，改组为中共广东省委。因此，外界并不知晓，此后十年（1927—1936 年）香港才是广东共产党活动的中心地带。[7]1927 年春反共清洗导致社会乱象频发，港英政府出台了一系列措施进行反共宣

---

① 工人武装纠察队由 2000 多人构成。
② 此次罢工斗争坚持了 16 个月，是世界工人运动史上持续时间最长的大罢工。
③ 邓中夏. 邓中夏文集[M]. 北京：人民出版社，1983：485.
④ 曹贵民. 香港爱国民众同中国共产党合作进行的新民主主义革命斗争[J]. 刊授党校，1997（7）：20-21.
⑤ 紫虹. 中国共产党是怎样成功领导省港大罢工的[J]. 党员文摘，2021（2）：7-9.
⑥ 姚曙光. 香港在中国民主革命中的地位与作用[J]. 湘潭大学学报（哲学社会科学版），1996（6）：64-67.
⑦ 陈刘洁贞. 从无到有，从有到无：中国共产主义运动与香港·1921—1936[J]. 吴慧坚，译. 广东党史，2001（3）：35-38.

传，包括资助《工商日报》、加强检查报刊新闻的力度、取缔曾参与省港大罢工的工会组织。除此之外，还对共产主义活动极力镇压，成立警署特别反共小组，迫害了不少共产党员。尽管如此，共产党人并没有被吓倒[①]，中共驻香港领导机关，利用香港的政治、地理等优势，在大革命失败后依然英勇而灵活地进行了以下重要工作[②]。

一是在港筹备和领导内地的武装起义。南昌起义和广州起义是共产党为夺取地方政权所做的重要尝试，在中国共产主义运动史上的意义不容小觑。南昌起义后，广东省委按照中央指示在香港酝酿广州起义，包括召开省委会议，组织起义"行动委员会"，制定起义政纲、宣言等。准备工作基本就绪后，省委在 1927 年 12 月初到广州进行最终筹备。1929—1930 年，广东省委军委会又组织领导了广西左右江起义。

二是在港从事革命宣传。中国共产党在香港先后创办了一系列革命报刊[③]，包括反帝反军阀的《针锋》周刊[④]、《正义周刊》[⑤]等。1929 年，《正义周刊》停办之后又出版了《香港小日报》，该报是涵括国内消息、国际新闻、读者园地及其他进步文章共 4 版内容的全面性党报。1930 年 5 月底，《香港小日报》被港英当局宣布禁止发行，并没收押金 3000 元[⑥]。此后，中国共产党在香港还出版了内部半公开性刊物《南方红旗》日报、开办了绿波书社等，以宣传马克思列宁主义思想。

三是构成秘密交通线不可或缺的环节，保障了中央与苏区的信息、人员、物资往来。"八一"南昌起义失败后，周恩来、叶挺、李立三、恽代英、彭湃等人先后抵港重新规划革命斗争或返上海。1927 年 11 月，海陆丰举行第三次武装起义，彭湃离港，在海陆丰建立苏维埃政权。12 月，叶挺等人由港返广并发动广州起义，起义失败后，又在港藏身。这一时期，香港

---

① 邵明众. 中共香港党团组织的建立[J]. 百年潮，2021（9）：21-28.

② 王红绫. 二十八年的不解之缘——建国前的中国共产党与香港[J]. 党史天地，1997（2）：34-38.

③ 中共广东省委党史资料征集委员会，中共广东省委党史研究委员会办公室. 广东党史资料：第 1 辑[M]. 广州：广东人民出版社，1983：76.

④《针锋》与国家主义派在香港出版的《探海灯》，针锋相对地斗争，办了 8 期后被迫停刊.

⑤ 此刊主要分析国内外形势，宣传反帝反封建军阀思想，报道革命先烈的英勇事迹，鼓励群众敢于斗争和互相支援.

⑥ 中共广东省委党史资料征集委员会，中共广东省委党史研究委员会办公室. 广东党史资料：第 1 辑[M]. 广州：广东人民出版社，1983：57-58.

是中国共产党和共产国际与苏联①、上海党中央机关和南方西南方革命力量之间沟通②的桥梁③。1930 年 9 月，为使上海党中央到闽西苏区和广西左右江苏区间的交通长期存续，党中央决定在港成立华南交通总站④，并调饶卫华专职负责这项工作。1930 年 10 月，中共中央还成立交通局⑤以加强上海党中央和各苏区的联系。交通局成立后三个月时间内，就打通了从上海经香港、汕头、大埔到闽西苏区的红色交通线⑥。

四、中共早期重要领导人与香港的联结

香港曾是许多中共名人屡到之地。邓小平、周恩来、邓发等中共重要人物⑦，在特殊的历史阶段，以环境相对宽松的香港为阵地，联系海内外人士或暂时躲避风险。这使香港绽放更加多彩的魅力，闪耀着别样的光辉。

1. 香港与邓小平的安全

1929 年 7—8 月，党中央和中央军委派邓小平领导广西的党的工作和组织武装起义。邓小平辞别妻子，坐上从上海南下的船，经过香港赶赴广西。船抵港后，他立即联系了中共中央南方局⑧。南方局书记贺昌和夫人黄慕兰⑨、中共广东省委军委书记聂荣臻与夫人张瑞华在香港跑马地的凤凰台附近暂住。邓小平到达香港后，便去凤凰台附近与贺昌、聂荣臻同志交谈广西的工作。⑩大约 9 月，邓小平到达广西南宁。11 月底，他接到上海党中央的电报，让他赶赴上海进行汇报。12 月，邓小平从百色动身到龙州，后乘船抵港，并通过海路于 1930 年 1 月抵达上海。汇报完工作后，1930

---

① 如广州起义时的共产国际代表诺伊曼进出广州、中共部分代表前往莫斯科参加中共六大等，都取道香港。

② 李剑虹. 略述香港在中国民主革命中的作用[J]. 学术论坛，1997（3）：13-15，68.

③ 姚曙光. 香港与中国革命的独特关系[J]. 云梦学刊，1996（3）：24-27.

④ 香港是上海到苏区的第一站，华南交通总站在香港铜锣湾建立了一个秘密机关和招待所，以接待党中央从上海送来的干部。华南交通总站直属党中央交通局。

⑤ 交通局直辖于中央政治局，主要任务是打通苏区的交通线，布置严密的全国交通网。

⑥ 这条红色交通线长达数千里，沟通了上海党中央和各地苏维埃、红军的联系，保证上情下达和下情上送，护送干部从白区到苏区或从苏区到白区，还向苏区输送了大批物资。

⑦ 吕春. 中共名人的香港情结[J]. 党史文苑，2011（1）：50-53.

⑧ 当时中共中央南方局设在香港，负责领导广西、广东两省的工作。

⑨ 亦名黄定慧。

⑩ 毛毛. 我的父亲邓小平[M]. 北京：中央文献出版社，1993：204-205.

年 2 月 7 日，邓小平再次经港回到广西龙州。1931 年春节后，邓小平又回上海向党中央进行工作汇报和请示。他一生途经香港 5 次①，香港这个交通站在确保邓小平的安全方面具有难以磨灭的价值②。

2. 周恩来的特殊旅港经历

中国革命胜利之前，周恩来分别在 1924 年 9 月、1927 年 10—11 月和 1928 年初到港 3 次。1924 年留港时间很短③，另外两次均留港逾月。1927 年 10 月的这一次，堪称周恩来一生中惊险程度最甚的香港行。

1927 年 9 月，白色恐怖充溢全国。周恩来与朱德、贺龙、叶挺等人率领南昌起义余部一路向南，主力部队转战到广东潮汕，与本地农民军会合。在这里，他们同装备齐全的国民党军及广东军阀部队展开激烈拉锯。起义部队在粤东三河坝伤亡惨重，遭反动武装包围。偏偏十万火急之际，领导起义军的中共前敌委员会负责人周恩来身染疟疾，难以指挥战斗。

1927 年 10 月中旬，周恩来当机立断，指示武装人员尽量就近做好隐蔽工作，并准备好到广东北江和海陆丰地区长期战斗；非武装人员愿意留下来的可以留下来，如不愿留下就退到出海口再撤退到香港或上海。周恩来刚安排完工作，国民党军队就再次发起猛攻，打散了起义部队。据聂荣臻回忆，他和叶挺一直跟着周恩来。他们不熟悉路，又不懂当地话，只有一支小手枪，几无自卫能力。④值得庆幸的是，彭湃曾多年领导和指挥粤东一带的农民运动，在当地群众基础不错，具有革命性的当地农民给周恩来等人提供了帮助。

经过私下部署，周恩来等人马上联系上粤东党组织负责人杨石魂。当地党组织决定让重病中的周恩来和叶挺、聂荣臻、杨石魂乘坐小渔船前往香港。抵港后的前三天周恩来一直处于昏迷之中。为确保安全，周恩来以李姓商人的身份入住油麻地广东道的一栋别墅，杨石魂为"二少爷"，广东省委派的一位懂粤语的女同志则化身为别墅的"大少奶奶"。

由于医疗条件有限，加之奔波劳累，周恩来的身体恢复得较慢，尽管

---

① 包括四度旅港和 1920 年邓小平 16 岁时赴法勤工俭学途经香港。邓小平五次在香港总计待了近 3 个月。

② 王红绫. 二十八年的不解之缘——建国前的中国共产党与香港[J]. 党史天地，1997（2）：34-38.

③ 只停留了两三天，以访友为主。

④ 东山涛. 中共名人香港历险记[J]. 检察风云，2010（21）：66-68.

疾病折磨着他，但他从不呻吟喊痛。经过一周多休养，周恩来勉强能够外出后，便马上投入忙碌的工作中，参加了在港举行的多个会议，与中共在港领导人李立三、林伯渠等会谈，沟通广州起义的发动事宜。1927 年 11 月，周恩来接到中央命令，仓促乘船从九龙深水埠离港，赶赴上海，重新投入浩浩荡荡的革命洪流中。

3. 邓发作为"红色特工"扬名香港

邓发是中共早期工人运动的领袖人物、无产阶级革命家，参加过省港大罢工和广州起义，后成为中央苏区政治保卫局局长。当时斯诺称他为"红色特工首脑"，这足以说明邓发为情报搜集和反间谍工作作出了卓越贡献。

1927 年底，南昌起义、秋收起义和广州起义相继失败，革命陷入低谷。中共在港活动也受到打压和抵制，一些活跃分子被捕、中共联络点被摧毁。1928 年初，中共中央决定在香港把党组织恢复起来，作为党在两广及香港活动的中心。这就要选出一位合适的领导者，中央认为邓发是最佳人选。是年春，邓发出任中共香港市委组织部部长、市委书记，并组建了特科①。邓发抵港之后，尽快恢复基层组织，重新拉回原本断了的党的联络线，织就严密的地下活动网。同时，清除了一批叛徒，营救了邓中夏等不少落入港英当局手中的党内同志。

在港期间，邓发以富家公子、普通工人等身份隐藏自己，尽管一切工作相对顺利，但在形势极险恶的境况下也曾身陷囹圄。1929 年冬的一天上午，邓发去铜锣湾视察，被事先埋伏在屋里的人逮捕。被捕后，邓发发现对方虽然抓了他，但并不认识他。因此，任凭严刑拷问，他只说自己是外地来找亲戚的。地下党组织想方设法救人，很快通过探监掌握了邓发在狱中的详情，赶紧按邓发的意思将入狱信息告知他在港做厨师的兄长邓芳。邓芳找到他的英国老板，说警察误抓了乡下来找工作的弟弟，恳求他出面保释。这个英国老板不仅帮了忙，还开车从警察局接出邓发。②邓发以娴熟的特工经验，在当时号称"东方谍都"的香港威名远扬。

---

① 在香港的红色特工队伍。
② 唐黎标. 中共名人的香港情结[J]. 世纪桥，2011（4）：51-54.

五、结　语

中国共产党自诞生之日起，就以争取民族独立与国家统一为己任和奋斗目标，香港的命运从来都同中国共产党息息相关、与祖国紧密相连。香港在中共运动史上具有特殊且重要的地位，它与中国革命的历史进程相一致，也与中国共产党及其重要人物有过不解之缘，是中国共产主义运动不可缺少的场域。香港与内地的共产主义运动共同构成了中国革命的雄浑交响曲。

中国共产党和伟大祖国一直关心关注着香港同胞，始终是香港同胞的坚实依靠，香港同胞也一直心向祖国、胸怀祖国。在 20 世纪 20 年代中国共产党初创时期，党和内地人民与香港民众同生共死、相互支持，结下了沉甸且深厚的革命友谊，强化了肝胆相照的骨肉情感。香港紧密地内蕴于中国共产党的恢宏史篇中，中国革命的胜利也凝聚着香港同胞的付出和心血。中国共产党始终坚定捍卫香港同胞利益，是香港前途命运的守护者、开创者与推动者。新时代新征程，在中国共产党的领导下，我们要全面准确、坚定不移贯彻"一国两制""港人治港"方针，发挥香港在国际金融、航运航空、创新科技等多领域的独特优势，推进粤港澳大湾区建设，支持香港更好地融入国家发展大局，为实现中华民族伟大复兴更好地发挥作用[①]。

A Study on the Revolutionary Activities in Hong Kong during the Founding Period of the Communist Party of China in 1920s

Zhang Yi

Abstract: Hong Kong has been part of China since ancient times and played an important role in the history of China's Communist movement. Reviewing the revolutionary activities in Hong Kong at the beginning of the founding of the Communist Party of China in the 1920s, including the establishment of the Hong Kong organization of the Communist Party of

---

① 习近平. 高举中国特色社会主义伟大旗帜 为全面建设社会主义现代化国家而团结奋斗——在中国共产党第二十次全国代表大会上的报告[M]. 北京：人民出版社，2022：58.

China, the support and leadership of the Communist movement in Hong Kong, and the inseparable bond between the early leaders of the Communist Party of China and Hong Kong, we can have a profound understanding of the great significance of Hong Kong in China's revolution, construction and development history and understand the integration of Hong Kong with the Communist Party of China and the mainland of China. A clear understanding of the importance and necessity of studying Party history and Party construction in Hong Kong and taking history as a mirror can help us more accurately grasp the key position of Hong Kong in the new journey towards the great rejuvenation of the Chinese nation.

Key words: the Communist Party of China; Hong Kong; revolutionary activities

《共产党》月刊与中国共产党建党精神

邱华宇

摘要：《共产党》月刊作为中国共产党筹建时期的理论机关刊物、中国共产党历史上的第一个党刊，通过对不同思想的辨驳彰显了马克思主义的真理性、弘扬了共产主义理想，提出了具有鲜明中国立场和国际主义特点的初心使命，传递出具有高度党性和人民性的革命斗争精神和价值观念，较好地呈现了中国共产党建党精神的形成过程与丰富内涵。

关键词：《共产党》；中国共产党；建党精神

作者简介：邱华宇，北京大学马克思主义学院助理教授，主要从事马克思主义在中国的早期传播、思想政治教育史研究。

2021年7月1日，习近平在庆祝中国共产党成立100周年大会上的讲话中提到："一百年前，中国共产党的先驱们创建了中国共产党，形成了坚持真理、坚守理想，践行初心、担当使命，不怕牺牲、英勇斗争，对党忠诚、不负人民的伟大建党精神，这是中国共产党的精神之源。"[①]1920年11月7日，中国共产党上海发起组（即后来的上海共产主义小组）创办出版了《共产党》月刊，但在中国共产党成立不久后该刊停刊了，目前可见共6期。这是中国共产党筹建时期的理论机关刊物，是中国共产党历史上的第一个党刊，较好地呈现了中国共产党建党精神的形成过程与丰富内涵。

---

① 习近平. 在庆祝中国共产党成立100周年大会上的讲话[M]. 北京：人民出版社，2021：8.

一、思想辨驳与真理和理想的明确

《短言》是刊登于每期《共产党》月刊卷首、具有社评性质的文章，短小精悍、观点鲜明，集中反映了月刊创办者的思想主张。与前几期《短言》有所不同，1921 年 5 月 7 日出版的第四期《共产党》月刊的《短言》不再以"我们"这一笼统的称呼作为论述主体，而是公开出现了"共产党"这一政治概念，通过阐明共产党与无政府主义、议会派等派别的不同，澄清人们对共产党的误解，并明确提出"共产党底根本主义，是主张用革命的手段改造经济制度，换句话说，就是用共产主义的生产制度来代替资本主义的生产制度。共产主义的生产制度是怎样呢？就是主张一切生产及交换工具都归公有"[①]。这表明，通过对形形色色的思想学说进行长期的辨别、评析，中国共产党的创始人此时已经选择了马克思主义作为自己的指导思想，对马克思主义的真理性有了清晰的认识，确立了共产主义的理想信仰，并随着建党时机渐趋成熟，开始在《共产党》月刊中亮明组织的身份与主张。《共产党》月刊 1—6 期反映了早期中国共产党人在思想辨驳中明确真理与理想的这一思想过程。

1. 驳无政府主义的空想性和主张共产主义

无政府主义是当时国内有重要影响力的一种思想，也是中国共产党成立前后开展理论论战的主要对象。《共产党》月刊有多篇文章或专门对此进行了分析，或涉及对马克思主义与无政府主义的比较分析。值得一提的是，这些文章中都没有出现针对中国当时具体某位无政府主义代表人物的言论，总体而言，是在较学理、理性的层面研究探讨无政府主义这种学说在中国无法适用的原因，彰显了共产主义的真理性。

首先，《共产党》月刊一方面对无政府主义推翻资本主义社会并建立一个没有国家、没有阶级压迫的未来社会表示一定程度的认同，另一方面则明确批驳无政府主义缺少实现这一理想的手段，具有空想性。李达（江春为其笔名）的《无政府主义之解剖》一文指出，"无政府党是我们的朋友，不是我们的同志"[②]，无政府主义者要推倒资本主义所以是朋友，但他们想要消灭资本主义却没有手段而且不免有姑息的地方，所以不是同志。《共

---

① 佚名. 短言[J]. 共产党，1921（4）：1.
② 江春. 无政府主义之解剖[J]. 共产党，1921（4）：14.

产党》月刊第三期的《短言》中也提到："我们并不是说无政府主义理想不好，只觉得他的玄虚已去西天阿弥陀佛不远了。人性中恶的部分一天不消灭净尽，裁制人的法律、军队便一天不可少。"①无懈（即周佛海）在《我们为什么主张共产主义》一文中认为，无政府主义是人类努力的最终目标，但在现阶段无法实现，为达到无政府主义要造一个阶段的共产主义②。将共产主义看作实现无政府主义的一个阶段的观点显然不对，但从以上文章中可以看出，早期中国共产党人并没有完全否定无政府主义，而是认可无政府主义与共产主义在理想目标上的相似性，并认为共产主义是更有可能实现这种理想的一种学说。

其次，《共产党》月刊从多个角度对马克思主义（共产主义）与无政府主义的不同进行了分析。李达在《社会革命底商榷》一文中从生产与分配两方面展开讨论：从生产来说，共产主义是集中的，无政府主义是分散的，而分散的弊端是不能保证均平，自由竞争最终会导致生产组织的混乱。因此，要实现生产的组织性就需要中央权力的干涉。从分配来说，无政府主义主张完全的消费平等，实行各尽所能、各取所需的方式，但这种分配"非待世界的产业达到极境的时候，不能办到"，而共产主义侧重于通过调节收入实行按劳分配，是在有限的生产力条件下实现分配公平最好的方式③。除此之外，李达还在月刊第四期的《无政府主义之解剖》一文中，从理论上系统梳理和分析了无政府主义的起源和派别，介绍了斯体奈（即施蒂纳）、蒲鲁东、巴枯宁、克鲁泡特金的无政府主义，指出无政府主义的实质是个人主义，而共产主义与此不同，甚至觉得有政治革命的必要，因为一切政治的、经济的、社会的组织和各种制度根深蒂固，"决不是一人或数人的意见和感情表现所能颠覆所能绝灭。要干这种革命事业，必定要具有一种能够作战的新势力方能办到"④，从而向读者大力推荐马克思主义。第三期《短言》则阐述了马克思主义与无政府主义在国家观上的不同，指出在革命阶段必须将劳动阶级的权利集中起来，这样才能防止资产阶级各个击破，而在革命成功后若干时期社会上的资产阶级势力仍然要远远大过劳动阶级，劳动阶级若把政权交给资产阶级那无异于自杀，因此"劳动

---

① 佚名. 短言[J]. 共产党，1921（3）：1.

② 无懈. 我们为什么主张共产主义[J]. 共产党，1921（4）：24.

③ 江春. 社会革命底商榷[J]. 共产党，1920（2）：9.

④ 江春. 无政府主义之解剖[J]. 共产党，1921（4）：23.

专政"并没有什么特别深奥的意思，只是不把政权及自由交给资产阶级，这是"我们和无政府主义者见解不同之要点"①。

2. 驳第二国际修正主义和主张劳工专政

以马克思列宁主义为指导思想是《共产党》月刊鲜明的政治立场和理论特色，月刊从创刊号开始就连续多期刊登多篇关于第二国际和第三国际的著作和译作，坚决与第二国际的修正主义划清界限。

在《共产党》月刊第一期中，李达以胡炎的笔名发表了《第三国际党（即国际共产党）大会的缘起》一文。他指出该文写作的目的是，"国际共产党联盟是世界各国的共产党和急进的社会党所组织的，是世界大革命的总机关，我们大家都要知道的，所以我把他的成立的缘起记了出来，作为大家的参考资料"②，并详细地叙述了第二国际堕落的历史。

《共产党》月刊还有意识地选取澄清第二国际和第三国际观点分歧并支持第三国际的文章，将之翻译介绍给中国的知识分子。月刊第三期刊登了一篇题为《将死的第二国际和将兴的第三国际》的译文，文章列举系列事实，说明第二国际者道德败坏，对内挑起内讧，对外投向帝国主义的怀抱，并明确指出："第三共产党万国联工会，是将兴的明星。第二万国联工会就要可耻的死去了。"③该期还刊登了译自美国《国家》（Nation）杂志的《加入第三次国际大会的条件》一文。该文原由列宁亲自起草，在共产国际第二次代表大会上讨论通过，是划清共产党与形形色色的机会主义政党的界限的重要文献。译者在文章开头有一段附议，他针对有人说共产党尤其是这二十二条（即该文所提出的 22 个条件）是"怪物"的说法指出：欧美人尚且视之为怪物，中国人看了更应该怕，但这也正是救济中国人病症的无上妙药，"这二十二条件正是对症的药；他的主要精神：一是大胆的宣传实行共产的革命；二是断然与黄色的改良派和平主义断绝关系"④。这表明了译者翻译的目的和鲜明的政治立场。

在 P. 生（即沈雁冰）翻译的《共产党国际联盟对美国 I.W.W.（世界工业劳动者同盟的简称）的恳请》一文中，共产党国际联盟一方面肯定了

---

① 佚名. 短言[J]. 共产党，1921（3）：1.
② 胡炎. 第三国际党（即国际共产党）大会的缘起[J]. 共产党，1920（1）：13.
③ 佚名. 将死的第二国际和将兴的第三国际[J]. 共产党，1921（3）：17.
④ 佚名. 加入第三次国际大会的条件[J]. 共产党，1921（3）：29.

I.W.W.的革命性，另一方面也指出 I.W.W."要在旧社会的壳子里建造一个新社会"的目的实际上是空想的，历史不能等着工业发展以后、大多数劳工有组织后再行动，并批判了社会党企图通过议会政治掌握国家权力再消灭资本主义的调和观念，指出国家是具有阶级性的，资本主义国家不可能用来推倒资本主义，所以应该先推倒资本主义，再经过劳农国家建立一个新社会。同时，文章指出在现阶段共产党不排斥议会这一武器，但共产党派成员到国会或立法机关中去，是为了鼓吹宣传，"欲不断的揭示资本家国家的真相，欲阻碍资本家政府的活动，指出资本家政府的阶级特质，欲说明资本家改革计划的缺点，等等"①，共产党的特别任务就是要训练劳工们取得政治的权力，并实行劳工专政。《共产党》月刊的撰稿人在后来发表的文章中曾引用了共产党国际联盟给 I.W.W.这封信中的内容，认为信中"有几句话很说得透彻"，那就是"要打破资本家底国家，破坏资本家底帮手，解除资本阶级武器，没收资本家底财产，转付到全体劳工阶级底公共管理之下——要做许多事，非有政府不可——非有国家不可。这国家便是劳工专政的国家。在这国家里，劳工们运用他们底劳农会，可以用铁手来拔去资本制度的根了"②。可见，中国共产党的创始人此时已在思想上明确了即将建立的共产党组织是反对第二国际修正主义、要通过劳工专政的手段实现彻底的无产阶级革命，并在党成立之后的实践中将之坚持贯彻。

3. 驳基尔特社会主义和主张暴力革命

《共产党》月刊在明确和宣传将马克思主义作为中国救亡图存的真理、将实现共产主义作为理想目标的过程中，还着力批判了以梁启超、张东荪等人为代表的基尔特社会主义，力证通过暴力革命走社会主义道路的必要性和可能性。

《共产党》月刊第一期的《短言》，从中国劳动者被资本家奴役的现实境遇切入，对资本主义生产方式进行强烈批判，指出中国的劳动者已经沦为本国或外国资本家的奴隶，而民主政治、代议政治实质上只是资本家欺骗劳动者的工具，为资本家的利益服务。文章有力地批驳了议会派力争"代议政治"的行为，并在此基础上提出了解决劳工问题的根本方法，即

---

① 佚名. 共产党国际联盟对美国 I. W. W.（世界工业劳动者同盟的简称）的恳请[J]. P. 生，译. 共产党，1920（2）：25.
② 无懈. 我们为什么主张共产主义[J]. 共产党，1921（4）：25-26.

在政治力量上联合全体劳动者，用阶级战争的手段、通过毫不妥协的暴力革命夺取政权，建立劳动专政的制度。

李达在《社会革命底商榷》中回应了国内关于社会革命时机的不同看法。针对中国是否要先学会知识，懂得社会主义再进行社会革命的讨论，他指出法国人民发动法国大革命、俄国人民发动十月革命并不是都先学会了卢梭的学说、马克思主义，而是受到经济上、政治上的压迫，想求生存求自由才革命，可见"一切革命的原因，皆由生产交换的方法手段而生，不是人的智力发明出来的，也不是抽象的真理产生出来。简单说，社会革命不是在哲学中探求而得的，乃是发生于现社会的经济状态之变动"①。针对基尔特社会主义者提出的中国社会没有阶级、进行社会主义革命为时尚早的观点，李达引用古语"贫者地无立锥，富者田连阡陌"指出中国自古以来就有田主和佃户两个阶级。在工业方面，由于受到国内、国际资产阶级的双重压迫，中国无产阶级的悲惨程度比他国无产阶级更甚。武人、强盗连年打仗又进一步加重了中国的阶级矛盾。在此基础上，李达分析比较了三种革命手段，即议会政策、工会运动和直接行动，认为改良的阶级调和的议会政策不可取，工会运动在中国也不容易实行，唯有直接行动是最有效力的手段。因此，要利用中国社会矛盾日益激化的机会，"在各大都会，结合工人农民兵士及他种属于无产阶级的人，组织一个大团体，利用机会，猛然的干起大规模的运动来，把那地方的政治力，夺在我们手中，凭着政治上的势力，实行我们社会主义的建设，完全管理社会中经济的事业，所以这种直接行动，可以称为社会革命的唯一手段"②。

针对基尔特社会主义者倡导的自治运动，沈雁冰在《共产党》月刊第三期以 P. 生的笔名发表了《自治运动与社会革命》，指出中国的缙绅阶级与军阀没有本质区别，"联治"运动实为缙绅与军阀官僚共同为暴，结果只会让平民所受压迫更大。他还将中国的缙绅阶级与西方的第三阶级作对比，指出西方现代政治看似是第三阶级推翻了封建君主专制的统治，但若没有第四阶级的帮助是无法实现的，第三阶级事实上是利用并欺骗了第四阶级。最后他得出结论：当前中国只能靠无产阶级的革命，"无产阶级的革命便是要把一切生产工具都归生产劳工所有，一切权力都归劳工们执掌，直到尽

---

① 江春. 社会革命底商榷[J]. 共产党，1920（2）：2.
② 江春. 社会革命底商榷[J]. 共产党，1920（2）：9.

灭一分一毫的掠夺制度，资本主义决不能复活为止"①。此时早期的共产主义者在学习、理解、运用马克思主义基本原理时，还未能做到与中国的具体国情相结合，完全否定了资本主义在中国社会存在的必然性与合理性，但也由此看出中国共产党作为马克思主义政党自成立起就在指导思想和理想目标上具有彻底的革命性。

二、中国立场和国际视野中的初心使命

《共产党》月刊每期刊登的文章大体分为两类：一是理论文章，二是介绍国内外共产主义运动的短消息。其中，短消息分为世界消息和国内消息。月刊前三期只有世界消息，第四期只有国内消息②，第五期没有消息，第六期既有世界消息又有国内消息。消息所占比重，第一期是 4 则，共 7 页；第二期是 18 则，共 5 页；第三期是 30 则，共 5 页；第四期是 7 则，共 6 页；第六期是 14 则，共 17 页，每期比重基本一致。理论文章则大体分为三种：一是马克思主义理论的文章，二是关于国际共产主义运动或组织的文章，三是对中国社会进行分析时评的文章。前两种又都有国内作者著述和翻译两种类型。纵观月刊六期，一个明显的特点是从第四期开始，月刊刊登关于中国社会分析、时局分析、表明自己观点立场的文章数量和比重都有所增加。这反映出月刊从介绍马克思主义、共产党组织的理论和知识，到越来越将理论与中国实际相结合、分析和解决中国实际问题的发展过程，中国共产党的初心使命也是在这一过程中得以不断明晰，并在建党前一个月的《共产党》月刊第五期中公开提出，在党成立后即刻付诸实践的。

关于初心。陈独秀署名 T. S 在 1921 年 6 月 7 日发行的《共产党》月刊第五期《告劳动》一文中提出阶级觉悟这一问题。他用马克思主义理论分析了劳动者创造了社会财富却仍旧困苦的原因在于资本家占有生产资料，除了给工人能糊口度命的工钱外资本家独享了其余利益。因此，"非把各地方各行业的劳动组织成一个阶级，决没有反抗组织强大的资本阶级的力量，没有反抗资本阶级的力量，决不能将资本家私有的生产工具夺归劳

① P. 生. 自治运动与社会革命[J]. 共产党，1921（3）：10.
② 第四期消息的总标题为"中国劳动界消息"，其他期多写为"世界消息""国内消息"。

动界公有"①。事实上，陈独秀在该文中阐明了中国共产党发动劳农开展革命的初心，就是为了从根本上解决劳动者贫困的问题。

关于使命。第五期《短言》旗帜鲜明地提出了："我们共产党在中国有一大使命：一是经济的使命，一是政治的使命。"经济上不采用资本主义制度，"不必再走人家已经走过的错路了"；政治上不要君主政治和代议政治。文章最后说道："全国民在这彷徨歧路之中，那一派人是用光明正大的态度，挺身出来，硬起铁肩，当担这改造政党改造政治改造中国底大责任呢？这就是我们共产党在中国政治的使命。"②

1. 借鉴国外经验筹备建党

《共产党》月刊通过大量译作介绍了国外共产党组织的情况，为中国共产党提出自身的纲领、原则提供了借鉴。据文献记载，中共一大上"代表们对《共产党》月刊介绍的俄国布尔什维克党的组织情况和建党经验印象很深，主张中国共产党应该以列宁创建的布尔什维克党为榜样"③，可见《共产党》月刊介绍国外共产党情况的文章在中国共产党的成立中发挥了重要作用。

《俄国共产政府成立三周年纪念》介绍了俄国共产党的基本情况，指出俄国共产党（多数党）的主义是真正的马克思主义，它区别于无政府主义和工团主义的特质在于，主张阶级战争直接行动和无产阶级专政，"乃是集产主义和无产阶级底专政底结合（The amalgation of collectivism and Proletarian Dictatorship）"④。李穆所翻译的《共产党同他的组织》一文，详细介绍了共产党所领导的各个组织的情况及相关的纲领性文件，包括介绍了共产党支部组织大纲、实业和铁路的共产党组织、共产党店员委员会的组织条规、实业联合会的共产党组织、职工联合会、共产党支部的组织、合作社的共产党组织、乡村共产党的组织、军队中的共产党组织等。

1920 年 7 月，英国共产党成立。消息传到中国，当年 11 月出版的《共产党》月刊第一期即刊登了袁振英（笔名震寰）所译的两篇关于英国共产党的文章。一是《英国共产党成立》，文章介绍了英国共产党的大纲、手段

① T. S. 告劳动[J]. 共产党，1921（5）：3.

② 佚名. 短言[J]. 共产党，1921（5）：1.

③ 沙建孙. 中国共产党通史：第 1 卷[M]. 长沙：湖南教育出版社，1995：417.

④ 无懈. 俄国共产政府成立三周年纪念[J]. 共产党，1920（1）：3.

和目的、第一次提案，讨论采用议会的行动还是工业的行动、共产党与工党的关系等问题。二是《共产党未来的责任》，这是英国共产党成立后即创办的机关刊物 *The Communist* 所刊发的第一篇文章，文中鲜明地表明了新成立的英国共产党的责任："现在共产党最紧要的工夫，是令人民统同明白了共产主义；打破从前资本制度的迷梦，勉励他们有自信的能力，来改造这个社会。"①《共产党》月刊的装帧和排版方式还明显受到英国共产党党刊 *The Communist* 的影响，"几乎让人以为《共产党》就是 *The Communist* 的汉语版"②。

　　《共产党》月刊还专门介绍了美国共产党的情况。月刊第二期刊登了沈雁冰翻译的美国共产党面向美国劳动者所写的《共产主义是什么意思》一文，文中指出"美国共产党的目的就是要造成一个劳工阶级的政府——劳工阶级的专政——这政府欲把现今产业私有的制度改做一个共产党的社会，在这社会里，产业的主有权是在社会上一般人的手里，由劳工来管理的"③。除此之外，这期月刊还刊发了《美国共产党党纲》一文，介绍了美国共产党包括名称、宗旨、党徽、入党资格、组织等九个方面的内容。《共产党》月刊在中国共产党筹备期大量介绍俄、英、美等国共产党组织的情况及其纲领性文献，为中国共产党明确自身的初心使命并拟定自身的纲领、决议提供了借鉴。

　　2. 为中国所用的主体自觉

　　虽然中国共产党筹备建党借鉴了国外共产党组织的经验和做法，但在《共产党》月刊上刊登的一些文章也反映出党的创始人在引入和借鉴国外经验的同时，具有很强的为中国所用的主体自觉。例如，《俄国共产政府成立三周年纪念》在介绍俄国共产党的时候特别提出"把他与中国是否有缘，研究一下"④，并比较了中国和俄国国情的异同，指出两国都是农业国、工业不发达，都有各阶级的存在，两国的大量相似性表明俄国共产党（多数派）的方法可以作为一种过渡时代的手段适用于中国。不过，中国共产党的创始人虽然主张走俄国革命的道路、实行无产阶级专政，但对无产阶

---

① Amcmanus. 共产党未来的责任[J]. 震寰，译. 共产党，1920（1）：46.
② 石川祯浩. 中国共产党成立史[M]. 袁广泉，译. 北京：中国社会科学出版社，2006：45.
③ 佚名. 共产主义是什么意思[J]. P. 生，译. 共产党，1920（2）：10.
④ 无懈. 俄国共产政府成立三周年纪念[J]. 共产党，1920（1）：2.

级专政走偏可能会导致的后果也有清醒的认识。

3. 追求人类解放的国际主义

追求人类解放的国际主义是《共产党》月刊较为明显的一个思想理论特点。《俄国共产政府成立三周年纪念》中就提出该文写作的目的"不单是为俄国共产党底成功而纪念，也不单是为俄国人民得脱离了政治上的不自由和经济上的不平等而纪念；乃是为世界革命底前途而纪念，为社会主义底前途而纪念的"①。第二期的《短言》较为详细地论述了国际主义与社会主义之间的关系。1920 年罗素来中国讲学，在中国乃至日本的思想界都引起了一阵轰动，而与此同时日本政府为禁止具有危险思想的书报输入，颁布了所谓的文明驱逐政策。对此日本《批判》杂志发表言论说："照此时日本这样思想的大逆行，我们以为不得不由中国输入文化之时代渐渐又到了。"针对这一言论，《共产党》月刊指出，"国际主义是社会主义必然的属性，我们如在本国做社会主义的运动，自然所做的多关于本地的事，并且我们固然不相信国家主义是好的东西，却承认国家这个机关可以做我们改造底一种工具；但同时我们万万不可忘记了国际主义，因为少了他，社会主义便很难实行而且减了很重要的一个原素，使世界的和平不能实现"②。

这表明，中国共产党人在初期接受马克思主义的时候就十分重视马克思主义的国际主义思想，具有将中国无产阶级革命看作世界无产阶级革命重要组成部分的无产阶级意识。早在 1919 年，李大钊就强调"要把中国这个地域，当作世界的一部分，由我们居住这个地域的少年朋友们下手改造，以尽我们对于世界改造一部分的责任"③。后来，不管与共产国际的关系经历何种变化，中国共产党一直奉行国际主义与爱国主义相结合的原则，践行促进人类和平和发展的责任担当，这与党的创始人奠定的思想基础有密切的关系。

4. 领导中国革命的实践勇气

中国共产党一经成立，就自觉地将马克思主义运用到中国革命实践中，体现出强烈的践行初心使命的历史担当和实践勇气。这一点突出反映

---

① 无懈. 俄国共产政府成立三周年纪念[J]. 共产党，1920（1）：2.
② 佚名. 短言[J]. 共产党，1920（2）：1.
③ 李大钊. 李大钊散文[M]. 上海：上海科学技术文献出版社，2013：93.

在中国共产党成立后出版的第一本《共产党》月刊即第六期月刊上。第六期月刊虽标明 1921 年 7 月 7 日出版发行，但实际出版发行时间应是在中共"一大"之后①。除了国际和国内消息外，该期还刊载有 5 篇文章，其中译文 2 篇，著述 3 篇。这 3 篇著述文章都具有非常强的分析和指导当时中国革命的特点，尤其是在华盛顿会议（亦称太平洋会议）和工人运动的问题上。

1921 年 7 月 10 日，美国总统沃伦·加梅利尔·哈定倡议召开华盛顿会议，解决《凡尔赛和约》未能解决的各国关于海军力量对比及在远东太平洋地区特别是在中国的利益冲突问题。这次会议实质上是美、英、日等帝国主义国家为重新瓜分远东和太平洋地区的殖民地和势力范围而召开的国际会议。月刊第六期《短言》以马克思主义特别是列宁的帝国主义论为思想武器，揭示了帝国主义战争的非正义性和垂死性，并认为这是无产阶级社会主义革命的重要条件，还揭示了华盛顿会议的虚伪性和侵略中国的实质，号召中国的劳动阶级起来进行社会主义革命。

除此之外，第六期月刊还发表了汗（即李汉俊）所写的《太平洋会议及我们应取的态度》。文章详细研究了日英同盟的由来和现状、第一次世界大战后的世界大势，进而指出华盛顿会议"是美国要参与日、英两国所掠夺的中国这赃品的分配，为避免相互间的战争，想在妥协上遂其野心的会议；只不过是日、英、美三国间的分赃会议"，提出不管华盛顿会议是否成功举办、战争能否避免，中国都是受侵略的。中国既不能关闭门户，又不能大开门户任由侵略，只能"自己革资本主义的命，建设共产主义国家，与世界的平民共同改造世界"。②为此，中国共产党很快组织了反抗华盛顿会议的革命活动，包括印发第三国际对于华盛顿会议的宣言、山川均及堺利彦批评华盛顿会议的论文、陈独秀和李汉俊等中共领导者的相关文章，组织多地开展反对华盛顿会议的工人群众运动等③。

---

① 《共产党》月刊第六期的"世界消息""国内消息"两个专栏，报道了 7 月 7 日以后国内外的重大罢工事件，如对 7 月 20 日至 8 月 10 日上海英美烟公司工人大罢工、8 月 16 日至 26 日广州土木建筑工人大罢工都作了详细的报道。有研究者认为，《共产党》月刊第六期应在 1921 年 11 月出版，理由是该期的重点内容是反对华盛顿会议，而中国共产党接到共产国际关于反对华盛顿会议指示的时间是在 1921 年 10 月。[沈海波. 《共产党》月刊的若干史实[J]. 春秋，1999，4（6）.]

② 汗. 太平洋会议及我们应取的态度[J]. 共产党，1921（6）：2-21.

③ 陈独秀. 中共中央执行委员会书记陈独秀给共产国际的报告[M]//中央档案馆. 中共中央文件选集：第 1 册. 北京：中共中央党校出版社，1989：47.

第六期月刊还刊发了《中国劳动组合书记部宣言》一文，将中国共产党一大上确定的把工人阶级组织起来、推动工人运动的中心工作及根据这一精神通过的第一个决议加以宣传和贯彻，还以中国劳动组合书记部的名义阐发了刚刚成立的中国共产党关于通过组织工人阶级进行社会革命的初步设想，反映了中国共产党人勇于领导中国革命、践行初心使命的实践品格。

三、革命斗争精神中的党性和人民性

《共产党》月刊是最早在中国明确举起"共产党"旗帜的刊物，并通过刊物的采编和发行，在中国共产党早期组织成员中发挥着维系和发展党的组织关系的功能[①]。共产国际远东书记处书记舒米亚茨基曾指出，在中共建党时期由各地党组织创办的诸多报刊中，"《共产党》是起领导作用的"[②]。这种领导，不仅包括思想理论、理想目标、组织关系的领导，还包括号召早期共产主义者为争取人民利益、实现革命理想而英勇作战、不怕牺牲的精神和价值领导。

《共产党》月刊第三期刊登了 B. R. Bck 著、袁振英翻译的《赤军及其精神》一文。文章讲述作者的一位美国考察家朋友接触到俄国的"赤军"后，对他们身上所展现的精神大为感动。比如，他看到赤军中军官和士兵间有着深厚的友爱之情，士兵和军官、上级和下级都是朋友和同志，阶级的观念、尊卑的观念"已自然消灭"，取而代之的是人与人之间的平等、团结。再如，赤军有"坚决的精神"，"明白事理"，知道为何而战。他们为将来能建设一个由工人和农民管理的俄罗斯而打仗，宁愿为自由战死，也不肯恢复从前的专制，放弃权利。他认为赤军是一群不怕牺牲的军人，他们"不独为自己，并且为全世界的人。不是要他人死，只要他人生……宁可牺牲身命为代价"[③]。袁振英选择翻译此篇文章，很大程度是希望中国早期的共产主义者、共产党早期组织的成员能学习赤军团结友爱、为理想英勇斗争的革命精神。

《共产党》月刊还通过介绍一些具有坚定革命信念和奉献精神的共产

---

① 唐荣堂. 建构组织认同：《共产党》月刊与中国共产党的创建[J]. 新闻记者，2021，7（7）.

② 中共一大会址纪念馆. 中共首次亮相国际政治舞台：档案资料集[M]. 上海：上海人民出版社，2016：92.

③ B. R. Bck. 赤军及其精神[J]. 震寰，译. 共产党，1921，4（3）：26-28.

党员向读者传递共产党的价值观念。例如，沈泽民（吉生）翻译的《劳农俄国的劳动妇女》一文，讲述了一位被派到劳农会里去做缝衣女工的女共产党员尼古拉夫娜的事迹，她从理论上启发劳农会的女工们，向她们讲解新社会和旧社会工作的本质区别，关注女工们精神上和道德上的发展。她"在创造将来的共产社会的细胞"，践行"一切都为无血的前线而做"的信条，为此不得不和家人分离，延长每天的工作时间。文章歌颂尼古拉夫娜"他是真真的劳动妇女，他真是共产党指导之下的几千个能替现在的共产主义做下建设工作，使民众了解共产主义底劳工中的一个"①。

《红宝石》是《共产党》月刊刊登的唯一一篇小说，因此这篇文章的选择、翻译具有很强的代表性，它传达的价值观念很大程度上代表了月刊创办者自身的价值观念。这篇小说由美国劳动工人党印行，小说主人公吉乐是美国劳动共产党党员、《劳动声报》（ *The Voice of Labor* ）的工作人员，因写了"《左党宣言书》（ *Left Wing Manifesto* ）"的布告得罪了美国政府。小说取名"红宝石"，是因为作者认为吉乐在法庭受审时对陪审员的辩论可谓"一篇大红色底文章，好像一块大红宝石，放在大红色底宝箱中"。小说中，吉乐在法庭发言时讲述了《左党宣言书》的内容，对该宣言书和俄国革命进行了热情的歌颂，并说道："我是崇拜这个宗旨，所以我要赞助这个宗旨，因为我要赞助这个宗旨，所以我登载这篇宣言书的文章。我一世的生命已经牺牲在这个运动之中。没有甚么监狱，可以改变我这种高尚的心理。"除此之外，吉乐还代表着一个为理想而甘愿献身的革命者形象，他说："试问对于社会改良，是没有人舍一滴这种理想主义的血吗？我可以断言是没有一个人没有的。这种国家的社会，不流血，是不能得猛烈的改革。"②

月刊还通过刊登苏俄的儿童问题、教育问题等文章，介绍苏俄解决社会问题、维护人民利益的做法和价值观。在《俄罗斯的儿童问题》一文中，作者"海参崴通信"高度赞扬了苏俄对待儿童问题的态度和做法，认为"俄罗斯怎样在愁苦、饥饿、封锁里头保护今日之儿童，来日之主人翁"值得研究，他们"保卫赤子心"和"保卫赤子法"与众不同、方法科学，使苏俄的儿童这些"没饭吃国里的小孩子们享受没饭吃国里最高的幸福"③。

① 佚名. 劳农俄国的劳动妇女[J]. 吉生，译. 共产党，1921，5（4）：43-45.
② 佚名. 红宝石[J]. 天柱，译. 共产党，1921（5）：39-48.
③ 海参崴通信. 俄罗斯的儿童问题[J]. 共产党，1921（3）：36.

文中介绍了苏俄在保护儿童上的具体做法，如在儿童食物问题方面，在法律上规定 16 岁以下的小孩享有食物优先权；在儿童健康问题方面，设立儿童健康保护委员会等专门机构；在儿童体育问题方面，设立体育文化学院；在儿童防疫问题方面，许多学校都设有养病室，儿童在里面能得到医药治疗或接受精神上的教育等。

在《告劳兵农》一文中，沈泽民描述和分析了中国劳农、士兵的悲惨生活及其社会根源，号召他们起来推翻官僚、军阀、资本家的统治，为争取平民主义而革命，开展传播思想、与全世界的劳农联络、反抗不合理的租税等革命活动。沈泽民说道，革命是一件复杂而专业的事情，"我们现在用无限的诚心向你们说，你们虽不知道我们是谁（将来会知道），我们永远是最同情于你们的。我们现在四方奔走，我们进牢狱，受官府和资本家的压迫，我们依旧冒了险到你们中间来宣传，我们都是为了你们。你们也不可把我们当做是慈善家，因为可怜你们所以拼死命来救你们的。我们就是你们，我们是一伙儿。我们大声疾呼就是代你们大声疾呼，我们所喊出的，都是你们所要喊的，不过我们是见得早"①。这一段表述生动地展现了早期共产党人为人民利益奉献牺牲的精神品质。

如何看待党性？施存统（笔名 CT）在《我们要怎么样干社会革命？》一文中提出，一是要能吃苦，实行无产阶级专政对无产阶级的素质提出很高要求，但无产阶级的成熟不是一蹴而就的，共产主义者必须以艰苦奋斗的精神从教育、经济、政治三方面去引导无产阶级，"我们共产主义者，一面要从教育上去做，一面却要从经济上去做，总要比一般非共产主义者格外吃苦地去做"。二是共产党人要有极高的党性修养。施存统在文中说道："在某种事实的必要上，如非个人专政就要危及共产主义的时候，我却极端赞成个人专政的。是否有这种事实，我不得而知，假使有的话，我是极端赞成个人专政的。"②这段话常被研究者认为反映了《共产党》月刊存在忽视民主、重视个人专权的理论缺陷③。但实际上，施存统在这里强调的并不是对个人专政的态度，而是如何在极端条件下坚持革命斗争、实现革

① 吉生. 告劳兵农[J]. 共产党，1921（4）：13.

② CT. 我们要怎么样干社会革命？[J]. 共产党，1921（5）.

③ 李军林，刘英. 论《共产党》月刊对国际共产主义运动的传播[J]. 广西社会科学，2012（1）；李伏清，王向清. 论《共产党》月刊与马克思主义中国化[J]. 马克思主义研究，2013（10）；马宁. 中国共产党历史上的第一个党刊——《共产党》月刊出版发行始末[J]. 出版发行研究，2017（10）.

命理想。他明确阐述了实行个人专政的前提和条件，一是只有当实行专政成为实现共产主义的必要手段时他才赞成个人专政，也就是说个人专政必须完全服务于革命目标；二是共产主义者尤其是党的领导人必须具有为主义牺牲一切、不追求个人私利的精神品质。他指出："我以为我们共产主义者应当有这么一个信条，就是'为主义牺牲一切'。我常常想：我们连生命都要牺牲，怎么一时的个人自由都不能牺牲？主义重要，还是一时的个人自由重要？革命家尚不能牺牲一时的个人自由，还有谁能牺牲一时的个人自由？我愿我们同志大家都要'为主义牺牲一切'！"他推崇列宁，认为"完全是能力问题，对于领袖个人决无特权可说""列宁底人格，列宁底精神，只有七个大字，就是'为主义牺牲一切'"。他认为无产阶级领袖，"只有职务比别人多，并没有关于个人的特权""并没有一个私人军队，并没有一个是他底底下人""一定是平日为无产阶级所敬佩的人；那么他底人格一定是很可靠的"等。①可见，在施存统看来，忠于共产主义、为主义艰苦奋斗乃至牺牲一切的党性是共产党人开展革命必须具备的条件。

The Communist Party and the CPC's Party Building Spirit

Qiu Huayu

Abstract: As a theoretical organ journal during the preparation period of the CPC and the first party journal in the history of the CPC, the monthly magazine of *The Communist Party* highlighted the truth of Marxism by refuting different ideas, promoted the communist ideal, put forward the original mission with distinctive Chinese position and internationalism characteristics, and conveyed the revolutionary struggle spirit and values with high party spirit and people's spirit. It better presented the formation process and rich connotation of the CPC's party building spirit.

Key words: *The Communist Party*; the Communist Party of China; party building spirit

---

① CT. 我们要怎么样干社会革命？[J]. 共产党，1921（5）.

20世纪初《共产党宣言》在《天义》报译介传播的历程、特征与历史影响考辨

孙熙国　陈绍辉

摘要：当前，学术界对《共产党宣言》在中国传播的主要历史进程、标志性事件、影响较大的译本进行了深入研究，对《共产党宣言》在《天义》报的译介传播问题虽有所论及，但仍有待系统深入探究。本文通过历史梳理和文本考证，认为以刘师培为代表的无政府主义者在译介《共产党宣言》时根据自身的主张和对革命的理解，决定了对《共产党宣言》翻译内容的选择和意义建构方向，从而使译著呈现出有选择性的译介和误解歪曲并存等多重特征。

关键词：《共产党宣言》；《天义》；刘师培；传播史

作者简介：孙熙国，北京大学马克思主义学院教授，主要从事马克思主义基本原理研究；陈绍辉，北京大学习近平新时代中国特色社会主义思想研究院助理教授、研究员，主要从事马克思主义中国化研究。

　　《共产党宣言》的问世是人类思想史上的一个伟大事件。《共产党宣言》问世后，既深刻影响了世界，也深刻改变了中国。当前，学术界对《共产党宣言》在中国传播的主要历史进程、标志性事件、影响较大的译本进行了详细、深入的研究，对《共产党宣言》在《天义》报的译介传播问题虽有所论及，但仍有待系统深入探究。1908年3月，《天义》报发表了民鸣翻译的《共产党宣言》前引和第一章的中译文，同时刊发了"申叔"（即

刘师培）专门为译文发表所作的《〈共产党宣言〉序》，这是中国人第一次为《共产党宣言》作译序，在马克思主义在中国早期传播史上具有重要意义。《共产党宣言》刊载于《天义》第 16—19 卷合刊（春季增刊）"译书"栏，署"马尔克斯 Marx、因格尔斯 Engels 合著，民鸣译"。本文主要是探究 20 世纪初刘师培《〈共产党宣言〉序》、民鸣译《共产党宣言》在《天义》报的译介传播历程与特点，以及两者的积极意义与局限，以增进我们对 20 世纪初《共产党宣言》在中国传播历程的认识。

一、刘师培《〈共产党宣言〉序》在《天义》报的译介传播历程与特点

自 1899 年初英国传教士李提摩太首次节译《共产党宣言》中的语句宣扬变革以来，资产阶级革命派、无政府主义者、具有初步共产主义思想的知识分子等纷纷引介传播《共产党宣言》中的思想学说，拆解和组合《共产党宣言》中的思想观点用来论证各自的政治观点。《共产党宣言》的译介与传播被夹杂在社会进化论、改良主义、三民主义等社会思潮中。译者自身的主张和对革命本身的理解，决定了其对马克思主义经典著作翻译内容的选择和意义建构方向[①]，故早期《共产党宣言》的翻译传播存在许多被误解和歪曲的地方，遮蔽了《共产党宣言》的真理光芒。因此，《共产党宣言》最初"亮相"中国，只是被当作西方各种主义和社会思潮的舶来品之一，身处其中的知识精英尚且懵懂难辨，更遑论普罗大众了，因此在民众中影响甚微。1908 年 3 月，《〈共产党宣言〉序》刊载于《天义》第 16—19 卷合刊"译书"栏，该文作者为刘师培，这是中国人第一次为《共产党宣言》作的译序。具体而言，该文是刘师培为民鸣译《共产党宣言》所作的序，主要介绍了《共产党宣言》诞生的历史背景、作者情况及其历史价值。刘师培在该文中指出，《共产党宣言》一书发端于"共产主义者同盟"，同盟最初是由流亡法国的德国政治活动家、工人和手工业者成立的一个秘密革命组织，其成员中德国的魏特林率先以"共产主义"标举其学术。1839年巴黎起义失败后，德国共产主义者多被放逐，"改赴伦敦"。1847 年，共产主义者同盟正式成立。1864 年成立于伦敦的万国劳民同盟，即国际工人协会（International Workingmen's Association，又称第一国际）是万国社

---

① 陈红娟.《共产党宣言》在中国的翻译与传播[J]. 马克思主义研究，2018（4）.

会党大会（即第二国际）的前身，其《万国劳民同盟宣言》（即《国际工人协会成立宣言》）始由意大利人马志尼撰述，但未能获得大家的认同，后由马克思担任起草。不过，该宣言与《共产党宣言》不是同一部作品。关于《共产党宣言》的作者——马克思和恩格斯，刘师培指出，马克思和恩格斯均为"社会主义大师"，恩格斯著有《英国工人阶级状况》，马克思著有《哲学的贫困》。整体而言，刘师培所著的序言呈现出以下多重特征。

1. 既承认马克思和社会主义的客观影响力，又否定共产主义的现实可能性

关于《共产党宣言》的历史价值，刘师培一方面认为，马克思"当其壮年，则所持之旨，固在共产"，对马克思予以充分肯定，认为《共产党宣言》分析欧洲社会变迁"纤悉靡遗"，其核心要义"在万国劳民团结，以行阶级斗争"，是"不易之说"，其"所征引，罔不足以备参考"；认为欲了解欧洲资本主义发达史，"不可不研究斯编"。同时，高度评价了马克思"以古今社会变更，均由阶级之相竞"的阶级斗争学说，认为其"对于史学，发明之功甚巨"，研究历史，"亦不得不奉为圭臬"。另一方面，刘师培从无政府主义立场出发，对马克思学说进行批评，认为马克思晚年与巴枯宁主义的斗争，"致现今社会民主党利用国会政策，陷身卑猥"；《共产党宣言》中所谓"共产"，是"民主制之共产"，而不是"无政府制之共产"，因此把财产公有制作为共产主义理论的基础，承认国家的存在，"致财产支配不得不归之中心"，"共产之良法美意，亦渐失其真"，认为此为"马氏学说之弊"。

就翻译介绍的积极意义而言，刘师培的《〈共产党宣言〉序》实现了从使用"平民"这一模糊的定位到使用"劳民"这一具有阶级属性的概念的变化，具有积极意义。在此之前，日译本（由幸德秋水和堺利彦合作翻译）中使用的是"平民"这一概念，消解了德文版和英文版《共产党宣言》中无产阶级的革命性[1]。幸德秋水的平民革命主张隐藏着两条非常容易相互转化的路线：当平民和中产阶级在国内争取平等权利时，他们采用的是议会民主政策；一旦他们的平等诉求遭到拒绝和压制，一切形式的国家、政府等外在的权力就变成了他们的死敌。然而，具体到中国语境中，刘师

---

① 梁展. 世界主义、种族革命与《共产党宣言》中译文的诞生——以《天义》《衡报》的社会主义宣传为中心[J]. 外国文学评论，2016（4）.

培放弃了幸德秋水的"平民",代之以"劳民"(worker),后者的范围更大,它不仅包括工人(工厂工人、筑路工人和矿工等)、小商人、小工(瓦工、木工、裁缝、车夫、担夫和轿夫),还包括农民、军人和反抗者组成的小团体(大刀会、小刀会、白莲教和八卦教等)。刘师培还将上述劳动者阶层基于职业、乡谊和会党而形成的大规模联合视为中国革命的必然途径。因此,他认为:"现今之中国,欲兴真正大革命,必以劳民革命为根本。"①

在社会主义传播史上,以刘师培为代表的"天义"派较早、较系统地宣传了包括《共产党宣言》在内的马克思主义学说。1907 年 6 月中旬,刘师培、张继在日本东京成立"社会主义讲习会",讨论社会主义与无政府主义,组织翻译介绍了无政府主义和马克思主义的部分著作。1907 年 12 月出版的《天义》第 13—14 卷合刊,刊登了何震的《经济革命与女子革命》,该文附录摘译了《共产党宣言》第二章关于家庭和婚姻制度的段落,但是后来因为该刊停刊而未再续载。

2. 既赞成阶级斗争,又否定无产阶级专政的历史必要性

刘师培一方面赞成马克思关于迄今以来一切人类历史都是阶级斗争史的观点,指出,"观此宣言所叙述,于欧州社会变迁,纤悉靡遗,而其要归,则在万国劳民团结,以行阶级斗争,固不易之说也"。这表明,刘师培认可阶级斗争学说,承认阶级斗争对人类历史进步、社会形态更替的重要作用。但是,刘师培不同意马克思的共产主义财产分配学说和无产阶级专政的历史必要性。刘师培指出,国家或者公有制是集权的象征,"故物为众人之物,当以相扶相助之精神,互相供给;而众人之使用,又当共同一致。被以一言,则凡物'为众人之所有'是也"。②在此意义上,刘师培强调必须废除国家,因而陷入了激进主义和无政府主义。由此可见,刘师培根据自身的主张和对革命本身的理解,决定了对《共产党宣言》的内容选择和意义建构方向。因此,刘师培的《〈共产党宣言〉序》具有许多误解之处和歪曲的成分,遮蔽了《共产党宣言》的真理尺度和价值尺度,加之他也没有深入钻研马克思主义理论,从而也不可能真正将中国革命的任务解释清楚。③刘师培的《〈共产党宣言〉序》对马克思主义阶级斗争学说给予了充

---

① 佚名. 论中国宜组织劳民协会[J]. 衡报,1908(5).
② 申叔. 苦鲁巴特金学术略述[J]. 天义,1907(13-14).
③ 方光华. 刘师培评传[M]. 南昌:百花洲文艺出版社,1996:70.

分的肯定，可惜未注意到生产方式决定社会进程这个最重要的命题。[①]通过对以上内容的梳理，可以看到在以刘师培为代表的中国早期无政府主义者的眼里，当他们第一次尝试系统引进马克思和恩格斯的代表作时，是怎样认识《共产党宣言》的。刘师培的《〈共产党宣言〉序》一方面承认马克思主义的理论洞察力和社会影响力，另一方面坚持从无政府主义的理论逻辑出发，称马克思主张的共产主义"系民主制之共产，非无政府制之共产也"，这在一定程度上可以解释当时中国存在的独特现象，即为什么是中国早期的无政府主义者首先试图引进《共产党宣言》的全译本。序文用无政府主义来衡量马克思学说，其肯定阶级斗争学说，是因为其把马克思的阶级斗争学说等同于无政府主义的斗争学说；而把马克思晚年宗旨与"利用国会政策"联系起来，是为了借此否定马克思领导第一国际反对巴枯宁主义的斗争。因此，中国早期无政府主义者推崇《共产党宣言》，一是其中有关于欧洲资本主义制度发展过程的分析，二是其中有到目前为止一切社会的历史都是阶级斗争的历史的论断。由此不难看出中国早期无政府主义者当初引进马克思学说的选择性偏好，同时不难看出他们最先把目光转向引进《共产党宣言》全译本的率真动机和企盼。[②]

3. 既承认经济在社会生活中的重要作用，又否定公有制经济形式

刘师培称马克思与恩格斯乃"社会主义大师"，称其"阶级斗争"乃"不易之说"，但对其"共产理念"提出了严厉批评，认为"惟彼之所谓共产者，系民主制之共产，非无政府制之共产也，故共产主义渐融于集产主义中，则以既认国家之组织，致财产支配不得不归之中心也。由是，共产之良法美意亦渐失其真。此马氏学说之弊也"。所以，刘师培认为即使实现了马克思所谓的"无产阶级专政"，也不能避免权力分化，不能实现真正的平等，社会进化的最佳阶段是无政府共产主义，社会主义阶段仍然不够理想，真正的顶级社会进化阶段，是无政府主义的社会，是共产的无政府主义。[③]同时，在为《共产党宣言》中译文撰写的简短序言中，刘师培将《共产党宣言》与对当时欧洲各国社会民主党满足于在一国范围之内

---

① 陈奇. 刘师培思想研究[M]. 贵阳：贵州人民出版社，1999：308.

② 谈敏. 回溯历史——马克思主义经济学在中国的传播前史：下册[M]. 上海：上海财经大学出版社，2008：688-692. 谈敏怀疑序文中的观点，不似刘师培本人的独立见解，但并未提出任何依据。

③ 朱美荣. 五四时期吹响的社会主义"集结号"[D]. 上海社会科学院博士学位论文，2014.

进行议会斗争的批判结合起来，强调劳动者进行国际联合的必要性，但是他又拉开了《共产党宣言》中的主张与无政府主义学说的距离："所谓共产者，系民主制之共产，非无政府制之共产也。"由此可见，刘师培和中译者民鸣是本着劳民"去中心的联合"这样的理论诉求来阅读《共产党宣言》的，很显然这是一种严格意义上的批判性阅读。①以刘师培为代表的无政府主义者虽然不赞成马克思主义，但认为《共产党宣言》是西方流行的社会主义之入门书，很值得翻译推广。在此意义上，有研究者认为，以刘师培为代表的无政府主义译介《共产党宣言》的目的是对"社会主义"进行批判，以证明其无政府主义的科学性②。

二、民鸣译《共产党宣言》在《天义》报的译介传播历程与特点

《共产党宣言》刊载于 1908 年 3 月《天义》第 16—19 卷合刊"译书"栏，署"马尔克斯 Marx、因格尔斯 Engels 合著，民鸣译"。根据刘师培的《〈共产党宣言〉序》："日本堺利彦君曾据英文本直译，民鸣君复译以华文。"可知该宣言中译本是由堺利彦的日文译本转译而来。1908 年 3 月《天义》报第 16—19 卷合刊上登载的民鸣译《共产党宣言》只是该宣言前引和第一章的译文。后来《天义》停刊，未见续载，也没有发现该中文译本的单行本。从《天义》第 16—19 卷合刊的编排方式上看，刘师培《〈共产党宣言〉序》的页码标为"别一""别二"，《共产党宣言》的内容则单独编页码，当是为中译本全文连载结束后出版单行本所作的准备。这种做法，在当时书刊出版中很普遍。由于《天义》报没有如预告所言刊载《共产党宣言》全文，且该报第 16—19 卷合刊出版后即停刊，该宣言后面各章的译文便不知所终。

1. 民鸣译《共产党宣言》第一章的翻译特点

在民鸣译《共产党宣言》中，他将第一章的标题表述为"绅士与平民"，第一章的翻译特点主要有以下几个。

首先，阐明了唯物主义历史观的重要观点，"凡一切社会之历史，均阶级斗争之历史也"，"希腊之自由民与奴隶，罗马之贵族与平民，中世

---

① 梁展. 世界主义、种族革命与《共产党宣言》中译文的诞生——以《天义》《衡报》的社会主义宣传为中心[J]. 外国文学评论，2016（4）：22.
② 王新刚. 陈望道译本之前的《共产党宣言》译介及其政治目的分析[J]. 理论月刊，2018（8）.

之领主与农奴，同业组合员与被雇职人，蔽以一言，则均压制者与被压制者之阶级。此两阶级，自古以来，恒相冲突，或隐或显，纷争不休。然每次战争之结果，即成社会全体革命后之新建设。否则，两败俱伤而后止"。

其次，论述了资本主义社会中"绅士"和"平民"的阶级对立与矛盾，"各劳民与各绅士之冲突，渐含两阶级冲突之性质。劳民之间结为劳动组合，反抗绅士，以维持其赁银之额。又以既行反抗，必豫储食物，并期团体之永坚。由是，骚动、破裂之象随处而呈"。

再次，论述了"平民"成立阶级组织和政党的必要性，"平民由如斯之阶级组织而成一政党，虽或因竞争不绝之故，至于颠覆，然颠覆以后，必有勃兴之机"，"此等斗争，绅士阀恒诉之平民，以借其力，致不得不引平民入政界。故绅士阀者，恒以平民之政治、教育等，均由彼供给，易而言之，即与平民以能斗绅士阀之武器是也"。

最后，介绍了无产阶级革命的历史必然性、先进性和崇高性，"历史上之运动，均少数之运动，否则少数利害之运动。若平民运动则与不同，乃大多数利害之运动也，乃大多数自觉独立之运动也。然社会最下级之平民，非与社会之上级相接，亦不能自奋而自兴。"

2. 民鸣译《共产党宣言》的积极意义与局限

在社会主义传播史上，民鸣翻译的《共产党宣言》是《共产党宣言》最早的中文节译本。译文第一章的标题不是现在通行的"资产者和无产者"，而是"绅士与平民"，这明显移植了日译文的译法。民鸣将第一章的首句译为："自古以来，凡一切社会之历史，均阶级斗争之历史也。"而对于第一章末尾体现"两个必然"思想的一段文字则将其译为："而其所产出者，即葬瘗己身之具，而授平民以胜利者也。然彼等则欲避无由矣。"虽然与今天的译文相比显得语义晦涩，但通过"葬瘗""授平民以胜利""欲避无由"等措辞，还是较为忠实地传达了原文的思想。

在存在的问题与局限方面，马克思的原意应当是本来属于社会中层的人因在资本主义自由竞争中失去了财产，从而沦为无产阶级。反过来说，中产阶级只有在失去财产落入无产阶级队伍中时，才具备革命的可能性。幸德秋水和堺利彦两位日译者以及刘师培和民鸣均无视《共产党宣言》相应段落的讽刺意味，反而把中产阶级加入平民队伍看作前者成为革命者的必要条件而非可能条件。日译者和中译者显然在以这种翻译策略进行中产阶级或者平民革命的动员，而他们视之为革命主体的平民的范围被无限夸大，甚至涵盖了"Bourgeois"。日译本和中译本的《共产党宣言》对"平民"定位的模糊性全面消解了德、英版中无产阶级的革命性①。刘师培尽管曾在《〈共产党宣言〉序》中充分肯定了马克思的阶级斗争学说，但同时指出，马克思的共产主义理想是"民主制之共产"，这不同于"无政府制之共产"，前者仍然是以国家作为财产分配的基础，这是马克思主义的弊端所在。无政府主义者的确在客观上对马克思主义的传播起到了一定的作用，但在主观上，他们只是把马克思主义作为无政府主义理论的"一种补充、注脚"而已②。

总之，民鸣译《共产党宣言》对中国翻译、传播《共产党宣言》和马克思主义，乃至对中国共产党的成立都起到了不可替代的作用，为我们研究马克思主义在东亚的传播和接受提供了新视角。民鸣译《共产党宣言》虽然没有全部登载完，但仍然是最早逐句逐段翻译《共产党宣言》的中文节译本，在马克思主义传播史上具有重要史学价值。同时，《天义》报第16—19 卷合刊，除了发表了民鸣译《共产党宣言》和刘师培的《〈共产党宣言〉序》，还发表了《女子问题研究》一文，并摘译了恩格斯《家庭、私有制和国家的起源》第二章的几个段落，在介绍马克思著作方面做了许多工作。然而，这些文章都是在所谓的共产主义与无政府主义具有"共同的神髓"的认知水平上来谈论马克思主义的。所以，凡是与无政府主义没有冲突的他们就支持，反之则予以坚决反对。这种态度决定了他们不可能真正接受和正确介绍马克思主义。

三、20 世纪初期《共产党宣言》在中国传播的整体特征

通过以上系统分析可知，《共产党宣言》在 20 世纪初期引进中国时，当时中国译介者的译介带有明显的选择性、实用主义色彩。多数译者并不关心《共产党宣言》自身的内在逻辑，只是用其为"他者"即改良主义、激进革命、无政府主义等服务。例如，李提摩太将"社会主义"称为"安民新学"，本意是规劝清廷当权者接受新潮和改良；资产阶级革命派对《共产党宣言》的翻译是为了预防资本主义的弊病，孙中山对马克思主义"师

---

① 梁展.《共产党宣言》与亚洲革命的肇端[N]. 中华读书报，2017-01-18（13）.
② 卢海燕. 清末民初中国出版物中的马克思主义[J]. 文献，2002（3）.

其意而不用其法"[①]；朱执信片面地将《共产党宣言》的中心思想理解为阶级斗争，而对无产阶级专政、无产阶级历史使命刻意回避；等等。1915年到 1921 年，在特定的时代背景中《共产党宣言》迅猛地成长为中国"五四"时期的思想主流，选择社会主义道路成为人心所向、大势所趋。因此，翻译《共产党宣言》全译本乃社会之急需，时代之召唤。但是，转译过程中受制于日文、英文等原语境的影响，《共产党宣言》沉淀着从他国文化背景和结构出发而蕴含在文本中的主观理解与表达，难以剥离"意义转嫁"的缺陷，对《共产党宣言》内容的解读也比较简单，侧重于唯物史观和阶级斗争理论。《共产党宣言》的价值赋义整体处于朦胧的探求之中。

概括地讲，20 世纪初期《共产党宣言》在中国的译介与传播有一个从被动到主动、从自发到自觉、从间接到直接、从文言到白话的过程。早期翻译者并没有自觉把《共产党宣言》当作指导中国社会发展的思想来研究运用，因而主导的传播方式是片语式摘译、章节式节译，即采撷原著"精要"为我所用，而精要的衡量标准与译者的政治价值取向密切相关。《共产党宣言》的传播主体局限于精英阶层，传播内容仅限于高深的思想理论，且晦涩难懂的文言文语体不适合没有接受过系统训练的普罗大众。之后，《共产党宣言》的译介与传播实现了从零星到系统、从片段到整篇、从精英到大众、从文言到白话的转变历程。为了向《共产党宣言》寻求更为完整、更加深刻的思想内容，全文式翻译、解读式译述、发展式变译，有力地见证了早期共产党人对《共产党宣言》的探索精神和科学态度。《共产党宣言》传播如火如荼，在此过程中，报纸、书籍、杂志等正式媒介，手稿、油印本、手抄本甚至口述、传单、宣传册，都发挥了不可磨灭的作用。《共产党宣言》点亮了无数革命先辈的信仰之光，成为社会主义能够在中国落地生根并不断完善发展的精神锁钥，开启了中国文化觉醒、思想觉醒、民族觉醒的里程碑。《共产党宣言》在中国的译介与传播带来了广泛而深远的历史影响，对推动人类历史进程作出了巨大贡献。作为《共产党宣言》的坚定信仰者和忠实践行者，中国共产党人不断把《共产党宣言》的思想同中国实际相结合，使得马克思主义真理获得了深刻的实践源泉和实践检验，同时极大地促进了中国的社会变革和历史进步。

---

① 杨天石. 师其意不用其法——孙中山与马克思主义二题[J]. 广东社会科学，2011（5）.

The Process, Characteristics, and Historical Influence of the Dissemination of *The Communist Manifesto* in the *Tianyi* Newspaper at the Beginning of the 20th Century

Sun Xiguo   Chen Shaohui

Abstract: At present, the academic community has conducted in-depth research on the main historical process, landmark events, and influential translations of *The Communist Manifesto* in China. However, although there have been discussions on the translation and dissemination of *The Communist Manifesto* in the *Tianyi*, there is still room for systematic and in-depth exploration. This article, through historical analysis and textual research, believes that anarchists represented by Liu Shipei, in translating *The Communist Manifesto*, based on their own views and understanding of revolution, had determined their choice of translation content and direction of meaning construction, resulting in multiple characteristics such as selective translation and coexistence of misunderstandings and distortions.

Key words: *The Communist Manifesto*; *Tianyi*; Liu Shipei; history of communication

恩格斯《共产党宣言》1888年英文版序言"民鸣"中译本编纂及编者说明

王保贤

编者按：1888年1月，恩格斯为赛米尔·穆尔翻译的《共产党宣言》英文版撰写了序言。1908年1月，在日本东京出版的《天义》第15卷上，刊载了中国留日学生"民鸣"翻译的恩格斯的这篇序言；同年3月出版的《天义》第16—19卷合刊上，又刊载了"民鸣"翻译的《共产党宣言》前引和第一章，译文前有刘师培的《〈共产党宣言〉序》。"民鸣"翻译的恩格斯的序言，是目前发现的马克思、恩格斯论著的第一个公开发表的完整中译本；根据《天义》当时的预告，"民鸣"已译出全本《共产党宣言》，但由于《天义》在出版第16—19卷合刊后不久即被日本当局要求停刊，目前仅见其中的前引和第一章；刘师培的《〈共产党宣言〉序》，是中国人第一次为《共产党宣言》作的译序。"民鸣"的两篇译文和刘师培的序，已收入《马藏》第二部第七卷。《马藏·总序》指出，"《马藏》不是简单的资料汇编或者是对原有文本的复制，而是强调对所收文本进行必要的研究、考证、注释和说明，以凸显《马藏》汇集与编纂为一体的学术特色"。本刊今发表收入其中的"民鸣"译恩格斯《共产党宣言》1888年英文版序言（含"编者说明"），以说明《马藏》编纂与研究的这一特色。

作者简介：王保贤，陕西师范大学马克思主义学院教授，北京大学《马藏》编纂与研究中心特聘研究员。

共产党宣言 The Communist Manifeste①序言

民　鸣②译

　　此《宣言》者，乃发表共产主义同盟③之纲领者也。共产主义同盟，为劳动者之团体，始仅限于德意志，后乃播于各国。当一千八百四十八年以前，处欧洲虐政之下，不得已而为秘密结社④。一千八百四十七年十一月，开同盟大会于伦敦⑤，焉尔克斯⑥及马格尔斯⑦，乃发表其理论及实行之完全政见，被选为起草委员。一千八百四十八年一月稿成，先以德文起草，二月廿四日（佛兰西革命数周前）⑧乃送之伦敦活版所⑨。及一千八百四十八年六月暴动⑩以前，佛译之书⑪竟出现于巴里⑫。一千八百五十年，

---

　　①　"Manifeste"，有误，应为"Manifesto"。

　　②　"民鸣"，有误，应为"民鸣"，《天义》该号目录亦作"民鸣"。

　　③　"共产主义同盟"，即共产主义者同盟（Communist League），1847 年 6 月在英国伦敦由正义者同盟改组而成，是第一个以科学社会主义为指导思想的国际无产阶级政党。1852 年科隆共产党人案件后正式解散。

　　④　"不得已而为秘密结社"，共产主义者同盟的前身先后为在巴黎建立的"德国人民同盟"（1833）、"流亡者同盟"（1834）和"正义者同盟"（1836）。这三个组织均是秘密组织。其中，正义者同盟是以魏特林为代表的部分先进分子从流亡者同盟中分裂出来的，主要由无产阶级化的手工业工人组成，以实现平均共产主义为目标，曾参加过法国革命家布朗基密谋发动的起义，起义失败后，其活动中心被迫从巴黎转移到伦敦。此后，活动范围逐渐扩大，在英国、法国、德国、瑞士等相继建立支部，成为国际性的工人组织。

　　⑤　"一千八百四十七年十一月，开同盟大会于伦敦"，指共产主义者同盟第二次代表大会。

　　⑥　"焉尔克斯"，有误，应为"马尔克斯"，即卡尔·马克思（Karl Marx，1818—1883）。

　　⑦　"马格尔斯"，有误，应为"焉格尔斯"，即弗里德里希·恩格斯（Friedrich Engels，1820—1895）。

　　⑧　"二月廿四日（佛兰西革命数周前）"，恩格斯原文中此处没有圆括号，这里的圆括号是译者加的，有误。1848 年 2 月 22 日，法国人民掀起二月革命，并于 24 日推翻了七月王朝，建立起第二共和国。《共产党宣言》的定稿是在二月革命数周前送去付印的，而不是 2 月 24 日送去付印的。

　　⑨　"活版所"，即印刷所。《共产党宣言》最初是由德国工人教育协会会员伯格哈特开设的印刷所印刷的，该印刷所位于伦敦主教路利物浦街 46 号。

　　⑩　"六月暴动"，指 1848 年 6 月 23—26 日巴黎工人举行的大规模武装起义，这次起义被资产阶级共和派政府残酷镇压。

　　⑪　"佛译之书"，"佛"，指法国；"佛译"，即法文译本。恩格斯这里提到的在 1848 年六月起义之前出现的《共产党宣言》法文译本，后来一直没有找到。

　　⑫　"巴里"，即巴黎（Paris）。

又现于伦敦之杂志 *Red republicon*①，乃 Helen Macfarlone②以英语译成者也。既而和兰译③及波兰译④，遂次第刊行于世。

平民⑤绅士⑥间之第一战争，即一千八百四十八年六月之巴里暴动⑦是，惜其归于败北，而欧洲劳动阶级，对于社会上及政治上诸运动，又暂被斥逐。尔后权势之争夺，竟同于二月革命以前，然亦仅行于富豪阶级⑧诸党派间。若劳动阶级⑨，则退处于争政治上自由之地位，不过属于中等阶级⑩之急进派，以为彼等之助耳。而彼等富豪阶级，对于独立之平民运动，又以为民气尚强，务竭力扫荡。是以普鲁西⑪之警察，于哥浓⑫之地，搜出共产主义同盟之本部⑬，其部员皆被捕绑⑭，处以十五月⑮禁锢之刑，于一千八百五十二年十月，殆付裁判。

---

① "republicon"，有误，应为 "republican"。"Red republican"，即《红色共和党人》（*The Red Republican*），英国宪章派左翼的机关报，1850 年 6 月 22 日—11 月 30 日在伦敦出版，主编为共产主义者同盟盟员、民主派兄弟协会创建人之一的乔治·朱利安·哈尼（George Julian Harney，1817—1897）。后该报更名为《人民之友》（*The Friend of the People*）。

② "Macfarlone"，有误，应为 "Macfarlane"。"Macfarlane"，即海伦·麦克法林（Helen Macfarlane，1818—1860），笔名霍华德·莫滕（Howard Morten），英国新闻工作者，《红色共和党人》的撰稿人。

③ "和兰译"，"和兰"，即荷兰；"和兰译"，即荷兰文译本。"和兰译"一说来源于日文译本，有误。据恩格斯原文，应为"丹麦译"。《共产党宣言》的荷兰文译本最早是 1892 年在阿姆斯特丹出版的。马克思、恩格斯在为《共产党宣言》1872 年德文版所写的序言中说，《共产党宣言》的丹麦文译本"在原书问世后不久就出版了"。（马克思，恩格斯. 马克思恩格斯选集：第 1 卷[M]. 北京：人民出版社，2012：376.）但这一译本一直没有找到。

④ "波兰译"，指《共产党宣言》的波兰文译本。马克思、恩格斯在为《共产党宣言》1872 年德文版所写的序言中说："波兰文译本在德文本初版问世后不久就在伦敦出现。"（马克思，恩格斯. 马克思恩格斯选集：第 1 卷[M]. 北京：人民出版社，2012：376.）但这一译本一直没有找到。

⑤ "平民"，指无产阶级。

⑥ "绅士"，指资产阶级或资本家阶级。

⑦ "巴里暴动"，即前文"六月暴动"。

⑧ "富豪阶级"，指资产阶级。

⑨ "劳动阶级"，指工人阶级。

⑩ "中等阶级"，恩格斯的原文作 "the Middle-class"。

⑪ "普鲁西"，即普鲁士（Prussia）。

⑫ "哥浓"，即科隆（Köln），位于德国西部，莱茵河畔。

⑬ "共产主义同盟之本部"，即共产主义者同盟中央委员会。1848 年法国二月革命爆发后，共产主义者同盟中央委员会于 3 月 11 日在巴黎成立，马克思当选为中央委员会主席。德国三月革命爆发后，马克思、恩格斯和中央委员会的大部分委员于 4 月上旬陆续到达科隆。6 月 1 日，为指导革命，由马克思主编的大型政治日报《新莱茵报》在科隆出版（出版至 1849 年 5 月 19 日第 301 号）。科隆在事实上成为共产主义者同盟的中央委员会所在地。

⑭ "捕绑"，有误，应为"捕缚"。

⑮ "十五月"，来源于日文译本，有误，根据恩格斯原文，应为"十八月"。

此有名之哥浓共产党裁判①，自十月四日，继续至十一月廿五日②。因人之中七名，被宣告三年或六年之种种刑期，或禁锢某要塞。自经此宣告后，历时未久而共产主义同盟遂由其残余之党员，为形式上之解散。而此《宣言》，亦如永归埋没焉者。

其后欧洲之劳动阶级，勃然而兴，以增进其锐气；对于权力阶级，尽其充分之攻击，即万国劳动者同盟（The International Warkngmonts Asaciation）③初兴之时代是也。虽然，此同盟者，意在集合欧米④全体之战斗平民为一团，故所标之旨，不能尽与《宣言》同。且当此之时，如英国之劳动组合⑤，佛、白、伊、西⑥之布鲁东门下各党⑦以及德国之拉撒尔党⑧，皆与加盟，故所揭政纲必包含各党派所认之广义，此政纲⑨亦由马尔克斯起草，自宜与各党以满足。况彼之所确信者，以为协同之运动，加以相互之讨究，则劳动阶级之智力⑩，必可发展。又彼与资本阶战⑪斗争，既历几多之变更，以至败北，其平生所特⑫之旨，仍不克奏效，则关于劳动阶级

---

①　"哥浓共产党裁判"，即科隆共产党人案件（1852 年 10 月 4 日—11 月 12 日），是普鲁士政府策动的一次挑衅性案件。

②　"十一月廿五日"，来源于日文译本，有误，根据恩格斯原文，应为"十一月十二日"。

③　"万国劳动者同盟（The International Warkngmonts Asaciation）"，"Warkngmonts Asaciation"，有误，应为"Workingmen's Association"。"万国劳动者同盟"，即国际工人协会（International Workingmen's Association），简称"国际"，1864 年 9 月 28 日在伦敦成立，是无产阶级第一个国际性的革命联合组织。马克思参与了国际工人协会的创建，是它的实际领袖；恩格斯参加了国际工人协会后期的领导工作。1876 年 7 月 15 日，国际工人协会在美国费城正式宣布解散，史称"第一国际"。

④　"欧米"，即欧美。

⑤　"英国之劳动组合"，即英国工联（工会）。

⑥　"佛、白、伊、西"，分别指法国、比利时、意大利、西班牙。

⑦　"布鲁东门下各党"，"布鲁东"，即皮埃尔-约瑟夫·蒲鲁东（Pierre-Joseph Proudhon，1809—1865），法国政论家、经济学家和社会学家，小资产阶级社会主义者，无政府主义的创始人。"布鲁东门下各党"，指信奉小资产阶级改良主义、无政府主义的蒲鲁东派。

⑧　"拉撒尔党"，"拉撒尔"，即斐迪南·拉萨尔（Ferdinand Lassalle, 1825—1864），德国早期工人运动活动家，全德工人联合会创始人之一和主席（1863）。"拉撒尔党"，即拉萨尔派。拉萨尔派反对暴力革命，认为只要进行议会斗争，就可以把普鲁士君主国家变为"自由的人民国家"；主张在国家帮助下建立生产合作社，把资本主义和平地改造为社会主义；支持普鲁士政府通过王朝战争自上而下地统一德国的政策。

⑨　"此政纲"，指马克思用英文起草的《国际工人协会成立宣言》，宣言最先发表在 1864 年 11 月 5 日出版的《蜂房报》第 160 号上，1864 年 11 月印成小册子在伦敦出版。1864 年 11 月上旬由马克思译成德文，并于当年 12 月 21 日、30 日在《社会民主党人报》第 2 号和第 3 号上刊出。

⑩　"劳动阶级之智力"，今通译为"工人阶级的精神"。

⑪　"阶战"，有误，应为"阶级"。

⑫　"所特"，有误，应为"所持"。

解放之政策，不得不更进一层。马尔克斯之所见，洵不谬也。

拉撒尔者，自其个人言之，对于吾人，恒承认为马尔克斯之弟子，于此《宣言》之根据上，亦居弟子之地位。然彼自一千八百二十年①至六四年间，其所运动，不过要求依国家之信用机关，以支持共动工场②而已。③

一千八百七十四年，万国同盟解散④。较之千八万六十四年⑤创立之时，劳动社会全然改观。佛兰西之布鲁东派、德意志之拉撒尔派，皆濒于湮灭；而英吉利之劳动组合，其含有保守性质者，亦多与万国同盟分离，然亦渐次进步。当去年之顷，其会长⑥于斯翁喜⑦代表组合，至谓"大陆之社会主义，亦不足使吾人生恐怖之感。"观其实际，则《宣言》之趣旨，已明布于万国劳动之间矣。

因此之故，此《宣言》之旨，亦再显于世。德文本自一千八百五十年以后，于瑞西⑧、英吉利及亚米利加⑨，经几度翻刻。一千八百七十二年，纽育⑩之英译者，曾发表于 *Woodhnl and Claflis* 周报⑪之纸上。而同地佛文杂志《社会党》之纸⑫上，亦有一种佛译之交⑬，盖从此英译而出者也。其后英文抄译之本，其在亚米利加发行者，至少亦有二种，其一则再版于英

---

① "一千八百二十年"，日文译本中为"一八六〇年"，均误。根据恩格斯原文，应为"一千八百六十二年"。

② "共动工场"，即生产合作社。

③ 这段文字是恩格斯加的一个脚注。

④ "一千八百七十四年，万国同盟解散"，国际工人协会在 1872 年 9 月海牙代表大会以后实际上已停止活动，但其正式宣布解散的时间为 1876 年 7 月 15 日。

⑤ "千八万六十四年"，有误，应为"千八百六十四年"。

⑥ "其会长"，指斯旺西工联理事会主席比万（Bevan）。

⑦ "斯翁喜"，即斯旺西（Swansea），位于英国威尔士高尔半岛东部布里斯托尔湾畔。

⑧ "瑞西"，即瑞士。

⑨ "亚米利加"，"American"的音译，即美国。

⑩ "纽育"，即纽约（New York）。

⑪ "Woodhnl and Claflis 周报"，"Woodhnl and Claflis"，有误，应为"Woodhull and Claflin's"。"Woodhull and Claflin's 周报"，即《伍德赫尔和克拉夫林周刊》（*Woodhull & Claflin's Weekly*），1870—1876 年由资产阶级女权主义者维多利亚·伍德赫尔和她的妹妹田纳西·克拉夫林在纽约出版。

⑫ "《社会党》之纸"，即《社会主义者报》（*Le Socialiste*），1871 年 10 月—1873 年 5 月在纽约出版的法文日报，国际工人协会法国支部的机关报。1872 年 1—3 月，该报曾刊载《共产党宣言》的法文译本。

⑬ "佛译之交"，有误，应为"佛译之文"。

国。又第一之露^①译者，成于 Bokounine^②之手，一千八百六十三年^③顷，出版于尼耶涅维^④地方之 Herzen^⑤氏之 Kolokol 社^⑥；其第二之本，则成于女士 Vera Zasulitch^⑦之手，一千八百八十二年，亦出版于尼耶涅维。又一千八百八十五年，出版于哥伯哈额^⑧之社会民主主义文库^⑨中，别有新和兰译^⑩一篇。嗣又由和兰译本，转译作西班牙文^⑪，一千八百八十六年，出版于马德里底^⑫。而德国翻刻者，殆不可胜数，合而计之，则至少亦不下十二种。数月以前，亚尔墨尼亚译本^⑬，将出版于君士旦丁^⑭，因发行者所出书籍，不敢冠以马尔克斯之名，而译者又不肯认为己著，以致不克出版。其他有

---

① "露"，日译 "露西亚" 的简称，指俄国。

② "Bokounine"，有误，应为 "Bakounine"，即米哈伊尔·亚历山大罗维奇·巴枯宁（Михаил Александрович Бакунин，1814—1876），俄国无政府主义和民粹主义的创始人和理论家。1866 年参加第一国际后，在第一国际内部组织秘密团体——国际社会主义民主同盟，1872 年在海牙代表大会上被开除出第一国际。

③ "一千八百六十三年"，恩格斯这里的记载有误，巴枯宁译《共产党宣言》俄文本出版于 1869 年，这是《共产党宣言》的第一个俄译本。

④ "尼耶涅维"，即日内瓦（Geneva）。

⑤ "Herzen"，即亚历山大·伊万诺维奇·赫尔岑（Александр Иванович Герцен，1812—1870），俄国唯物主义哲学家、政论家和作家，革命民主主义者。

⑥ "Kolokol 社"，即《钟声》杂志社。《钟声》是俄国革命民主主义者的报纸，1857—1865 年由赫尔岑和奥格辽夫用俄文在伦敦不定期出版，1865—1867 年在日内瓦出版，1868—1869 年改用法文出版，同时出版俄文版附刊。

⑦ "Vera Zasulitch"，即薇拉·伊万诺夫娜·查苏利奇（Вера Ивановна Засулич，1849—1919），俄国民粹派运动、社会民主主义运动活动家，劳动解放社（1883）创始人之一，后来转向孟什维克立场。事实上，《共产党宣言》第二个俄文本的译者并不是查苏利奇，而是普列汉诺夫。恩格斯 1894 年曾在《〈论俄国的社会问题〉跋》中指出，《共产党宣言》的第二个俄文本是普列汉诺夫翻译的。（马克思，恩格斯. 马克思恩格斯选集：第 4 卷[M]. 北京：人民出版社，2012：313-314.）

⑧ "哥伯哈额"，即哥本哈根（Copenhagen）。

⑨ "社会民主主义文库"，今译作 "社会民主主义丛书"，该丛书由丹麦社会民主党中央机关报《社会民主党人报》编辑部组织出版。

⑩ "新和兰译"，这一说法来源于日文译本，有误。根据恩格斯原文，应为 "新丹麦译"，实际上就是 1884 年 1 月刊载在哥本哈根出版的丹麦社会民主党中央机关报《社会民主党人报》上的丹麦文译本。该译本是目前发现的最早出版的《共产党宣言》丹麦文译本。由于马克思、恩格斯认为在《共产党宣言》问世不久即有了丹麦文译本，所以将这个译本称作新译本。

⑪ "又由和兰译本，转译作西班牙文"，来源于日文译本，有误。根据恩格斯原文，这里先是提到了 1886 年（实际上是 1885 年，见马克思，恩格斯. 马克思恩格斯选集：第 1 卷[M]. 北京：人民出版社，2012：913.）刊载在巴黎《社会主义者报》上的《共产党宣言》法文译本，然后指出，由这个法文译本转译的《共产党宣言》西班牙文译本也于 1886 年在马德里发表。

⑫ "马德里底"，即马德里（Madrid）。

⑬ "亚尔墨尼亚译本"，即亚美尼亚文译本。

⑭ "君士旦丁"，即君士坦丁堡（Constantinople），今称伊斯坦布尔（Istanbul）。

译以诸国语者，惜予未之见。盖此《宣言》之历史，即近世劳动运动之历史也。当今之世，此《宣言》在社会主义文书中最为广行，且最为世界上广行之物，自西伯利亚以西，至于加里富阿尔尾亚①之间，合数百万之劳民，均承认为共通之纲领。

此《宣言》当起草时，吾人尚未能称为"社会党宣言"。何也？盖社会主义当一千八百四十七年之顷，恒属于梦想制度。其流派，若英国 Owen②之徒、佛国 Fourier③之徒，亦不过空想团体之一派，渐将濒于消灭。复有以社会主义为名者，实则社会改良家。此改良家者流，以种种补苴之术，欲于资本与利润，不加何等之危害，惟除去社会一切之害恶。此二派者，皆属于劳动阶级以外之运动者也，不过对于既受教育之人士④，而求其支持。立于是等之间，以悟单纯政治革命之无力，其有知社会根本变革之必要者，劳动阶级中，果有几部分，虽不可知，其中一部分，于当时自称共产主义。此虽粗杂荒芜，然为纯然之共产主义，故其主张颇善；于劳动阶级之间，亦最有力。如佛兰西 Cabet⑤、如德意志 Weithng⑥，其梦想共产主义⑦，均由此而生。是则当一千八百四十七年时，社会主义者，中等阶级⑧之运动；而共产主义者，劳动阶级之运动也。又当时在欧洲大陆，每视社会主义为上品⑨；共产主义，则全反之。而吾人当初之意见，则谓劳动阶级之解放，不可不依劳动阶级自身之行动，故于此二者之名，孰去孰取，固无疑义。况吾人虽至尔后，亦未曾排斥此名也。

此《宣言》虽二人所合作，然予所为者，仅外观之语。而成其实际者，

① "加里富阿尔尾亚"，有误，应为"加里富阿尔尼亚"，即加利福尼亚（California）。

② "Owen"，即罗伯特·欧文（Robert Owen，1771—1858），英国空想社会主义者。

③ "Fourier"，即沙尔·傅立叶（Charles Fourier，1772—1837），法国空想社会主义者。

④ "既受教育之人士"，恩格斯的原文为"the 'educated' classes"，今通译为"有教养的阶级"。

⑤ "Cabet"，即埃蒂耶纳·卡贝（Étienne Cabet，1788—1856），法国法学家和政论家，和平空想共产主义的代表人物。《人民报》的出版者（1833—1834）；1834—1839 年流亡于英国；《1841 年人民报》的出版者（1841—1851）；曾尝试在美洲建立共产主义移民区（1848—1856），以实现其在1848 年出版的小说《伊加利亚旅行记》中阐述的理论。

⑥ "Weithng"，有误，应为"Weitling"，即威廉·魏特林（Wilhelm Weitling，1808—1871），德国工人运动活动家，裁缝出身，正义者同盟领导人，空想平均共产主义的理论家和活动家。1849 年流亡美国，领导创建工人同盟，并主持出版《工人共和国报》，晚年接近国际工人协会。

⑦ "梦想共产主义"，今译作"空想共产主义"。

⑧ "中等阶级"，恩格斯原文作"a middle-class"。

⑨ "上品"，恩格斯的原文为"respectable"，带引号。"respectable"的字面意思是"有身份的""体面的"，加上引号后，特指"上流社会"。

则根本之提案，乃出自马尔克斯者，是固当明言者也。其提案非他，即谓古今各时代，其关系生产、分配者，必有经济上特殊之方法，社会组织因之而生，其政治及文明之历史，亦建设于此基础之上。又依此基础说明，则人类之全历史者，自土地共有之种族社会消灭后①，常为阶级斗争之历史，即掠夺与被掠夺阶级、压制阶级与被压制阶级对抗之历史也。而是等阶级斗争之历史，连续而呈，成社会进化之阶段；今又达于新阶段，被掠夺、被压制二阶级②，欲脱掠夺、压制阶级之权力，以求解放己身，并消灭一切掠夺、压制之差别，以泯阶级斗争。由此而测未来，则社会全体必有解放之一日。

　　以予所见，此提案之有益于史学也，恰如达尔文③进化论之有益于生物学。当一千八百四十五年以前，马尔克斯与予之意见，既渐次与此相近。盖其最初之时，予所持进行之说与此有异，观予所著《英国劳动阶级之状态》④，最易知也。然一千八百四十五年春，予与马尔克斯相见于布兰瑟儿⑤，时彼已完成此提案，与予今日所记者相同，以明晰之字句，而提出于予之眼前。

　　予兹于一千八百七十二年德文译本合作之序文⑥中，引用左之一节：
"最近廿五年之间，社会之状态虽大变，然《宣言》中所陈之主意⑦，今犹正确。至其细目，则不无删正之点。至此主意实际之适用，亦如《宣言》所示，无论何处，常依其现存之历史状态，故于第二章末所提出之革命方法，亦不必置重。盖彼之一段，于今日当改之点颇多。一千八百四十八年以后，因产业之进步，而生劳动阶级团结之进步。又如佛兰西二月之革命，

----

①　"自土地共有之种族社会消灭后"，这句话，恩格斯的原文是放在括号中的。"土地共有之种族社会"，今通译为"土地公有的原始氏族社会"。

②　"二阶级"，此处翻译有误，当为"一阶级"。"被掠夺、被压制"的阶级即无产阶级这一个阶级。

③　"达尔文"，即查尔斯·罗伯特·达尔文（Charles Robert Darwin，1809—1882），英国自然科学家、地质学家和生物学家，科学的生物进化论的奠基人，代表作为《物种起源》。

④　"《英国劳动阶级之状态》"，即恩格斯在1844年9月—1845年3月用德文写成的《英国工人阶级状况》。该书于1845年5月在莱比锡出版，德文第二版于1892年出版，恩格斯为第二版写了序言。

⑤　"布兰瑟儿"，即布鲁塞尔（Brussels）。

⑥　"一千八百七十二年德文译本合作之序文"，即马克思和恩格斯为《共产党宣言》1872年德文版所写的序言，这是目前所见他们两人为《共产党宣言》写的最早的一篇序言。另外，《共产党宣言》的原文即为德文，译者在这里使用"德文译本"进行表述是不准确的。

⑦　"主意"，日语词汇中指一般原理。

其巴里一揆①平民，得握二个月间之政权②。观于此等经验，则此《宣言》中之政纲，其细目中，有既归于无用者。更有一事可依此证明者，即'劳动阶级，单握已成之国家机关，不能使用之以谋自己之利益'③是也。又此《宣言》对于社会主义文书之批评，乃限于一千八百四十七年以前，故关于现时，不无缺点。又共产主义者之解说，关于种种反对党而言者，其主意虽不失为正确，然其实际，亦既归于无用。何则？政界之形势今既全然变化，加以历史进步，彼解说中所数诸政派之多部分，皆一扫而空故也。"

虽然，此《宣言》者，今既成历史之文书，吾人不复有变更之权利④。

此英译，成于 Samuel Moorr⑤氏之手。氏又曾译马尔克斯《资本论》⑥之大部分。此译，氏与予共校订之。予更附加以二三注语，以说明历史所用语。

一千八百八十八年一月三十日，因格尔斯⑦序于伦敦。

　　案：《共级党⑧宣言》，发明阶级斗争说，最有裨于历史。此序文所言，亦可考究当时思想之变迁。欲研究社会主义发达之历史者，均当从此入门。《宣言》全文，亦由民鸣君译出，另于下册增刊号载之⑨。记者识。

---

① "揆"，"Commune" 的音译，即公社。

② "握二个月间之政权"，指 1871 年 3 月巴黎无产阶级通过武装起义建立的政权——巴黎公社。

③ "劳动阶级，单握已成之国家机关，不能使用之以谋自己之利益"，在恩格斯原文中，这句话后有一个括注，意思是，这一论断见《法兰西内战。国际工人协会总委员会宣言》伦敦 1871 年特鲁拉夫版第 15 页；在那里，对这个思想作了更详细的阐述。

④ "虽然，此《宣言》者，今既成历史之文书，吾人不复有变更之权利"，这段文字出自马克思和恩格斯为《共产党宣言》1872 年德文版所写的序言。在恩格斯的原文中，和上一段文字同在引号中。

⑤ "Samuel Moorr"，"Moorr"，有误，应为 "Moore"。"Samuel Moore"，即赛米尔·穆尔（1838—1911），英国法学家、律师，国际工人协会会员，19 世纪 50 年代为曼彻斯特的厂主，马克思和恩格斯的朋友，恩格斯指定的遗嘱执行人之一。除独自将《共产党宣言》译为英文外，他还与爱德华·艾威林（Edward Aveling，1851—1898，马克思女儿爱琳娜的丈夫）一起将《资本论》第 1 卷译为英文。

⑥ "《资本论》"，赛米尔·穆尔与爱德华·艾威林翻译的《资本论》第 1 卷英译本出版于 1887年 1 月。穆尔后来还参加了整理《资本论》的工作，其中主要是整理马克思的有关笔记。

⑦ "因格尔斯"，即弗里德里希·恩格斯。

⑧ "共级党"，有误，应为 "共产党"。

⑨ "另于下册增刊号载之"，1908 年 3 月出版的《天义》第 16—19 卷合刊，载有民鸣译《共产党宣言》前引和第一章全文，同时刊登了申叔（即刘师培）为民鸣译本所写的《〈共产党宣言〉序》。但此后该报停刊，民鸣译《共产党宣言》的第二至第四章译文，未见在其他相关报刊上续载，亦未见民鸣译本的单行本。

《共产党宣言 The Communist Manifesto 序言》编者说明

《共产党宣言 The Communist Manifesto 序言》刊载于 1908 年 1 月 15 日《天义》第 15 卷"学理"栏，署名"民鸣译"。该文即著名的《〈共产党宣言〉1888 年英文版序言》，原文为英文，由恩格斯于 1888 年 1 月 30 日在伦敦写成。《共产党宣言》1888 年英文版由赛米尔·穆尔从德文版翻译而来，由出版商威廉·里夫斯在伦敦出版①。"民鸣"该译文转译自幸德秋水、堺利彦根据 1888 年英译本翻译的日文译本《共产党宣言》，日文译本《共产党宣言》原载 1906 年 3 月 15 日出版的《社会主义研究》创刊号。

1. 幸德秋水

幸德秋水（1871—1911），日本近代社会主义运动和反帝反战运动的先驱者和组织者，后成为无政府主义者。

幸德秋水原名传次郎，号秋水②。生于高知县幡多郡中村町一药材商之家。1888 年在大阪由友人介绍，拜中江兆民（1847—1901）为师。1893 年开始从事新闻工作，先后在自由新闻社、广岛新闻社、中央新闻社和《万朝报》等机构工作。在此期间开始接触社会主义思想，积极参与"社会主义研究会"（1898）、"社会主义协会"（1900）等组织的创建活动。1901 年 5 月，和片山潜（1859—1933）、安部矶雄（1865—1949）、西川光次郎（1876—1940）等人创建社会民主党，这是日本最早成立的社会主义政党。该党虽然在纲领中明确提出反对暴力革命，主张合法的议会斗争，但在成立当天，即被当局查禁。

1903 年 11 月，因坚决反对日俄战争，幸德秋水与同事堺利彦一起退出《万朝报》，创建平民社，创办《平民新闻》周刊。两人撰写的《发刊词》宣传了和平主义、社会主义和平民主义思想。与此同时，社会主义协会的总部迁入平民社，该社遂成为当时日本社会主义运动的中心。1904 年 1 月日俄战争爆发后，幸德秋水在《平民新闻》上先后发表《吾人始终否认战争》《不断非战论》等文章，和堺利彦一道发起"非战论"运动，主张把反帝、反战斗争结合起来，这是日本近代史上第一次有组织的反战运动。1904

---

① 该书出版时间仅标为 1888 年，无月份。
② "秋水"，出自《庄子·秋水》："秋水时至，百川灌河。""秋水"曾经也是中江兆民的号，他后来转赠给了幸德秋水。

年 3 月 13 日，由幸德秋水起草的《致俄国社会党书》在《平民新闻》第 18 号上发表，其中写道："诸君之敌，非日本人，实今之所谓爱国主义也，军国主义也。然而爱国主义与军国主义，诸君与我等共同之敌也，世界万国之社会主义共同之敌也。"[①]这表明他已经将反战运动与国际社会主义运动结合了起来。这份《致俄国社会党书》后来刊登在俄国社会民主工党的《火星报》上；《火星报》的复信，也于 7 月 24 日在《平民新闻》上发表。

　　1904 年 11 月《平民新闻》创刊一周年之际，幸德秋水与堺利彦合译的《共产党宣言》（缺第三章）在第 53 号（11 月 13 日出版）上公开发表。《平民新闻》因此被禁止发行，印刷所的印刷机被没收，幸德秋水、堺利彦与周刊发行人西川光次郎被处罚金，社会主义协会被迫解散。1905 年 2 月 28 日，幸德秋水被逮捕，后被判处五个月徒刑，被关进巢鸭监狱。幸德秋水在狱中阅读了俄国无政府主义者克鲁泡特金（1842—1921）的著作，开始接受无政府主义思想。1905 年 7 月 28 日，幸德秋水刑满出狱。10 月 9 日，平民社被迫解散。1905 年 11 月 14 日，幸德秋水远渡重洋去美国。当时无政府主义思潮正在欧美泛滥。留美期间，他同美国无政府主义者交往密切，并同当时流亡到英国的克鲁泡特金通过书信形式取得了联系。在西雅图、旧金山、奥克兰等地，还和先前由片山潜建立起来的留美日本人中的社会主义组织频繁接触，积极参加各种演说会和研究会的活动。

　　1906 年 6 月 5 日，幸德秋水回到日本，此时日本社会党已成立四个多月。回国后，他把克鲁泡特金的无政府主义加以改造，提出了通过"总同盟罢工"的"直接行动论"："劳动者全体携手举行数日、数周乃至数月的罢工，使社会的一切生产交通机关被迫停止转运。"日本社会党成立后，积极支持当时的群众斗争，影响较大者如 1906 年 3—8 月东京市民反对提高电车票价的斗争。1907 年初发生的足尾铜矿罢工事件在党内引起了策略论争：1907 年 2 月，日本社会党召开第二次代表大会，在讨论党的行动方针的过程中，形成了以幸德秋水为首的"直接行动派"和以田添铁二（1875—1908）为首的"议会政策派"。两派的策略分歧，最终导致组织上的分裂。1907 年 8 月，片山潜、田添铁二等人组成"同志会"；同年 9 月，幸德秋水、山川均（1880—1958）等人组成"金曜会"。

　　日本社会党内的派别冲突和斗争严重削弱了无产阶级的革命力量，为

---

① 幸德秋水. 致俄国社会党书[M]//岸本英太郎. 明治社会运动思想. 东京：青木书店，1968：236.

天皇政府镇压社会主义运动提供了机会。1907 年 2 月 22 日，日本社会党被政府取缔。此后，幸德秋水一度致力于国际无政府主义运动文献的翻译和介绍工作。

1910 年 5 月 20 日，长野县松平警察署得知，其管辖下的长野大林区署内明科制材厂的工人宫下太吉制造并持有炸弹；25 日，松平警察署指控宫下太吉与其他三人共谋，拟定了在同年秋季阅兵之际向天皇投掷炸弹的计划。幸德秋水起初虽然知道这一计划，但并未参与此事。他当时的主要活动，除创办《自由思想》杂志（从第 2 号起即被禁止发行）外，还在写作《基督抹杀论》。6 月 1 日，幸德秋水作为该计划的 "主谋" 被拘捕。同年 10 月 8 日，所谓触犯 "大逆罪" 的 26 人全部被捕入狱。经过秘密审判，1911 年 1 月 18 日，幸德秋水等 12 人被判死刑。1 月 24 日，幸德秋水被处绞刑。

幸德秋水的著作主要有：《二十世纪之怪物帝国主义》[①]、《广长舌》[②]、《社会主义神髓》[③]和《基督抹杀论》等。1968 年至 1972 年，幸德秋水著作编委会编辑的 9 卷本《幸德秋水全集》出版，后来又出版了两卷补卷。

2. 堺利彦

堺利彦（1870—1933），号枯川，日本近现代思想家、社会活动家，日本共产党创始人之一、第一任书记长，后成为社会民主主义者。

堺利彦出生于福冈县京都郡丰津藩一下级武士家庭。1889 年赴大阪，在高等小学任教。90 年代起接受西方自由民权学说。1893 年起在大阪每日新闻社、《新浪花》杂志等处任记者、编辑。1897 年参加《防长回天史》的编纂工作。1899 年经幸德秋水、内村鉴三（1861—1930）介绍，加入万朝报社，担任《万朝报》文学栏编辑和评论员。在这期间又结识了安部矶雄、片山潜等人。1901 年 5 月加入社会主义协会，开始参加社会主义运动。

1903 年 11 月与幸德秋水退出万朝报社后，两人一起积极进行反战宣传，领导了日本近代史上第一次有组织的反帝反战运动。1904 年 3 月 27

---

① 由赵必振译，上海广智书局 1902 年出版的该书中译本，已收入《马藏》第一部第一卷，科学出版社 2019 年 1 月出版。

② 由中国国民丛书社译，上海商务印书馆 1902 年出版的该书中译本，已收入《马藏》第一部第五卷，科学出版社 2019 年 1 月出版。

③ 1949 年前，该书有四种主要的中译本，即 "达识译社译本"、"蜀魂译本"、"创生译本" 和 "高劳译本"，这四种译本已收入《马藏》第一部第四卷，科学出版社 2019 年 1 月出版。

日，《平民新闻》发表了幸德秋水撰写的反战社论《呜乎增税》，堺利彦作为《平民新闻》的发行人兼编辑人被判处两个月徒刑。1905 年 11 月幸德秋水赴美后，平民社成员分化为两派：以木下尚江（1869—1937）等为代表的基督教社会主义者创办了《新纪元》杂志；堺利彦、片山潜、西川光次郎等"正统派"则创办了《光》杂志。1906 年 1 月初，桂太郎军阀内阁在日俄战争结束时的东京大骚动冲击下辞职，第一次西园寺内阁（1906.1.7—1908.7.14）成立。西园寺内阁标榜"自由主义"，声称"社会主义乃世界一大风潮，不宜滥用警察力量镇压，对稳健之社会主义，允许政党结社自由"。在此背景下，1906 年 1 月 28 日，由堺利彦、西川光次郎等人发起的日本社会党成立。该党党纲明确规定在国法范围内实现社会主义，力图成为一个合法的社会主义政党。同年 3 月 15 日，日本社会党的理论刊物《社会主义研究》月刊创刊，堺利彦任主编。该刊创刊号第一次刊登了《共产党宣言》的日文全译本，译本第三章是由堺利彦补译的。1906 年，鲁迅曾拜会堺利彦等人，后来还购买了整套的《社会主义研究》[①]，由此接触到了《共产党宣言》[②]。在堺利彦的领导下，该党在 1907 年 1 月 15 日又出版了机关报《平民新闻》日刊。1907 年 2 月日本社会党第二次代表大会上形成"直接行动派"和"议会政策派"时，堺利彦采取了调和态度，既赞成直接行动论，又主张兼用议会政策，强调应该以一切手段从事工人的团结、训练与教育工作。1907 年 2 月 22 日，日本社会党被取缔；4 月 14 日，《平民新闻》日刊被迫停刊。大约在同年秋，堺利彦在党内的派别斗争中选择支持"直接行动派"。在 1908 年 6 月 22 日发生的"赤旗事件"中，据片山潜著《日本的工人运动》记载，当时堺利彦并未在场，但他在事后仍然被捕，被关进千叶监狱。

1910 年 9 月出狱后，堺利彦同大杉荣、荒畑寒村以卖文社的名义从事翻译工作，通过出版文艺刊物《丝瓜之花》努力从事社会主义思想的宣传。第一次世界大战结束后，日本的普选运动、工人运动再次兴起，堺利彦更加积极地从事社会主义的宣传和组织活动。1915 年 9 月，同高畠素之（1886—1928）等人将《丝瓜之花》改版为《新社会》月刊。1919 年 4 月，与山川均复刊理论刊物《社会主义研究》，积极宣传马克思列宁主义，

---

① 周遐寿. 鲁迅的故家[M]. 北京：人民文学出版社，1957：188. "周遐寿"为周作人笔名之一。
② 吴晓铃. 鲁迅先生与《共产党宣言》[J]. 思想战线，1990（4）.

介绍俄国十月革命的情况。在 1919 年 5 月出版的《新社会》上，堺利彦公开发表文章声明："我们的旗帜是什么？是马克思主义。"1920 年，与山川均合编《马克思传》，组建社会主义联盟。1921 年领导成立"无产社"。1922 年 7 月 15 日，日本社会主义者在东京秘密召开了日本共产党建党大会。会议选举堺利彦、山川均、荒畑寒村、德田球一（1894—1953）等为中央委员，堺利彦被推选为第一任书记长（委员长）。1922 年 11 月，日本共产党制订了第一个纲领草案。草案规定，日本共产党以无产阶级专政为目标，但党的目前任务是完成资产阶级革命。日本共产党建立后，积极领导工农运动，并开展了声势浩大的要求承认苏维埃俄国的运动，不久即遭到当局的残酷镇压。1923 年 6 月，堺利彦被捕。1923 年底出狱后，堺利彦脱党，成为社会民主主义者。1924 年 3 月，日本共产党被迫解散。

1928 年 7 月，堺利彦参加无产大众党，12 月参加日本全国大众党。1930 年任全国大众党顾问。1931 年任全国劳农大众党顾问。"九一八"事变后，任全国劳农大众党反战特别委员会委员长，领导反对日本帝国主义者侵占中国东北的反战运动。1933 年 1 月 23 日，堺利彦去世。同年，《堺利彦全集》（6 卷）由中央公论社出版。

幸德秋水和堺利彦都非常关心中国革命，同 20 世纪初留日的不少中国进步学生和革命领袖有着较为深入的交流，对社会主义、马克思主义思想在中国的早期传播产生过重要影响。

3.《社会主义研究》

《社会主义研究》是 20 世纪初日本社会党的理论刊物，也是后来日本共产党理论刊物《赤旗》的前身之一。该刊在日本早期社会主义运动中具有较为重要的地位。

19 世纪末，日本社会主义运动兴起。1897 年 7 月，片山潜等人建立了"劳动组合（即工会——引者注）期成会"，号召工人组织起来。同年底，"劳动组合期成会"机关报《劳动世界》创刊。次年，片山潜、安部矶雄和幸德秋水等 20 人建立了社会主义研究会，以"研究社会主义原理是否适应于日本"为宗旨。该会每月举行一次例会，在工人群众中宣传社会主义思想，翻译、介绍了马克思、恩格斯的一些重要著作。1900 年，该会改组为以安部矶雄为会长，包括堺利彦、片山潜、幸德秋水、西川光次郎等 40 多名会员的社会主义协会。协会的建立，进一步促进了马克思主义的传播和工人运动的发展，为在日本创建社会主义政党奠定了思想和组织基础。1901 年 5 月，在社会主义协会和日本"铁工〔即机器制造业工人〕工会"的基础上，由片山潜、幸德秋水、安部矶雄、木下尚江、河上清（1873—1949）、西川光次郎六人发起，日本社会民主党建立。日本社会民主党在成立宣言中明确提出了"消灭阶级""实行土地和资本公有制"的主张，同时提出了 28 条"行动纲领"，其中主要是民主革命的要求。该党成立当天即被政府取缔，刊登该党宣言和纲领的六家报刊社被罚以重金。日本社会民主党被取缔后，社会主义者并没有停止建党活动。社会主义协会恢复后，片山潜以《劳动世界》（1903 年 3 月改名为《社会主义》，半月刊）为中心，幸德秋水与堺利彦创立"平民社"，出版《平民新闻》周刊，继续启蒙和宣传社会主义思想。1904 年 11 月 13 日，《平民新闻》周刊第 53 号刊登了堺利彦和幸德秋水翻译的《共产党宣言》首个日文译本（缺第三章）。日俄战争和俄国 1905 年革命爆发后，日本社会主义运动进一步高涨。1906 年 1 月 7 日，标榜自由主义的西园寺内阁成立。1906 年 1 月 28 日，由堺利彦、西川光次郎等人发起的日本社会党成立。该党党纲明确规定在国法范围内实现社会主义，力图成为一个合法的社会主义政党。党的机关报为《光》，理论刊物为《社会主义研究》月刊。

《社会主义研究》于 1906 年 3 月 15 日创刊，堺利彦任主编。该刊除全文刊登了《共产党宣言》的日文全译本外（图 1），还刊登了威廉·李卜克内西的《马克思传》、卡尔·考茨基的《恩格斯传》、恩格斯的《社会主义从空想到科学的发展》以及大杉荣的《万国社会党大会略史》等。1906 年 8 月被迫停刊，共出 5 号。

第一次世界大战爆发后，特别是俄国十月革命胜利后，日本社会主义运动再次复苏。1919 年 4 月，在堺利彦、山川均等人努力下，《社会主义研究》复刊。复刊后的《社会主义研究》大力宣传列宁主义、十月革命和苏维埃俄国的情况，使一部分社会主义者开始认同十月革命的道路，并决心以俄为师，在日本建立无产阶级革命政党，开展革命斗争。1922 年 7 月，日本共产党建立。次年，《社会主义研究》与《前卫》《无产阶级》合并，成为日本共产党理论刊物《赤旗》。

1924 年 5 月起，山崎今朝弥（1877—1954）等人再次恢复《社会主义研究》的出版。《社会主义研究》成为日本费边协会刊物，1925 年 7 月停刊。

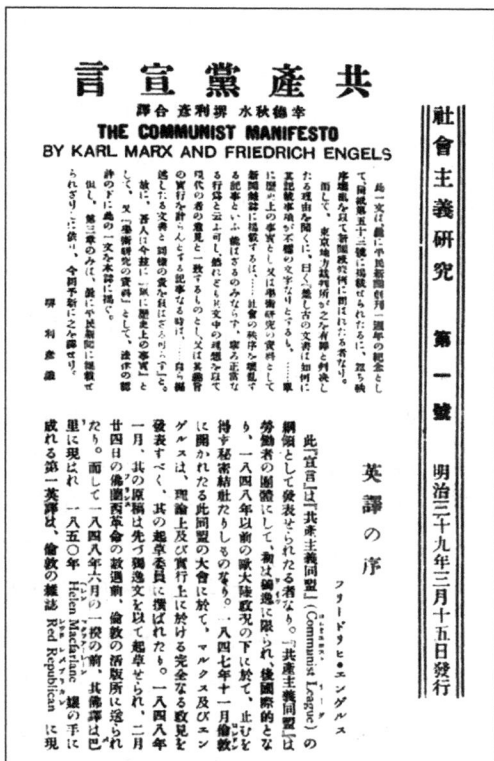

图 1 　《社会主义研究》创刊号上刊载的《共产党宣言》

4. 关于"民鸣"

1907 年，也就是日译《共产党宣言》单行本出版的同一年，东京的社会主义研究社出版了署名"蜀魂"翻译的幸德秋水的《社会主义神髓》，书后附有由"蜀魂"所译五本书构成的"社会主义丛书"出版预告，其中包括《共产党宣言》，但译者"蜀魂"的具体情况以及他翻译的《共产党宣言》后来是否出版，学界一直存疑。霍四通近来在比较了《天义》第 13—14 卷合刊上署名"震述"（即刘师培的妻子何震）的《经济革命与女子革命》一文所附的《共产党宣言》部分译文与第 16—19 卷合刊上"民鸣"翻译的《共产党宣言》前引和第一章的译文后认为，两者"风格和用词都很接近。由此可知，何震、刘师培是十分熟悉民鸣的翻译情况的。而从笔名的词汇语义分析，'蜀魂'与'民鸣'十分接近。因为'蜀魂'就是杜鹃鸟，'声声啼血'，善鸣鸟也。从幸德秋水为蜀魂《社会主义神髓》译本所作序言来看，他们是熟识的。可知民鸣和蜀魂很可能是同一人。因为按照常理，幸德秋水不太可能让自己认识的两个中国人做这种重复翻译的工作。而目前不见蜀魂译本，只见民鸣的节译译文，似乎也证明了这种可能性"[1]。关于"民鸣"，霍四通还说，"民鸣在 1907、1908 年的《天义》《衡报》上发表了不少翻译，还创作了少量文艺作品，如《贫民唱歌集·农民哀六章》，如其五：'仲秋之日，百谷荐新。我稼既丰，依然窭贫。乃知耕作，徒餍豪民。豪民之庆，农夫之辛。'《贫民唱歌集》有申叔写的'以悲哀冲雅为主，粗俗之作，概在所屏'。另在《衡报》第三号（1908 年 5 月 18 日）、第六号（1908 年 6 月 18 日）上还发表过《无政府共产主义之基础及原理》的译文。可见，民鸣国文素养和日语水平俱高，是当时刘师培小团体颇为倚重的核心人物"。霍四通紧接着作了一个大胆推测，认为"民鸣""甚至有可能就是何震本人"[2]。从这两段话中可以看出，霍四通认为，"民鸣"和"蜀魂"有可能都是何震的化名。不过，项旋最近通过考证则指出："蜀魂"即胡锡璋，字天然，四川简阳人。1905—1908 年留学日本，毕业于早稻田大学；归国后创办私立四川大学；还是提倡温和社会主义的大同党的领袖。项旋认为，在清末社会主义思想在中国传播的第一次高潮中，胡锡璋扮演了热情的宣传者、传播者角色，在留学期间被日本人视为社会主义派领袖，是可与孙中山、黄兴、宋教仁、张继、章太炎等并提的早期革命党人。[3]

霍四通对"民鸣"与"蜀魂"、何震关系的大胆推测，项旋对"蜀魂"身份的详细考证，是学界近来在《共产党宣言》早期译者研究方面取得的重要成果。

5.《天义》

《天义》，半月刊，1907 年 6 月创办于日本东京，是女子复权会机关刊物。何震任《天义》编辑及发行人，刘师培、汪公权等负责撰稿。1908年 4 月，在日本政府的高压下，该刊停止出版，同年 10 月正式停刊，共出19 卷。该刊最初"以破坏固有之社会，实行人类之平等为宗旨，于提倡女界革命外，兼提倡种族、政治、经济诸革命"；自 8—10 卷合刊开始，宗旨改为"破除国界、种界，实行世界主义；抵抗世界一切之强权；颠覆一

---

① 霍四通. 陈望道翻译《共产党宣言》研究[M]. 上海：上海人民出版社，2021：22-24.
② 霍四通. 陈望道翻译《共产党宣言》研究[M]. 上海：上海人民出版社，2021：27.
③ 项旋.《共产党宣言》早期中译者"蜀魂"考实[J]. 历史研究，2021（6）.

切现近之人治；实行共产制度；实行男女绝对之平等"。设图画、社说、学理、时评、译丛、来稿、记事、杂记、附录等栏目，在宣传尊重女权、解放女性的同时，刊载了许多介绍社会主义、马克思主义和无政府主义的文章。

6. 内容简介

民鸣翻译的这篇恩格斯为《共产党宣言》1888 年英文版所写的序言，内容主要包括以下几个方面。

一是介绍了作为共产主义者同盟的纲领——《共产党宣言》的产生背景和过程。

二是通过列举《共产党宣言》自发布以来在欧美地区出现的多种外文译本的情况，介绍了它在世界上的传播和影响，并得出如下结论："此《宣言》之历史，即近世劳动运动之历史也。当今之世，此《宣言》在社会主义文书中最为广行，且最为世界上广行之物。自西伯利亚以西，至于加里富阿尔尼亚之间，合数百万之劳民，均承认为共通之纲领。"

三是解释了《共产党宣言》在发布时不能称作"《共产党宣言》"的原因："当一千八百四十七年时，社会主义者，中等阶级之运动；而共产主义者，劳动阶级之运动也。又当时在欧洲大陆，每视社会主义为上品，共产主义，则全反之。而吾人当初之意见，则谓劳动阶级之解放，不可不依劳动阶级自身之行动。"并表示，"吾人虽至尔后，亦未曾排斥此名也"。也就是说，尽管到了 19 世纪 80 年代，"社会主义"一词在世界上已广为流行，但作为《共产党宣言》的起草人，马克思和恩格斯一致认为，"共产党宣言"这一名称仍然是准确的。

四是概括了《共产党宣言》的"根本提案"，即贯穿其中的核心的、根本的思想："古今各时代，其关系生产、分配者，必有经济上特殊之方法，社会组织因之而生，其政治及文明之历史，亦建设于此基础之上。又依此基础说明，则人类之全历史者，自土地共有之种族社会消灭后，常为阶级斗争之历史，即掠夺与被掠夺阶级、压制阶级与被压制阶级对抗之历史也。而是等阶级斗争之历史，连续而呈，成社会进化之阶段；今又达于新阶段，被掠夺、被压制一阶级，欲脱掠夺、压制阶级之权力，以求解放己身，并消灭一切掠夺、压制之差别，以泯阶级斗争。由此而测未来，则社会全体必有解放之一日。"恩格斯同时指出，"此《宣言》虽二人所合作，然予所为者，仅外观之语，而成其实际者，则根本之提案"，乃出自马克思；而"此提案之有益于史学也，恰如达尔文进化论之有益于生物学"。

五是重申了马克思和恩格斯为《共产党宣言》1872 年德文版所写序言中的一段话，其基本意思是：第一，在《共产党宣言》发表后的 25 年间，虽然社会情况发生了很大的变化，但《共产党宣言》中所阐述的一般原理（译文用的是"主意"），还是正确的，"至其细目，则不无删正之点"。第二，正如《共产党宣言》中所说，这些原理的实际运用，随时随地都要以当时的历史条件为转移，"故于第二章末所提出之革命方法，亦不必置重。盖彼之一段，于今日当改之点颇多"。第三，1848 年以来，大工业的不断发展促进了"劳动阶级团结之进步"，由于先有了二月革命的实际经验，而后又有了无产阶级掌握政权达两月之久的巴黎公社的经验，所以这个纲领现在有些地方已经过时了。特别是，公社的经验证明："劳动阶级，单握已成之国家机关，不能使用之以谋自己之利益。"第四，说明由于《共产党宣言》第三章对各种"社会主义文书"之批评，仅限于 1847 年以前，因此，对 19 世纪 80 年代的情况来说，是不够的；尽管关于共产主义者对待"种种反对党"态度的论述，"其主意虽不失为正确，然其实际，亦既归于无用"，因为"政界之形势今既全然变化，加以历史进步，彼解说中所数诸政派之多部分，皆一扫而空"。第五，强调《共产党宣言》是"历史之文书，吾人不复有变更之权利"。

六是介绍了《共产党宣言》1888 年英文版译者的基本情况；恩格斯还提到，他自己也参与了译文的校订，"更附加以二三注语，以说明历史所用语"。

该译文后面的"记者识"虽无作者署名，但金冲及和胡绳武认为作者应是刘师培。① "记者识"强调"《共产党宣言》，发明阶级斗争说，最有裨于历史。此序文所言，亦可考究当时思想之变迁。欲研究社会主义发达之历史者，均当从此入门"。这段"记者识"还预告，在新一号的《天义》（增刊）上，将刊出"民鸣"翻译的《共产党宣言》全文。由于这段"记

① 金冲及，胡绳武. 辛亥革命史稿：第 2 卷 中国同盟会[M]. 上海：上海人民出版社，1985：255；皮明庥. 近代中国社会主义思潮觅踪[M]. 长春：吉林文史出版社，1991：90；钟家栋，王世根. 20 世纪：马克思主义在中国[M]. 上海：上海人民出版社，1998：29. 也有学者将这段"记者识"的作者当作是译者"民鸣"。参见：杨哲.《共产党宣言》序言的理论和实践价值——对序言译介史的考察[J]. 教学与研究，2017（2）.

者识" 准确概括并肯定了《共产党宣言》中的 "阶级斗争" 这一重要思想及其意义，因此，它长期以来也受到了学界的高度重视，并被多种资料集所收录。如 20 世纪 80 年代出版的林代昭、潘国华编《马克思主义在中国——从影响的传入到传播》[①]、姜义华编《社会主义学说在中国的初期传播》[②]、高军等主编的《五四运动前马克思主义在中国的介绍与传播》[③]等。

7. 译文评析

民鸣翻译的恩格斯为《共产党宣言》1888 年英文版所写的序言，发表距今已 110 多年。尽管百余年间汉语已经发生了某些变化，该译文中的个别词句在今人读来，或有不易理解之处，但经与恩格斯原文比照，我们认为，整体说来，其基本内容是完整的，意思表达也是颇为准确的。例如，"此主意实际之适用，亦如《宣言》所示，无论何处，常依其现存之历史状态，故于第二章末所提出之革命方法，亦不必置重。盖彼之一段，于今日当改之点颇多"。这段话，中共中央编译局的现行译文是："这些原理的实际运用，正如《宣言》中所说的，随时随地都要以当时的历史条件为转移，所以第二章末尾提出的那些革命措施根本没有特别的意义。如果是在今天，这一段在许多方面都会有不同的写法了。"[④]有读者在将这段译文与中共中央编译局的译文进行对照后认为，民鸣所译的 "不必置重" 有些费解，甚至是莫名其妙。事实上，这里的 "不必置重" 就是 "不必太在意" 的意思，完全可以引申为 "没有特别的意义"。1934 年 6 月，鲁迅在《论重译》一文中，也使用过 "不必置重"，意思与 "民鸣" 的用法完全一致："所以我想，对于翻译，现在似乎暂不必有严峻的堡垒。最要紧的是要看译文的佳良与否，直接译或间接译，是不必置重的；是否投机，也不必推问的。"[⑤]至于译文中涉及的有关概念、术语，自然与今天的通用译名存在差异，但我们认为，这对于熟悉百余年来有关马克思主义、社会主义的概念或术语的汉语译名演变史的读者来说，也是比较容易理解的。

---

① 林代昭，潘国华. 马克思主义在中国——从影响的传入到传播：上册[M]. 北京：清华大学出版社，1983：263.

② 姜义华. 社会主义学说在中国的初期传播[M]. 上海：复旦大学出版社，1984：430.

③ 高军，王桧林，杨树标. 五四运动前马克思主义在中国的介绍与传播[M]. 长沙：湖南人民出版社，1986：287-293.

④ 马克思，恩格斯. 马克思恩格斯选集：第 1 卷[M]. 北京：人民出版社，2012：386.

⑤ 史贲. 论重译[N]. 申报·自由谈，1934-06-27. "史贲" 为鲁迅笔名之一。

恩格斯原文中涉及的某些时间，在译文中存在明显错误。经比照，多数错误来源于日文译本；个别的，也可能是当时排字错误造成的。译文中还存在与国名有关的错误，经比照，其错误亦来源于日文译本。这两类误译以及其他个别的误译、省译，我们已经在注释中予以说明和纠正。

民鸣翻译的这篇恩格斯为《共产党宣言》1888 年英文版所写的序言，在马克思主义传入中国的历史上，具有非常特殊且极为重要的地位。学术界公认，它是目前发现的"恩格斯著作中最早的中文全译文，也是马克思主义文献最早的一篇中文全译文"[①]。

早在为《共产党宣言》1883 年德文版所写的序言中，恩格斯就揭示了"贯穿《宣言》的基本思想：每一历史时代的经济生产以及必然由此产生的社会结构，是该时代政治的和精神的历史的基础；因此（从原始土地公有制解体以来）全部历史都是阶级斗争的历史，即社会发展各个阶段上被剥削阶级和剥削阶级之间、被统治阶级和统治阶级之间斗争的历史；而这个斗争现在已经达到这样一个阶段，即被剥削被压迫的阶级（无产阶级），如果不同时使整个社会永远摆脱剥削、压迫和阶级斗争，就不再能使自己从剥削它压迫它的那个阶级（资产阶级）下解放出来。"[②]在为《共产党宣言》1888 年英文版所写的序言中，恩格斯重申了这一观点，只是在个别字句的表述上有细微差异。杨哲发现，在 20 世纪前 20 年中，恩格斯揭示的这一"贯穿《宣言》的基本思想"曾被国人全部或部分地译介过三次：第一次是在"1903 年 10 月，《浙江潮》编辑所出版了幸德秋水撰写、中国达识译社翻译的《社会主义神髓》。译本第三章'产业制度之进化'开头写到："有史以来，不问何处何时，一切社会之所以组织者，必以经济的生产及交换之方法为根底。即如其时代之政治及历史，要亦不能外此而得解释'"。第二次，就是 1908 年 1 月《天义》报发表的"民鸣"的译文。第三次是在"1919 年 5 月，《新青年》杂志第 6 卷第 5 号刊载顾兆熊的《马克思学说》，论及'唯物的历史观的大意'时强调，'唯物的历史观说，凡

---

① 北京图书馆参考研究部. 北京图书馆参考工作资料汇编：第 1 辑[G]. 北京图书馆（内部资料），1983：52. 另参见：中共中央马克思恩格斯列宁斯大林著作编译局马恩室. 马克思恩格斯著作在中国的传播[M]. 北京：人民出版社，1983：369-372. 叶再生. 中国近代现代出版通史：第 2 卷[M]. 北京：华文出版社，2002：518；宋一秀，孙克信，苏厚重. 马克思主义哲学史：第 6 卷[M]. 北京：北京出版社，2005：27；金炳镐. 中国民族理论百年发展（1900—1999）[M]. 沈阳：辽宁民族出版社，2008：154.

② 马克思，恩格斯. 马克思恩格斯选集：第 1 卷[M]. 北京：人民出版社，2012：380.

社会秩序的基础，全在这社会里的出产 Production（日人译作"生产"）和那出产品的交易形式'"。①

由此可进一步看出，民鸣对恩格斯揭示的这一观点的翻译，不仅比其早出的有关翻译，而且比其晚出的有关翻译，无论是从完整性还是从准确性上看，确实都要高出一筹。

8. 研究综述

作为无政府主义刊物，《天义》在当时集中刊登了数量并不算少的有关马克思主义的译文和评论文章。改革开放以来，学界对这一现象有较多的关注和研究。学者们普遍认为，应该充分肯定《天义》刊登的这些文章促进了马克思主义在中国的传播和影响。有的学者还进一步指出："从总体上来看"，中国的早期无政府主义者"对马克思主义并未完全采取敌视的态度"，并认为这主要是基于两个方面的原因："一是由于当时对马克思主义认识还很肤浅，因而与马克思主义的矛盾暂时没有暴露出来。"具体到民鸣翻译的恩格斯这篇序言和《共产党宣言》，认为这"正如欧洲早期无政府主义者巴枯宁于 1869 年将《共产党宣言》译成俄文那样"，中国早期的无政府主义者也把马克思、恩格斯的著作译成了中文。"二是早期无政府主义者并不反对马克思主义的所有观点。正如刘师培所说，虽然'1873 年巴枯宁为马尔克斯（马克思）所排斥，无政府主义遂与社会主义分离，然吾等则谓社会主义多与无政府主义相表里'。当然，后来随着形势的发展，无政府主义者便与马克思主义分道扬镳，公开站到反马克思主义立场上了。"②

有的学者在肯定民鸣翻译的恩格斯这篇序言"有助于当时人们对《宣言》基本思想的了解"的同时也提醒读者："当时无政府主义者翻译介绍马克思主义著作，是为了证明无政府主义的正确，因此他们不赞同马克思主义的国家学说。他们翻译马克思主义著作，虽然在客观上有助于扩大马克思主义的影响，但在主观上却不能正确理解和接受马克思主义。"③有的学者则强调，《天义》"宣传马克思主义的目的，是认为马克思关于用暴

① 杨哲. 《共产党宣言》序言的理论和实践价值——对序言译介史的考察[J]. 教学与研究，2017（2）.

② 朱美荣. 比较与鉴别：五四时期社会主义思潮流派研究[M]. 上海：上海社会科学院出版社，2018：138.

③ 宋一秀，孙克信，苏厚重. 马克思主义哲学史：第 6 卷[M]. 北京：北京出版社，2005：27；金炳镐. 中国民族理论百年发展（1900—1999）[M]. 沈阳：辽宁民族出版社，2008：154.

力革命的手段推翻一切剥削阶级的统治，彻底打碎旧的国家机器，最终实现共产主义等的观点，同他们实现无政府共产主义的主张有相同之处"[①]。

当时中国的无政府主义者中，还有旅居巴黎、创办《新世纪》周刊和出版《新世纪丛书》的张静江（1877—1950）、李石曾（1881—1973）、吴稚晖（1865—1953）、褚民谊（1884—1946）等。但与刘师培等人不同，"《新世纪》出版近三年，多达一百十二期，几乎没有提到马克思和恩格斯的名字，更不用说介绍他们的学说了"。对此，《辛亥革命史稿》一书的作者进行了如下分析："在欧洲，自从一八七三年巴枯宁主义分子被清除出第一国际以来，欧洲的无政府主义者就建立起自己的组织，长期同马克思主义处于敌对之中。在这种情况下，他们当然不会再介绍马克思主义。这自然影响到《新世纪》周围的一批中国无政府主义者。"而对刘师培等人产生了重要影响的"以幸德秋水、堺利彦为代表的一批日本无政府主义者，原是日本早期社会党的成员，在宣传马克思主义中作出过重要贡献。……由于他们没有象西欧无政府主义者那样与马克思主义存在着长期的敌对关系，所以他们当中有些人在接受了无政府主义以后，仍然翻译介绍马克思和恩格斯的著作，并宣传马克思的阶级斗争学说"。"此外，中国当时的社会历史条件下根本没有把社会主义革命和无产阶级专政的问题提上日程，二者之间在实际生活中还不存在尖锐的冲突。这对上述状况的出现也有很大的关系。"[②]徐善广、柳剑平在《中国无政府主义史》一书中也作过同样的分析，该书在研究了《天义》刊登的包括恩格斯《共产党宣言》1888年英文版序言、《共产党宣言》的部分译文以及有关马克思、恩格斯学说的文章之后，还将《天义》介绍和宣传马克思主义的主要观点概括为：一是关于阶级斗争的观点，二是关于剩余价值的观点，三是关于妇女解放问题"必自经济革命始"的观点，四是关于唯物主义的基本观点。[③]

在编者目前所见对民鸣译恩格斯这篇序言的研究中，谈敏的解读最为详细。谈敏逐段解读了该译文，并指出："它讲述了起草《共产党宣言》

① 陆米强. 无政府主义思潮为中共创建提供客观条件[M]//中共一大会址纪念馆. 中国共产党创建史研究. 上海：上海人民出版社，2012：267.

② 金冲及，胡绳武. 辛亥革命史稿：第2卷 中国同盟会[M]. 上海：上海人民出版社，1985：256-257. 同一分析亦可见徐善广，柳剑平. 中国无政府主义史[M]. 武汉：湖北人民出版社，1989：66.

③ 徐善广，柳剑平. 中国无政府主义史[M]. 武汉：湖北人民出版社，1989：63-64.

的起因、背景及其传播影响，概括了《共产党宣言》的基本思想或基本原理、作者特别是马克思的贡献以及对这一贡献的评价，还完整地引录了1872 年马克思和恩格斯合写的第一篇序言中关于《共产党宣言》经过 25 年实践检验的重要判断。正因为如此，《天义》报刊登这篇序言的中译文，不论出于什么原因，对于国人认识和理解《共产党宣言》，都是非常重要的。" "从《天义》报刊载的民鸣译本看，与以往顶多摘译马克思、恩格斯著作中的个别观点或部分论述不同，这是关于恩格斯 1888 年序言的完整中译本。或许也可以说，这是中国近代史上目前可以查到的关于马克思、恩格斯论著的第一个公开发表的完整中译本。"①我们认为，谈敏对这篇序言内容的概括，是全面的；对这篇译文在马克思主义在中国早期传播史上的地位的评价，也是符合历史事实、恰如其分的。

有作者在研究该译文时也存在某些瑕疵，如说"1908 年 1 月，同盟会员刘师培、何震等，在其所创办的以宣扬无政府主义为主的《天义报》第十五号上，发表了民鸣译的恩格斯（译作因格尔斯）为《宣言》所写《1888 年英文版序言》的一部分，并加编者按语说：……"②这里说《天义》当时发表的只是恩格斯为《共产党宣言》1888 年英文版所写序言的部分内容，显然不符合事实。如前所述，民鸣翻译的这篇恩格斯序言，是完整的。造成这种错误的原因，很可能是有关作者并未看到原文，或者是即使看到了原文，也没有仔细阅读。当然，也有可能是以讹传讹的结果。

Compilation Issues and Editor's Notes on the Chinese Translation of the Preface to the 1888 English Version of Engels' *The Communist Manifesto*

Wang Baoxian

Editor's note: In January 1888, Engels wrote the preface to the English

---

① 谈敏. 回溯历史——马克思主义经济学在中国的传播前史：下册[M]. 上海：上海财经大学出版社，2008：667.

② 郭洛，郭雄.《共产党宣言》在中国的早期传播[M]//中国革命博物馆. 中国革命博物馆 50 年论文集. 北京：海天出版社，2001：178. 同一说法亦见：冯志杰. 中国近代翻译史·晚清卷[M]. 北京：九州出版社，2011：123.

version of *The Communist Manifesto* translated by Samuel Moore. In January 1908, the 15th volume of *Tianyi* published in Tokyo, published Engels's preface translated by "Min Ming", a Chinese student studying in Japan; the *Tianyi* published in March of the same year published the combined issue of volumes 16—19 also contains the preface and first chapter of *The Communist Manifesto* translated by "Min Ming". The translation was preceded by Liu Shipei's *Preface to the Communist Manifesto*. The preface of Engels translated by "Min Ming" is the first complete Chinese translation of the works of Marx and Engels discovered so far; according to the notice of *Tianyi* at the time, "Min Ming" has translated the entire *The Communist Manifesto*, but since *Tianyi* was asked to cease publication by the Japanese authorities shortly after publishing volumes 16—19, only the introduction and the first chapter are visible; Liu Shipei's *Preface to the Communist Manifesto* is the first preface to *The Communist Manifesto* translated by a Chinese. The two translations of "Min Ming" and the preface by Liu Shipei have been included in the sixth volume of the second part of *Ma Zang*. The "General Preface" to *Ma Zang* points out that *Ma Zang* is not a simple compilation of data or a copy of the original text, but emphasizes the necessary research, textual research, annotation and explanation of the included texts. In this way, it can highlight the academic characteristics of the collection and compilation of *Ma Zang*. This journal today publishes the preface to the 1888 English edition of Engels's *The Communist Manifesto* translated by "Min Ming" (including the "Editor's Note") included in it to illustrate this feature of the compilation and research of *Ma Zang*.

《近世界六十名人》与《维新人物考》之比较

巩 梅

摘要：《马藏》第一部第十一卷收入了《近世界六十名人》和《维新人物考》两个文本，前者出版于 1907 年，是第一个刊登马克思肖像的中文文献，后者印行于 1911 年，是天津最早介绍马克思的图书。《马藏》编者在编纂中发现，《维新人物考》直接取材于《近世界六十名人》，这里的"考"并非考证、考据，而是在人物介绍结束后，阐发感慨议论。两个文本对人物的选取及其生平的介绍体现了编者不同的思想取向和社会价值追求，对社会主义和马克思学说在国内的早期传播有一定的意义。

关键词：《马藏》;《近世界六十名人》;《维新人物考》

作者简介：巩梅，北京大学马克思主义学院副研究馆员，主要从事文献中心建设和马克思主义早期传播文本研究。

  《马藏》第一部第十一卷收入了《近世界六十名人》和《维新人物考》两个文本，这是辛亥革命前在我国先后出现的两本介绍近代西方名人的图书。前者是 1907 年在巴黎出版印行的大型画册，之后被运回国内发行；后者于辛亥革命前夕，即 1911 年 6 月在天津印行。《近世界六十名人》中印有马克思 1875 年拍摄于伦敦的照片，这被认为是马克思像第一次出现在中文文献中；《维新人物考》介绍了包括马克思在内的 48 位西方名人，被认为是在天津最早介绍马克思的图书，而编者华承沄（1848—1917）则被认为是最早介绍马克思及其著作的天津人。

编纂《马藏》搜集文献时，编者一开始并没有关注到《维新人物考》与《近世界六十名人》之间的关系。但在仔细比较研究后发现，《维新人物考》所介绍的 48 位名人，有 47 位与《近世界六十名人》中的相同；而且，这 47 位名人的中文译名，只有 4 位在用字上与《近世界六十名人》略有不同，即《近世界六十名人》中的华盛顿、萧尔孙（今译纳尔逊，1758—1805，在反拿破仑战争中阵亡的英国海军统帅）、惠灵顿（1769—1852，在滑铁卢战役中指挥联军打败了拿破仑的英国陆军元帅）、毕斯麦（今译俾斯麦，1815—1898，帮助威廉一世完成德国统一的"铁血宰相"），在《维新人物考》中，他们的译名分别是"华盛吨""纳尔逊""惠林顿""俾斯麦"，其余内容则是完全一致的。更需要说明的是，两书对 47 位人物生平的介绍文字几乎完全一致。可以说《维新人物考》直接取材于《近世界六十名人》。

《维新人物考》与《近世界六十名人》相比，有几处不同。首先是《近世界六十名人》的重点部分是人物的肖像（部分为画像），肖像占了整个页面的绝大部分，肖像下面有简单的生平介绍，而《维新人物考》则删去了肖像，仅仅保留了人物生平介绍。其次是人物的排列顺序，在《近世界六十名人》中，编者明确说明，"六十人次以各人生年之先后，以便知人者之论世"（图 1）。在遵循出生时间顺序的基础上，为了给女界打气，第一位和最后一位人物均为女性。《维新人物考》一书的编者则删去了人物的生卒年月，以"仁义"价值观为标准，将人物分为两类，即"学界中实验名家，政界中公忠体国"，48 位人物的顺序是政治家华盛顿、威廉一世等排在前面，学界中人物排在中间，排在后面的是政界中公忠体国者（图 2）。最后是虽然《近世界六十名人》中已经使用黑点"."进行文字断句，但是《维新人物考》仍然使用无任何断句的古文方式。印刷装订等不同自不必说。

《维新人物考》一书虽然直接取材于《近世界六十名人》，但还是有自己的特点：第一，从书名可以看出，它聚焦于所谓"维新人物"；第二，作者以"仁义"价值观为分析标准，对有关人物的生平和思想进行了一番"考察"。这里的"考"并非考证、考据，而是在介绍人物后阐发感慨议论。两个文本对人物的选取及其生平的介绍体现了编者不同的思想取向和价值追求，对社会主义和马克思学说的早期传播有一定的意义。

右六十人雖不能言可括近數百年歐美名人之全然大畧我東方人心目中以爲可驚詫之人物已鮮有遺漏即或竟有所遺非因畫像珍罕如因畫像珍罕而遺者有如歌白尼科侖波之類以爲第一流人物而已列之第二流人物豈得再取而求適于專門家之考訂不必將贊同之鍵者派分之小宗一羅則也穎本社于以上二端正賴有所計畫爲纂輯 畫像之珍罕者不問古今人往往遍求于倫敦巴黎伯林等之大市廛不可得六十人中之斯密亞丹孔德施蒲束諸人之畫本社實然會掛壁畫像及名流家中裝置顯爲本者願得之者珍矣 六十人次以各人生年之先後以便知人者之論世然本社此編重花費取可拆供鏡架或裝爲畫輻故編訂之序無關宏旨 每人綴以行畧俾瞻仰畫像者兼可知其生平之梗槩此亦止可從各國之習慣在本國自成其畫一已盡人力之所可盡音不更人傳狀之精刊而趣味異常穎深 譯名之難得確否耳以西方記音之母不更而音讀亦異有如海哲爾之首音英語含包括一名海在法則愛諾名例取舟勾格檠之習慣凡譯外國人名地名近似舟勾格檠之園即東文以假名譯之雜千漢文非盧非馬亦舟生諸志者之賦俊不如氏久羅拓都之爲服爾富蘭克倉之爲樊克林瓦特之爲華特黑智尼其一爲都智爾哲其例也亦有改之不盡者如樂波峒改爲柯伯堅之竟用西字原文接母取音亦無礙也故本編用華式字音譯之若姓字尾譯之若名近密合之徒貽舟勾格檠之園却如物名侖語含義譯音亦可畧存意味如嚴勿勞特之爲服爾富蘭克侖之爲樊克林瓦特之爲華特黑智尼其一爲海軒爾又一爲都智爾哲其例也亦有改之不盡者如樂波峒改爲柯伯堅之嘉富爾之類或因本近雅則可通于複姓或强留久浩之原譯以合習慣亦有原譯本安因求其愈近但干西音如樂波峒改爲柯伯堅之的

图1　《近世界六十名人》目次页

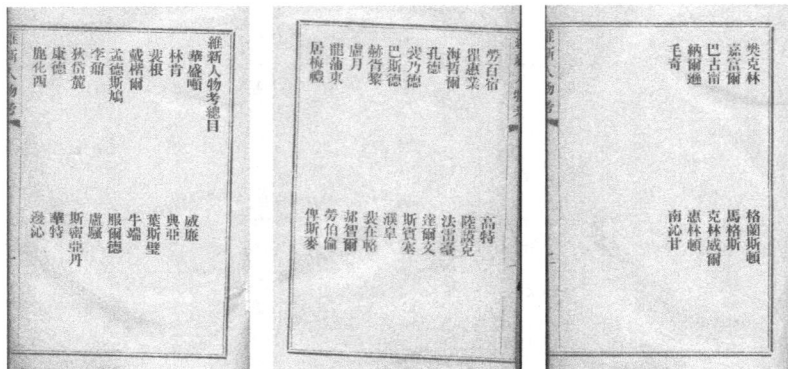

图 2 　《维新人物考》目录页

一、两个文本中所选取人物的分析比较

1. 《近世界六十名人》中的人物简析

《近世界六十名人》是一本人物画册，人物肖像下所印的介绍性文字，只是各名人的"行略"或"生平之梗概"，都非常简单。该书目次页的短序对书中所收的 60 位名人做过如下解释："虽不能言可括近数百年欧美名人之全，然大略我东方人心目中以为可仪式、可惊诧之人物，已鲜有遗漏"①，如果"略有所遗，非因画像珍罕，一时未能觅得"，则"或因其学问功业品性，皆于已列六十人中者较量之，恰为第二流"。这意思是说，有些在当时属于第一流的名人②，因为没有找到画像，只能付诸厥如；而有些名人的画像倒是可以找到，但由于他们在编者看来，还难以列入第一流，也就只好不收了。由此也可以看出，《近世界六十名人》的编者在选择第一批"世界六十名人"时，是非常用心的，他们对自己选出的 60 位名人的权威性，也是非常自信的。《近世界六十名人》中的 60 位名人来自欧美 7 国，即欧洲的法国、英国、德国、意大利、俄国、瑞典六国和美国；其中法、英两国的名人最多，共 40 位（法国 24 位，英国 16 位），约占 67%。60 位名人先后活跃于 15 世纪至 20 世纪初，其中以 18 世纪至 20 世纪初的居多，有52 位，占 87%。该书出版时，60 位名人中尚健在者共 7 位。

60 位名人中，以哲学社会科学（包括经济学、法学、社会学等）研究

---

① 佚名. 近世界六十名人[M]. 巴黎：世界社，1907：目次.

② 该书列举了两人：哥白尼和哥伦布。

或自然科学（包括天文地理、动植物、物理、化学、生理、医学等）研究
为主者，共 40 余位；有意思的是，从数量上看，这两类名人几乎可以说是
平分秋色，各有 20 余位。除此以外，以文学创作为主者有 4 位；一般意义
上的爱国者或民族英雄有 4 位；资产阶级革命中的活动家（包括革命家）、
军事家或革命后的国务活动家有 10 位；另有 1 位，则是英国女护士、欧美
近代护理学的创始人南丁格尔。当然，这 60 位名人中，有的人一生的活动
是跨界的，既从事哲学社会科学研究，也从事自然科学研究，如培根、笛
卡儿、富兰克林等人。有的以社会科学研究或自然科学研究为主的名人，
他的社会身份是多面的。比如，马志尼既是一位哲学家、思想家，也是一
位工人运动活动家、小资产阶级的社会主义者，还是意大利民族解放运动
的重要领导人；马克思这位哲学家、思想家，还是科学社会主义理论的创
始人之一和国际共产主义运动的缔造者；当时著名的两个无政府主义者邵
可侣和克鲁泡特金，还是著名的地理学家；等等。

2.《维新人物考》中的人物简析

《维新人物考》一书介绍了 48 人，序言一开始即说："伏以立宪时代，
步武泰西。如举我中华之故家遗俗、流风、善政，与较短长，必有谓拟不
于伦者。然而抑强扶弱，转弱为强，外人之足资观感，岂有他哉？"①在
编者看来，"华盛吨（即华盛顿——引者注）抗英八年，遂苏民困"；"威廉
第一胜法一役，卒复国仇"，其精神无非就是"仁义而已"，"仁义之说，孰
能推倒"，但是"仁义虽美名非虚名，无学问经济以行之，终不免煦仁孑义，
似是而非"②。编者之所以从《近世界六十名人》中选取了 47 位政学两界
的西方著名人物，原因就在这里。

《维新人物考》中的 48 位人物，主要生活在 18—19 世纪。该书印行
时，还有 4 位健在。作者把所有人物划分为政界和学界两种，政界名人共
15 人，约占 31%；学界共 33 人，约占 69%。

48 位人物主要来自欧洲，其中来自法国、英国、德国的共 41 位（法
国 17 位、英国 15 位、德国 9 位），约占 85%；另外还有来自美国、意大
利、瑞典和俄国的，共 7 位（美国 3 位、意大利 2 位、瑞典 1 位、俄国 1
位），约占 15%。女性名人由《近世界六十名人》中的 7 位减少到 3 位，

---

① 华承沄. 维新人物考[M]. 天津: [出版者不详], 1911: 序.
② 华承沄. 维新人物考[M]. 天津: [出版者不详], 1911: 序.

一位是科学家居里夫人，一位是护理专业创始人南丁格尔，还有一位是经济学家罗耶。我们对前两位比较熟悉，但对罗耶并不是特别了解，不过直到现在，国内对她的介绍仍不多。对南丁格尔，编者的评价是："以不忍人之心行不忍人之政，君相之责也，何与乎妇人？女子南氏乃引为己任，全活至逾万人，遂开红十字会先声。""天地之大德曰生，南氏以天地之心为心，有参赞化育之功，无彼界此疆之限。宜乎颂遍华夷，名垂竹帛，夫何异圣君贤相之声施烂然？"

在政治人物中，除华盛顿和威廉一世外，《维新人物考》还选取了西方国家的以下政治家：林肯、俾斯麦、富兰克林、格兰斯顿、加富尔、克林威尔、纳尔逊、惠灵顿和毛奇等人。在引用了《近世界六十名人》中对这些政治家的介绍材料后，编者即以自己的价值观为分析标准，并站在中国立场上，对其中一些政治家作出了自己的"考察"和评价。例如，说华盛顿作为"美国第一总统"，"胞与为怀，所谓正其谊不谋其利，明其道不计其功。纯是圣贤工夫，具有乾坤度量"，认为"世有斯人，岂徒美民安，天下之民举安"，甚至"可以愧天下之鹰瞵虎视者"。编者对林肯的评价是，他是一位"慈祥恺悌之总统"，能够"力挽浇风"，说自己从美国南北战争史中看到的林肯，"能爱人，能恶人，虽终为南花旗人所中伤"，但其"在天之灵，自无遗憾"。19 世纪 80 年代之前，美国的"西进运动"特别是铁路建设需要大量华工，当时美国政府也还能给予华工相对公平的待遇。但是到了 19 世纪末 20 世纪初，美国国内掀起了声势浩大的排华恶浪，美国两大政党出于党争和自身利益的考虑，经常向排华势力妥协，因此编者希望，美国政府能效法林肯的民族政策，公平对待华工。[①]

《维新人物考》一书介绍的 48 人中，只有 1 人在《近世界六十名人》中没有出现，他就是"亚典"。亚典，今译梯也尔，即法国资产阶级政治家、奥尔良党人、历史学家阿道夫·梯也尔（1797—1877）。在马克思主义的史学编纂中，梯也尔是一个较早用阶级斗争的眼光看待历史的资产阶级史学家，同时又是一个资产阶级政客，并作为镇压巴黎公社的刽子手而臭名昭著。但书中只字未提巴黎无产阶级 1871 年 3 月 18 日的起义及起义胜利后建立的巴黎公社政权，而是一味地对梯也尔大唱赞歌："力谏"拿破仑三世，"以阻出师"；作为"议和全权大臣"与俾斯麦周旋；"为总统数年，心力

---

① 华承沄. 维新人物考[M]. 天津：[出版者不详]，1911：3.

交瘁”，在议和之后“不三年”就使法国将赔款“扫数清偿”，而“所尤奇者，海防边防一时并举措，国家如盘石之安”[①]……总之，在编者看来，正是梯也尔创造了“中兴伟绩”，使法国在短时间内“转危为安”。

二、两个文本中的思想分析比较

1906 年，近代中国第一批无政府主义者李石曾（1881—1973）、张静江（1877—1950）、吴稚晖（1865—1953）等人在巴黎达卢街发起成立了“世界社”，宣称以“传布正当之人道，介绍真理之科学”为宗旨，当时还得到了孙中山先生、蔡元培先生的支持。该社除了编辑出版宣扬无政府主义的《新世纪》周刊外，还出版《世界》画报。《近世界六十名人》可以说是《世界》画报的增刊。

《维新人物考》一书的编者华承沄，出生于天津著名的华氏家族，曾任浙江县丞，1894 年后任广东候补道。在广东任职期间，得风气之先，关注西方先进的思想和文化，是当时较早感知中国社会需要改革的封建知识分子。

编者的社会背景、思想倾向、想表达的社会价值与追求的不同，充分体现在这两本不同的书中。

1.《近世界六十名人》中的主要思想分析

20 世纪初，进化论思想在中国知识界非常流行并产生了巨大影响。《近世界六十名人》以达尔文的肖像作为封面，足见编者对进化论思想和理论的推崇。《世界》画报第一期的序言中曾说道：“吾辈笃好进化之学理者，倾其心以欢爱我黄种之同胞，吾愿我黄种之同胞，亦速来与吾辈握手，此即世界大同之始兆，而博爱平等之基础，确然而定也。”[②]1937 年初，《近世界六十名人》一书的主要编印者吴稚晖在给世界合作出版协会复制出版该书所写的“序”中说：“而于提倡进化学说之人特多者，又为推动当时之社会也。”[③]《近世界六十名人》中，除了达尔文，还收录了多位与进化论学说有关的人物，如歌德、居维叶、拉马克、雨果、斯宾塞、赫胥黎、邵可侣、海克尔、纳奎特、布罗卡等 10 位，约占 60 位名人的 17%。文中提

① 华承沄. 维新人物考[M]. 天津：[出版者不详]，1911：4.
② 南逵. 近世界六十名人·序[J]. 姚蕙，译. 世界，1907（1）：4.
③ 吴稚晖. 序[M]//世界社. 近世界六十名人. 上海：世界合作出版协会，1937：序.

到"古今之知高氏（即歌德——引者注）者，皆称之为诗家。若高氏之为博物学大家，及进化学说之先导。则知之者鲜。高氏著述中，有《植物化生》富于生物哲理，又彼解释骨架，开解剖比较之先声。郝智尔（即海克尔——引者注）在进化说中，盛诵其功"。文中还提到拉马克是进化学说之元祖，称 19 世纪后期，当名为达尔文时代。同时，文中也谈到了社会进化的思想，在对法国文学家雨果的介绍中，说他"主张人道，企谋社会之进化不倦"。

英国的斯宾塞和沃尔特·白哲特（Walter Bagehot）、美国的威廉·格雷厄姆·萨姆纳（William Graham Sumner）等一些社会学家将进化论一些原理用于解释社会发展问题，由此形成了社会达尔文主义（社会进化论）。进化论和社会进化论在近代传入中国后产生了巨大的影响，成为 19 世纪末至 20 世纪初最为流行的理论之一，其中影响最大的是严复翻译的赫胥黎的《天演论》。此后"物竞天择，适者生存"成为知识分子审视自然和人类社会的普遍法则。进化论从根本上改变了中国人的历史观念和思维方式，马克思主义也借助进化论进入中国，"唯物史观不是马克思主义哲学在中国的第一个理论形态，这第一个理论形态是社会进化论"①。

如前所述，世界社的主要创办人均为中国早期无政府主义者，他们当时积极鼓吹无政府主义的"社会革命"，又由于无政府主义与社会主义、共产主义在理论上存在某些共同因素，因此，《近世界六十名人》中收录了较多的无政府主义者和革命者（革命者又包括无产阶级革命家），如巴枯宁、马克思、托尔斯泰、邵可侣、米歇尔、克鲁泡特金、索菲娅，以及克伦威尔、华盛顿、罗兰夫人、拿破仑、马志尼、加里波第等。书中对这些人物的介绍，在 20 世纪初的中国，显然对社会主义、马克思主义学说以及民主革命思想的传播具有积极的作用。在这些介绍中，也提到了"巴黎公社革命"和参与过革命的著名人物邵可侣和米歇尔，这说明即使已经过去了 36年，巴黎公社的影响依然存在。

2. 《维新人物考》中的主要思想分析

《维新人物考》的编者的思想倾向是既不赞成无政府主义，也不赞成社会革命。《近世界六十名人》中的无政府主义者，在《维新人物考》中被

---

① 单继刚. 社会进化论：马克思主义哲学在中国的第一个理论形态[J]. 哲学研究，2008（8）：3.

删除了。雨果、托尔斯泰等文人，还有法国的拿破仑、罗兰夫人，意大利的马志尼、加里波第，更不用说多位无政府主义者，如俄国的克鲁泡特金和"苏裴雅"（即索菲娅·佩罗夫斯卡娅，1853—1881，俄国民意党人，1881年炸死沙皇亚历山大二世的主要组织者）、巴黎公社的女英雄路易斯·米歇尔等人都被删除了。该书仅保留了《近世界六十名人》中的一个无政府主义者，即俄国的巴枯宁，但在介绍中主要突出的是他对专制制度的反抗。

《维新人物考》书名冠以"维新"，即寄希望于在原来的基础上革新，并期待出现主宰国家政界和学界的优秀人物。在汉语中，"维新"一词的本义，是指施行善政而新获天命，主宰天下。《诗经·大雅·文王》曰："周虽旧邦，其命维新。"由此，维新后来常用以指革除旧法而行新政。《维新人物考》一书出版于辛亥革命前夕。此时，从1906年开始的资产阶级立宪运动已经失败，资产阶级立宪派与清政府之间的嫌隙已经扩大到无法弥合的地步。该书编者所代表的一大批封建知识分子更加感到效法西方先进人士、学习西方先进知识的重要性和迫切性。不过，作为一个仍然坚守中国封建文化的知识分子，编者还从西方的人和事中，发掘出了独特的中国元素甚至中国"精神"。在该书的跋中，编者阐释了中西文化的相同之处，"外洋慈善即中国仁义也"，我中华也有很多像西方政治家一样的仁人志士。

学习西方先进知识既重要又迫切，到底学习什么，怎样学习，编者还是有很多独立思考。首先是新政与新学都要学习，在对培根的"考察"中，编者强调，"新政与新学相表里"，认为以"中华局厂"为代表的洋务运动之所以没有取得多大的成效，主要原因即在于轻视新学，尤其是不重视实验科学："实验二字，为学界之暗室灯、迷津筏。研究新学，凡一事一物，均非隔手所能为。……况定质与流质，各按其声光色味，有图有说，丝毫不能牵混；至炉锤在手，变化从心，又在分合之数，以定异同，不知几经加减，始能别立名号；又必历试多次，利害判然。"[①]在对物理化学家、科学史学家贝特洛的"考察"中，编者一方面建议要搜取西方各国的新学著作"择而译之"，另一方面则严斥某国（当指日本）"利诱中国学者士夫"，使得"不止千人，趋之若鹜"，指责其大量著作"鱼目混珠，瑉珷混玉，其害实深"，因而呼吁"嗣后新书无论官译私译，一概呈请钦定，以资遵守"。在对居里夫人的"考察"中，编者再次强调，"是编自裴根（即培根——引

---

① 华承沄. 维新人物考[M]. 天津：[出版者不详]，1911：6.

者注）以次，编列学界三十三人，虽各有专家，无不以实验为准绳，即无不与实业相表里。官失而守在夷，令人神往。今之进化学家，虽百变而不离其宗。安得搜采新书，严定是非真伪，所有可法可戒者，分门别类，以为实业之根据，即为后学之津梁，俾天下咸晓。然于门径之所由入，愚者固遵循有自，智者更变化无穷。人为万物之灵，何分中外，彼发其端，我竟其委。冰凝于水，青出于蓝，固自有寒于水而胜于蓝之一日，然而具形式袭皮毛者，不可以同日语也。吾因之有感焉"[①]。编者的拳拳之心，感人至深！

在究竟应该怎样学习西方方面，编者提出了造就本国人才对中国未来发展的重要性。编者把中国和日本做了比较，认为"日本区区岛国而勃然兴"的主要原因，就是向西方"借才"。该书序言中提到"列强几人称帝，几人称王，互称雄长于环球，无非集思广益之功，非幸致也。盍再借观日本区区数岛，而勃然兴。二十年前较我国，崇拜西人为尤甚。凡设局立厂，制造船械，无不以西人师长其间。久之而减数成，又久之而减数成。起视今之日本，局厂一变，船械一新，泰西无一人焉，可怳然于借才之法矣！借才以造才与借才而倚赖其才，当自有间。夫岂文凭一束，名词一卷，官制一部，所可同日语哉？"虽然中国也开始学习西方，但日本是"借才以造才"，而中国是"借才而倚赖其才"，表达了编者对国家未来的担忧。

三、两个文本对社会主义和马克思学说早期传播的意义简析

1.《近世界六十名人》中介绍的马克思

《近世界六十名人》一书将马克思译作"马格斯"，使用的照片是1875年马克思在伦敦时所拍的。照片中，57岁的马克思坐在椅子上，左手置于腿上，右手置于桌面，眼神沉稳，凝视前方，表现出内心的坚毅与自信。简介文字如下：

> 马格斯，德国社会学家及法学家也。生千八百十八年，卒千八百八十三年。法国千八百四十八年革命，马氏与闻其事。后之伦敦，从事著述。千八百六十四年，立"万国工人会"。其最著之著作，则为"产业"。今各国主张国家社会主义，以运动选举为作用，纯然立于

---

① 华承沄. 维新人物考[M]. 天津：[出版者不详]，1911：44.

一政党地位者，马氏即为其元祖。如英法德等议会，皆有社会党，皆宗马学者也。

　　这段文字言简意赅，所述马克思生平中的基本事实，也是比较准确的。其中的"万国工人会"即国际工人协会（1864—1876），也就是史称的第一国际。马克思虽然不是第一国际成立的发起人，但他为第一国际起草了成立宣言和章程。《国际工人协会成立宣言》阐明了第一国际成立的目的和意义，用事实论证了资本主义制度下无产阶级与资产阶级的对立，阐明了工人阶级组织的作用以及工人阶级国际团结的重要意义，强调了夺取政权已成为工人阶级的伟大使命。《国际工人协会共同章程》规定了第一国际的原则、目标、手段和组织机构，强调工人阶级的解放应该由工人阶级自己去争取；无产阶级在反对资产阶级的斗争中必须建立与一切旧政党不同的政党，才能作为一个阶级来行动，保证社会革命的胜利。马克思还先后组织领导了第一国际内部同工联主义、马志尼主义、蒲鲁东主义、拉萨尔主义和巴枯宁主义的斗争，并取得了胜利。这说明，马克思不愧为第一国际的思想和组织灵魂。因此，书中说马克思是第一国际的创立者，是成立的。这段文字中的"产业"，则是指马克思一生耗费精力最多的经济学著作、被后人誉为"工人阶级的圣经"的《资本论》。

　　需要说明的是，马克思在世时，曾积极指导过德国社会民主工党（1869年8月建立，1875年与全德工人联合会合并为德国社会主义工人党）、法国工人党（1879年10月建立，马克思在1880年5月为该党制定了党纲的导言即理论部分的草案，该党纲草案在同年10月召开的哈佛尔代表大会上获得通过）、英国民主联盟（1881年6月建立，1884年改组为社会民主联盟）等社会主义政党的理论和实践活动。这些政党在当时积极地参加过各国的议会活动，但把马克思在世时这些政党的主张都当作"国家社会主义"，并不符合事实。1883年马克思去世后，尤其是1895年恩格斯去世后，欧美国家的社会党在指导思想上逐渐转向议会主义、改良主义甚至是修正主义，因此，在20世纪初还说英、法、德等国的社会党"皆宗马学"，是欠准确的。

　　这段文字没有提到《共产党宣言》。1920年8月，陈望道（1891—1977）翻译的《共产党宣言》由上海社会主义研究社出版，这是在中国出现的该宣言的第一个全汉文译本。陈望道译本中马克思的译名，采用了与《近世界六十名人》中相同的"马格斯"，更有意义的是，该版陈望道译本的封面还使用了《近世界六十名人》中的马克思照片。20 世纪 20 年代以后一段较长的时间里，《共产党宣言》陈望道译本曾以多种形式出版，在白色恐怖的环境中，甚至不得不以各种伪装的形式出版，在那种情况下，马克思的照片当然不能再出现在《共产党宣言》的封面上。但是，从 1920 年 8 月起，《近世界六十名人》中的马克思照片，通过《共产党宣言》陈望道译本，被越来越多的中国人所熟悉和接受。自 2018 年起，随着马克思诞辰 200 周年以及《共产党宣言》发表 170 周年、《共产党宣言》陈望道译本问世 100 周年、中国共产党成立 100 周年等纪念活动的接连举办，《近世界六十名人》中的马克思照片，再次在全中国人民中得到了广泛传播，特别是给新一代的青少年留下了深刻印象。

2. 《维新人物考》对马克思和巴枯宁的"考察"

《维新人物考》一书只选了两位社会主义者：一位是科学社会主义创始人之一的马克思，另一位是俄国民粹社会主义的理论家和国际无政府主义运动的首领巴枯宁。

编者并不知道当时还有一种科学社会主义理论，更不可能认识到马克思和恩格斯创立的科学社会主义理论的伟大意义。按照他的认识，马克思是当时的"第一社会学家"，即实际上仍然是一位了不起的"仁义"家。在对马克思的"考察"中，他把注意力放在了关于议会与政府、社会与国家关系的分析上："查社会操议政之权，即议院所自始，纵观英、法、德、美议院章程，要言不烦，在负筹款之责任。国家仰给于议院之决算，而后国用以舒。如曰空言无裨于实际，泰西各政府岂有甘受议绅之攻击者？政府既有取于议绅，议绅故不能无辞于政府。如果议绅得人，公尔忘私，国尔忘家，其出谋发虑自必轨于正而不涉于邪。即有天下一家、中国一人气象，夫何损于国家？遵斯道也，社会与国家呼吸相通，命脉亦无不相属。否则处士横议之流也。乌乎，可故举第一社会学家为天下后世法，亦正为天下后世戒。法戒昭然，可以知所从事矣！"[1]虽然把马克思仅仅定位为一个"社会学家"，而且似乎马克思还是一个热衷于议会政治的人物，这种认识未免肤浅甚至错误，但联系到当时中国资产阶级的立宪运动正处于艰难时刻，

---

[1] 华承沄. 维新人物考[M]. 天津：[出版者不详]，1911：50.

编者这里对议会与政府、社会与国家关系的分析和论述，应该说还是具有一定积极意义的。

在编者的心目中，"无政府家即革命党也"。很显然，他并不赞成"革命党"的主张和举动。但是为什么还要把巴枯宁收入书中呢？从对巴枯宁所作的"考察"中可以看出，编者认为无政府主义运动在俄国的盛行，正是俄国残酷和僵化的专制制度造成的："然而俄政专制，虽桀纣之无道蔑以加焉，其虐待斯民，置之水深火热中，亦有难辞之责。巴氏伤心惨目，岂曰无辞？较之行一不义、杀一不辜，得天下而不为者，该政府亦应躬自厚而薄责于人。"对于封建专制制度，编者的态度不能不说是矛盾的，他一方面为俄国专制政府"至今不改其患，在萧墙可知也；至其严防党祸，虽百密难免一疏"而担忧，另一方面又认为，"考其警务章程与侦探员役，实为各国之冠，自应奉为楷模。其慎守门户出入，无护照不行，至巡士站岗亦密布水陆交界之口岸，而内地不与焉。节经费而得要领，又侦探以助，警务所不及。凡乱党所至之地，皆侦探所至之地。其赏罚有据，故鼓舞弥神，均非虚应故事者比"。[①]编者是一个传统的中国封建知识分子，因此，他的这种矛盾心理和态度是不难理解的。

《近世界六十名人》和《维新人物考》两个文本的异同，反映了晚清时期国人在不断的觉醒中认识世界、反思自己、变革社会的尝试和探索。

The Comparison Between *Sixty Celebrities in Modern World* and *Research on Figures of Hundred Days of Reform*

Gong Mei

Abstract: The eleventh volume of the first part of *Ma Zang* (Part I Volume XI of *Ma Zang*) includes two texts, *Sixty Celebrities in Modern World* and *Research on Figures of Hundred Days of Reform*. The former was published in 1907. It is the first Chinese document to feature a portrait of Karl Marx. While the latter was printed in 1911. It is the earliest book to introduce Karl Marx in Tianjin. It was found in the compilation that *Research on Figures*

---

① 华承沄. 维新人物考[M]. 天津：[出版者不详]，1911：51.

of Hundred Days of Reform is derived directly from *Sixty Celebrities in Modern World*. The word "research" from the title is not aimed to prove testimony or evidence but after the introduction of characters to expound opinions and discussions. The different ideological orientation and social value pursuit of the editor were reflected in character selection and life introduction in the two texts. This had significance for the early dissemination of socialism and Marxism theory in China.

Key words: *Ma Zang*; *Sixty Celebrities in Modern World*; *Research on Figures of Hundred Days of Reform*

清末中国资产阶级的社会主义观

——以《新民丛报》与《民报》的争论为考察对象

汪　越

摘要：从 1905 年开始，代表资产阶级改良派的《新民丛报》和代表资产阶级革命派的《民报》之间就"中华民族的前途"展开了论战，社会主义问题在这场论战中占有举足轻重的地位。通过回顾《新民丛报》与《民报》之间这场近代中国第一个把社会主义问题作为主要论题之一的论战，我们可以发现作为论战主体双方的清末中国资产阶级的社会主义观具有如下三个特点：矛盾性、功利性和不彻底性，这是由近代中国的社会特点和资产阶级的阶级特点所导致的。这一现象表明，只有高举马克思主义伟大旗帜的中国共产党才能完成反帝反封建的新民主主义革命任务。

关键词：社会主义；《新民丛报》；《民报》；清末中国资产阶级

作者简介：汪越，法学博士，北京大学马克思主义学院助理教授、研究员，主要从事马克思主义思想史研究，以及当代资本主义社会批判理论研究、人类命运共同体研究。

　　19 世纪末 20 世纪初，在西学东渐的过程中，一批涉及社会主义和马克思主义的著作、论文、新闻消息等被引介到中国，中国人由此开始了解和认识马克思思想及其社会主义学说，这是马克思主义在中国早期传播的开端。但总体来说，早期社会主义思想的传播更多的是单向度的传入，相对缺少交流和反馈，在社会上的反响也十分有限，传播速度极其缓慢。这种情况在 1905 年以后发生了变化。随着资产阶级改良派和革命派之间的分歧越来越大，在孙中山正式提出"三民主义"之后，代表资产阶级改良派的《新民丛报》和代表资产阶级革命派的《民报》之间发生了一场旷日持

久的论战。相对于单纯的译介活动，论战显然更受当时社会的关注，影响的范围也更广，特别是由于论战"将社会主义问题作为重要论题之一，放在论战双方的聚焦位置"[①]，使这场论战客观上为马克思主义在中国的早期传播打开了局面。对这次社会主义论战过程的梳理，有助于厘清近代中国资产阶级的社会主义观，进而更清晰地还原马克思主义在中国早期传播的真实图景。

一、《民报》与《新民丛报》之争的总体概况

作为在 19 世纪 90 年代中期几乎同时登上历史舞台的政治力量，改良派和革命派同属中国早期民族资产阶级，在与清政府的封建专制斗争中两派有过共同的遭遇与处境。[②]但随着革命派影响力的扩大，革命派和改良派之间的路线分歧日益突出。为了争取更多的支持，两方针锋相对的斗争不可避免。当时，利用报刊进行舆论宣传是新兴政治力量自我宣传的普遍做法，因此这场斗争最终以论战的形式发生在代表资产阶级改良派的《新民丛报》和代表资产阶级革命派的《民报》之间。

1840 年，英国发动的鸦片战争强迫中国打开闭关自守的大门，外国资本主义开始侵入中国，中国开始沦为半殖民地半封建社会。除了直接向中国倾销商品和掠夺工业原料外，帝国主义各国还争相在中国开办工厂，对中国进行早期资本输出。帝国主义经济侵略的目的固然是攫取自身的利益，但客观上却促进了中国民族工业和民族资产阶级的形成与发展。19 世纪六七十年代，中国民族资本主义近代工业开始出现。当时，企业有 20 家左右。80 年代逐渐增加，有 50 多家，但绝大部分是小型企业。到甲午战争前，民族资本企业共创办 136 家，资本达 500 万两，雇工近 3 万人。[③]甲午战争后，一方面清政府财政枯竭，不得不放松对民族资本主义的限制，另一方面民族危机的空前加深使得中国社会各界达成了要发展本民族工业的共识，这两方面因素促成了民族资本主义发展的第一个高潮。伴随着中国资本主义近代工业的产生和发展，中国民族资产阶级诞生了，他们最开始由地主阶级、洋务派官僚、商人和帝国主义买办转化而成。随着近代资本主

---

① 谈敏. 回溯历史——马克思主义经济学在中国的传播前史：上册[M]. 上海：上海财经大学出版社，2008：529.

② 董伟建，程东亮. 《新民丛报》与《民报》论战败因分析[J]. 武汉科技学院学报，2008（4）.

③ 朱建华. 中国近代政党史[M]. 长春：吉林大学出版社，1990：4.

义经济的发展，中国的民族资产阶级也开始独立表达自己在经济、政治等各方面的诉求。在思想领域的表现就是具有初步资产阶级思想的知识分子开始出现，他们是新兴资产阶级的代言人。19世纪七八十年代，知识界开始出现要求清政府改革封建专制统治，效仿西方建立资本主义政体，推行保障商办企业政策措施的呼声。随着资产阶级思想体系日益成熟，民族资产阶级开始通过组建政党、从事政治活动的方式践行这些思想观点。资产阶级革命派和资产阶级改良派正是19世纪90年代末至20世纪初在民族资产阶级内部逐渐分化而成的两个派别。革命派主张从根本上推翻清王朝的皇权统治，而改良派则主张在不触动清政府封建统治的前提下进行渐进的改革。由于这两派都代表早期民族资产阶级，根本目标都是救亡图存，使中国走向现代化的发展道路，因而这两派的关系在一开始就是合作和竞争并存，在戊戌变法之前两派代表人物就商讨过合作事宜。1898年9月21日，清政府保守势力发动戊戌政变，光绪帝被囚，六君子遇害，康有为、梁启超流亡日本，"百日维新"归于破产。次年7月20日，康有为创立保皇会，亦称中国维新会，鼓吹忠君救国，"专以救皇上，以变法救中国、救黄种为主"[1]。保皇会成立后，除了在海外各地建立分会，发展组织外，还积极创办学校、书局、报馆以宣传保皇主张，海外保皇会活动一度颇为兴盛。孙中山原本对流亡海外的改良派深表同情，主动同康有为、梁启超联系，希望能共同革命，但被改良派拒绝，而且以康有为、梁启超为首的保皇会的海外活动还反过来阻碍了革命派的活动和发展。孙中山后来回忆这一段经历时说："由乙未（1895年——引者注）初败以至于庚子（1900年——引者注），此五年之间，实为革命进行最艰难困苦之时代也……适于其时有保皇党发生，为虎作伥，其反对革命、反对共和比之清廷为尤甚。"[2]

1900年自立军勤王起事的失败成为革命派与改良派"决分两途"的转折点，自此之后两派之间的合作基本停止，彼此之间的路线矛盾浮上台面，斗争转向公开，两派间理论上的交锋也由此展开。两派纷纷兴办报纸，撰写论文，开展宣传，各种争取舆论阵地。1902年，康有为在《新民丛报》第3号上发表《答南北美洲诸华商论中国只可行立宪不可行革命书》，宣扬

① 汤志钧. 戊戌变法史[M]. 上海：上海社会科学院出版社，2003：658.
② 孙中山. 孙中山选集（上）[M]. 北京：人民出版社，2011：206.

满汉不分，君民同体，只可立宪，不可革命。章太炎随即在《苏报》上发表《驳康有为论革命书》一文，对康有为的观点逐一予以驳斥。1903 年底和 1904 年初，孙中山在檀香山的《檀山新报》上先后发表《敬告同乡书》和《驳保皇报书》二文，驳斥了保皇党"名为保皇，实为革命"的欺骗性口号。1904 年香港革命派报纸《中国日报》也对改良派香港《商报》所鼓吹的"保皇主义"作出回击。可以说，到了 1905 年，革命派和改良派之间论战的阵势已经摆开，两方都希望通过一次彻底的论战从根本上击溃对方，而这就成为《民报》与《新民丛报》论战爆发的原因。

　　1905 年 8 月 20 日，中国同盟会成立。成立会议上通过了同盟会章程，确立了"驱逐鞑虏，恢复中华，创立民国，平均地权"的宗旨。同盟会成为近代中国第一个资产阶级革命政党。1905 年 11 月 26 日，《民报》创刊。孙中山在《民报》创刊号的《发刊词》中首次把同盟会的政治纲领概括为民族、民权、民生三大主义，强调"三大主义，皆基本于民"。三民主义由此成为早期资产阶级革命派的共同主张，"民报最初之撰稿者，如胡（展堂）、汪（季新）、朱（执信）、宋（遁初）诸氏，为文立论，探奥撷微，莫不以阐发此三大主义为任"[①]。除《发刊词》正面阐发同盟会的革命纲领以外，《民报》创刊号的其他文章大多从不同角度对保皇党的观点予以批判，其中包括陈天华的《论中国宜改创民主政体》、汪精卫的《民族的国民》等。改良派的主要执笔者是梁启超。面对革命派的猛烈炮火，梁启超起初毫不示弱，在《新民丛报》上连续发表《开明专制论》和《申论种族革命与政治革命之得失》等文章，阐述在中国倡导革命的危害，竭力反对暴力革命，提出中国应当实行"开明专制"，确立君主立宪。针对梁启超的回应，1906年 4 月，《民报》第 3 号上发表了胡汉民的《"民报"之六大主义》。该文在三民主义的基础上对革命派的革命纲领进行阐释，回击梁启超对三民主义的攻击。同时，应对论战所需，《民报》第 3 号以号外的形式发布了《"民报"与"新民丛报"辨驳之纲领》，列举了双方存在根本分歧的十二个问题，并表示将针对这些问题"自第四期以下，分类辨驳，期与我国民解决此大问题"[②]。自此之后，两报之间的论战全面展开。据统计，从 1905 年到 1907

　　① 曼华. 同盟会时代民报始末记[M]//《中国近代史丛书》编写组. 辛亥革命（二）. 上海：上海人民出版社，1981：439.

　　② 佚名. "民报"与"新民丛报"辨驳之纲领[J]. 民报，1906（3）.

年两年多时间涉及论战的文章的文字不下百余万。在《民报》中直接在标题写明与论战相关的文章就有十余篇，包括《驳"新民丛报"最近之非革命论》《再驳"新民丛报"之政治革命编》《"新民丛报"之怪状》《杂驳"新民丛报"》《就论理学驳"新民丛报"论革命之谬》《革命军与战时国际法（并驳"新民丛报"论暴动与外国干涉）》等。与革命派的百花齐放不同，《新民丛报》上的辩论文章几乎都是出自梁启超一人，所以篇目相对有限，除了上文提到的《开明专制论》《申论种族革命与政治革命之得失》，还有《答某报第四号对于本报之驳论》《杂答某报》《驳某报之土地国有论》《再驳某报之土地国有论》。随着两报的交锋，论战辐射的地区也日益扩大，除了《民报》和《新民丛报》，香港地区的报纸，以及东南亚、美洲等地区的报纸也纷纷被卷入论战中。

　　尽管论战一开始，双方就呈现出拉锯的态势，但随着时间的推移，梁启超及其所代表的资产阶级改良派一方的颓势渐显。在论战接连遭遇不利的情况下，恰逢清政府宣布预备立宪，改良派的活动向国内转移，《新民丛报》于 1907 年 8 月停刊，梁启超另行组织"政闻社"并创立其机关报《政论》。《民报》所代表的革命派虽然在此后还发表了几篇论战相关的文章，但终因对手偃旗息鼓而不再继续，并将活动的重点向国内转移。在政闻社的成立大会上，革命派和同情革命的留日学生，约同前往，把成立大会冲击得七零八落，然后革命党人登台演说，台下掌声雷动，政闻社的开张大典顷刻变成革命派批评改良派的讲台。[①]革命派和改良派这场论战的结果就像这场成立大会一样，以改良派的失败和革命派的胜利而告终。

二、《民报》与《新民丛报》之争中的社会主义问题

　　由于争论集中于孙中山所提出的三民主义，此次论战的争论焦点大致可以归纳为以下三个方面的核心矛盾：在民族主义方面，分歧在于中国未来是否应当用革命手段推翻清政府的统治；在民权主义方面，分歧在于中国未来是否应当建立共和政体；在民生主义方面，分歧在于中国未来是否应当实行具有社会主义性质的社会革命，具体来说就是中国未来是否要实行土地国有。按孙中山所说，他所提出的三民主义中的民生主义，指代的其实就是社会主义。于是尽管革命派与改良派的这场论战本质上是资产阶

---

　　① 徐凤晨，赵矢元. 中国近代史[M]. 沈阳：辽宁人民出版社，1982：551.

级内部的思想路线斗争，但社会主义问题却意外成为这场论战的核心问题之一。

　　尽管资产阶级改良派的严复、康有为、梁启超等人在 1905 年以前也曾经介绍或宣传过社会主义理论，但孙中山提出的以"平均地权"为核心的民生主义对高度认同以清政府为象征的封建地主阶级的保皇党人来说是不可能接受的，因此在《民报》与《新民丛报》的争论中，社会主义或者说民生主义成为改良派首先攻击的对象。总的来说，论战中《新民丛报》对于社会主义的攻击，可以分为以下四个阶段。

　　第一阶段，在《新民丛报》第 75 号的《开明专制论（续第七十四号）》中，梁启超攻击孙中山的民生主义是"拾布鲁东（即普鲁东——引者注）、仙士门（即圣西门——引者注）、麦喀（即马克思——引者注）等架空理想之唾余，欲夺富人所有以均诸贫民，即其机关报所标六主义之一云'土地国有'者是也"。在梁启超看来，社会主义就目前来看是虚无缥缈的空想，没有"千数百年"是不可能实现的，中国宣传民生主义的人不过是借机煽动社会下层民众，不仅不可能成功，还必然造成社会秩序的混乱。此外，孙中山意图把政治革命和社会革命并行的想法更是离谱。梁启超甚至说孙中山此举是期待"大革命后，四万万人必残其半，少亦残其三之一，积尸满地，榛莽成林，十余年后，大难削平，田土之无主者十而七八，夫是以能一举而收之"。①

　　第二阶段，梁启超在《新民丛报》第 79 号上发表了《答某报第四号对于本报之驳论》。文章的内容承接《开明专制论》，主要围绕政治革命和种族革命展开论述，只是在文章末尾附带了社会革命的内容。梁启超自陈自己并不是反对社会主义，他支持开明专制施行后参照国家社会主义制定社会政策。但他坚决反对"社会主义中之极端的土地国有主义"，也反对孙中山等人提出的社会革命与政治革命并行，认为这不过是"煽动乞丐流氓之具"。②

　　第三阶段，1906 年 8—9 月，梁启超专门撰写长文《杂答某报》，分五个主题对革命派的主张一一进行驳斥，其中第五部分标题为"社会革命果

① 梁启超. 开明专制论（续第七十四号）[J]. 新民丛报，1906（75）.
② 梁启超. 答某报第四号对于本报之驳论[J]. 新民丛报，1906（79）.

为今日中国所必要乎？"①，刊载在《新民丛报》第 86 号上。在正文中，梁启超从当时中国社会革命"不必行""不可行""不能行"这三个方面阐述自己的观点。今日中国社会革命"不必行"，是因为中国的经济组织不比欧美的完善，社会革命一说不过是杞人忧天，中国不必行社会革命；今日中国社会革命"不可行"，是因为梁启超认为社会革命就是"劫富济贫"，而在今日中国，首要的任务应当是发展生产，民生主义者想要在中国生产尚未发展的情况下就主张社会革命，排斥资本家，只会导致亡国灭种；今日中国社会革命"不能行"，是因为民生主义者把土地国有当成社会革命的主要内容，他们不知道社会主义远不止要土地国有，还要资本国有，否则社会革命的目的不可能达成。这样彻底的社会革命，在欧美都不能实行，更不可能在中国实行。

第四阶段，梁启超将矛头直接对准孙中山的"平均地权"理论，专门写作文章《再驳某报之土地国有论》，从"财政""经济""社会问题"三个方面论述"土地国有论之谬误"。"财政"上，梁启超引用西方财税理论进行分析，认为民生主义者所主张的土地国有单一税制"谬于学理，反于事实，而毒害于国家"②；"经济"上，梁启超指出，国民经济从概念上说就是私人财富之集积，社会主义推行土地国有，不承认财产所有权，必然会不利于国家经济发展；"社会问题"上，梁启超认为，即使要解决社会问题，也只能以救助极端贫困为限，用土地国有这样"极端"的社会主义手段大大超过了合理限度。

面对梁启超对社会主义的攻击，革命派的炮火也是极为猛烈的。梁启超每提出一批评，《民报》都会立刻做出回应和反击。因此，与《新民丛报》对社会主义攻击的阶段相对应，《民报》的反击也分为四个阶段。

第一阶段，就梁启超在《开明专制论》中对社会主义的批评，先是 1906年 4 月《民报》第 3 号刊载了胡汉民的《"民报"之六大主义》。在"土地国有"这一项上，胡汉民指出："近世文明国家所病者，非政治的阶级，而经济的阶级也。于是而发生社会主义。其学说虽繁，而皆以平经济的阶级为主"，强调土地国有政策是为了解决经济不平等而提出的，而后者是现代

　　① 本节标题在目录中为"社会主义果为今日中国所必要乎？"，连载时修改并注"前号总标题误写为社会主义今更正之"，见梁启超. 杂答某报（续第八十五号）[J]. 新民丛报，1906（86）：5.
　　② 梁启超. 再驳某报之土地国有论[J]. 新民丛报，1907（90）：33.

文明国家的通病，中国必须要面对和解决。文章论证了在革命成功之后的民主共和国的中国实施"土地国有"的正当性、必要性和可行性，认为这种"社会主义乃顺于国民心理，而又择其易者以从事，其成功非独所期，殆可预必也"。[①]接着，1906年5月《民报》第4号转载了冯自由在《中国日报》上发表的《民生主义与中国政治革命之前途》。这篇文章开篇把"民生主义"等同于"社会主义"，列举了欧美等国和日本的社会党蓬勃发展的状况，从经验角度说明中国政治革命前途不可不涉及社会主义的第一个原因。接下来从欧美发达国家的历史入手，指出之所以要实施民生主义，是为了改变贫富不均"而图最大多数之幸福故"。19世纪以来，欧美各国虽然解决了民族、民权的问题，但却产生了严重的社会贫富分化，造成了深重的灾难，这一教训给中国的启示就是政治革命不可不涉及社会主义，这是第二个原因。中国政治革命前途不可不涉及社会主义的第三个原因是中国有数千年的民生主义的传统，"民生主义之滥觞于中国，盖远在希腊罗马之文明以前"，"实为中国数千年前固有之出产物"，因此梁启超等人宣称的"社会主义若行可以立亡中国"实在是"大可怪也"。作者进一步说，中国政治革命前途不仅离不开社会主义，而且应当在政治革命的初期就实施社会革命，以避免重蹈如今欧美积重难返的覆辙，"是知民生主义之实行，舍政治革命之时期，决无良机，可无疑义矣"[②]。到此，这篇文章对梁启超攻击民生主义的两个要点进行了回应，即中国实施民生主义的必要性和可行性。最后，作者论述了革命党人想要实施的是怎样的民生主义和该怎样实施民生主义。在作者看来，他赞同的不是"极端之民生主义"而是国家社会主义，而其在中国的实施要点，就是平均地权，具体来说就是土地国有和单税制。同样是在第4号上，《民报》还刊载了朱执信的《从社会主义论铁道国有及中国铁道之官办私办》。文章结合当时时事，引用大量经济学理论，论证了"交通机关为国有"的必要性。

第二阶段，1906年6月，朱执信发表了《论社会革命当与政治革命并行》一文。相较于冯自由早先发表的那篇文章，这篇文章论战的针对性更强，"近日《新民丛报》于本志土地国有之主张，恣为讥弹，本论实亦感之而作"。具体来说，作者总结了《新民丛报》对社会主义的四点攻击：一是

① 胡汉民. "民报"之六大主义[J]. 民报，1906（3）.
② 冯自由. 录中国日报民生主义与中国政治革命之前途[J]. 民报，1906（4）.

没有千数百年不可能实现;二是土地国有和政治革命都是对有产者的抢夺;
三是煽动下层人民进行革命不可能成功,只会导致破坏;四是政治革命成
功以后掌握权柄的人都是社会底层,必然导致混乱。这篇文章主要针对后
两个原因进行批驳。就社会革命产生的原因,朱执信指出,"世之知社会主
义而言之者,必归于社会贫富悬隔而起,此言固无误也"。但他不说贫富差
距这一点,而认为是"社会经济组织之不完全",也就是社会经济结构缺陷
导致了社会主义的产生。从这一点上看,朱执信相较于同期《民报》上的
社会主义宣传者们,显然更接近马克思主义。在朱执信看来,贫富差距并
不是社会革命的根本原因,它是"社会经济组织之不完全"的结果,所以
要避免这一结果,就要从根本上改变社会经济制度,"所以为革命者,固非
仅欲祛此阶级之人,实由欲去其有此阶级之制度",所以在贫富差距未扩大
之前就进行社会革命是可能而且必要的。接下来,朱执信进一步论证了社
会革命和政治革命并行的原因。他从革命的概念出发,"革命者,阶级战争
也",是作为"革命运动之力所从出"的主体和作为"抵抗压制或降服退避
之运动之阶级"的客体之间的斗争。但在中国,社会革命和政治革命的客
体是同位的,所以"政治革命与社会革命,两相依倚,成则俱成,败则俱
败"①,如果不趁着中国今日富之集积之事不甚严重和中国有抑富救贫的
历史传统这两个有利条件实施社会革命,那么这"最便行之机"就会稍纵
即逝。朱执信的这篇文章是对梁启超之前关于民生主义攻讦的比较全面的
回应,论证了社会革命和政治革命并行的必要性和可能性,基本代表了资
产阶级革命派关于社会主义的主张,并且在关于社会主义的理解深度上显
然比同期其他作者更为深入。

　　第三阶段,1907 年 3 月,革命派在《民报》上刊载了胡汉民的《告非
难民生主义者》作为对梁启超《杂答某报》的回击,其副标题是"驳新民
丛报第十四号社会主义论",清晰地标示出本文的目标对象,这也是论战中
最全面表达革命派社会主义主张的文章。作为一篇论战文章,胡汉民在一
开始就列举了梁启超观点上存在的四处矛盾,表明其思路混乱。接着,又
以"革命"概念为例说明梁启超在论证上同样是自相矛盾的,这是因为他
既不懂经济学,也不懂社会主义。接下来胡汉民针对梁启超提出的中国社
会革命"不必行""不可行""不能行"三点一一做出回应。对于"中国不

---

① 朱执信. 论社会革命当与政治革命并行[J]. 民报,1906(5).

必行社会革命"之说，胡汉民以美国为例进行说明，如果不防患于未然实施社会革命，那么最后必然会出现严重的社会问题，所以中国必须实行社会革命。要实行社会革命，必先解决土地问题，"解决土地问题，则不外土地国有，使其不得入于少数人之手"，然后"不至陷于欧美今日之穷境"[1]。对于"中国不可行社会革命"之说，胡汉民提出，中国社会产生的"穷蹙之象"并不是外资输入的结果，而是因为生产分配方法没有改良和进步，这恰恰说明了社会革命的必要性。增加社会财富的方式不是抵制外资，而是应当通过社会主义，以国家之财力，改进生产分配方法。但这里的改进生产分配方法，则又推到土地国有，增加财源，以国家财政作为后盾上了。对于"中国不能行社会革命"之说，胡汉民提出两点反驳：其一，社会革命在欧美不能成功不等于在中国也不能，因为社会问题在中国刚刚发生所以中国先天具有实行社会革命的有利条件；其二，革命派并不是只讲土地归公而不讲其他，只不过是因为土地问题是社会问题的致病之源，欧美社会问题的根本原因就是土地为少数人所占进而财富也为少数人所占，所以要达到梁启超所谓圆满之社会主义，就必须从解决土地问题入手。革命党人的社会主义主张和极端社会主义不同，国家所要做的不是绝对的平均分配，而是消灭阶级，保障每个人在竞争中处于平等的地位。

第四阶段，1907 年 7 月，朱执信发表了《土地国有与财政》一文。该文副标题为"再驳新民丛报之非难土地国有政策"，作为对梁启超前文——《再驳某报之土地国有论》的回击。在这篇文章中，朱执信运用大量数据论证孙中山的土地国有和单税制在中国具有可行性，强调通过和平赎买，国家掌握土地，并依靠地租增加的收益作为财政支撑，最后实现土地国有，"令其渐增之益归之社会全体，则可以达社会政策之目的"。[2]1907 年 10月，《民报》第 17 号上又刊载了太邱的《斥"新民丛报"驳土地国有之谬》。文章首先强调民生主义的土地国有政策不同于重农学派的单税制，"（一）彼以租税全额取盈于地租，此则以租税全额相抵于地代；（二）彼行土地单税以抵诸般租税，是为无偿，此行土地国有，以定价买收，是为有偿；（三）彼行土地单税独责地主以负担，此行土地国有不特可免地主以外之人之负

---

① 胡汉民. 告非难民生主义者[J]. 民报，1907（12）.
② 朱执信. 土地国有与财政[J]. 民报，1907（15）.

担，并免地主之负担"①，所以并不会像梁启超所说的那样引发经济混乱。根据《斥"新民丛报"驳土地国有之谬》绪论列举的结构，太邱本打算在后续文章中继续论证民生主义的土地国有与其他的土地国有的差别，以及民生主义的土地国有政策为什么容易实行。总体上看，太邱的这篇文章核心是为土地国有政策辩护，对于社会主义的理论涉及不多。不过，由于这一时期《新民丛报》已经无力回击，并在1907年宣布停刊，革命派也不再穷追猛打，因此《土地国有与财政》和《斥"新民丛报"驳土地国有之谬》这两篇文章均未继续。

三、《民报》与《新民丛报》之争体现出的清末中国资产阶级的社会主义观

通过回顾《民报》与《新民丛报》关于社会主义的争论，可以看出清末中国资产阶级的社会主义观有如下三个特点。

首先，清末中国资产阶级对于社会主义的总体态度是充满矛盾的，这是由近代中国半殖民地半封建社会的历史特点所决定的。比较论战中改良派与革命派关于社会主义的观点，可以发现论战双方对于社会主义在基本认知上是存在一些共识的。比如，双方都注意到了西方资本主义社会的发展不仅没有消弭社会的贫富不均，反而加剧了两极分化这一现象；都想要探索出一条能够超越欧美各国现状的社会发展道路，即一方面发展经济，使国家富强，另一方面规避两极分化；都吸收了西方社会党和社会主义理论的部分观点，根据中国的具体情况加以取舍利用；都认为导致社会问题的根源是贫富悬殊也就是分配问题，认为应当及早采取措施避免社会问题的恶化；都不赞同所谓"极端之社会主义"，反对"剥夺剥夺者"，主张通过国家社会主义改善分配；都强调要保护资本家、发展资本主义工业化生产等。资产阶级革命派与资产阶级改良派的区别无非是对中国社会经济发展程度、中国社会未来革命急迫性程度等问题的认知不同罢了。这种矛盾态度其实反映了在半殖民地半封建的近代中国资产阶级在自身发展过程中所面临的"进退两难"的处境。一方面，虽然相对于封建地主而言，资产阶级在历史上处于相对进步的地位，本应在阶级斗争中占据上风，可是在半殖民地半封建社会的中国，民族资产阶级的发展不得不面对西方资本主

---

① 太邱. 斥"新民丛报"驳土地国有之谬[J]. 民报，1907（17）.

义文明的侵略和日益沉重的封建剥削的双重压迫,面临着巨大的生存压力。因此,相较于发达资本主义国家作为统治阶级的资产阶级,近代中国民族资产阶级因为有着共同的敌人也就是帝国主义和封建主义因而在某种程度上更能够与被统治阶级"共情",所以他们在政治立场上同时反对帝国主义和封建主义,既抨击西方帝国主义的殖民掠夺,又控诉封建地主阶级的阶级压迫。这是半殖民地半封建的中国社会基本矛盾关系在资产阶级群体中的理论表达。另一方面,正如毛泽东在《中国社会各阶级的分析》中所说的,这种"革命"意志在资产阶级那里是矛盾的,"有产阶级"的本质属性,使得近代民族资产阶级的革命永远是不彻底的,"他们在受外资打击、军阀压迫感觉痛苦时,需要革命,赞成反帝国主义反军阀的革命运动;但是当着革命在国内有本国无产阶级的勇猛参加,在国外有国际无产阶级的积极援助,对于其欲达到大资产阶级地位的阶级的发展感觉到威胁时,他们又怀疑革命"[①]。这种现实处境上的进退维谷体现在理论上就是对社会主义的矛盾态度。

其次,清末中国资产阶级是从实用主义的立场出发想借助社会主义的部分观点服务于自身的政治活动。近代中国一切革命的总问题就是"救亡图存"。不论什么样的理论、方法和工具,衡量的最终标准都是其能否应用于近代中国,能否有助于中国的独立富强。不论是革命派还是改良派,其基本出发点都是他们所从事的政治活动,他们把对社会主义的思考构筑在其革命或者改革的政治理念和政治实践上。因此,从资产阶级改良派的维度,他们一方面认为社会主义的大同社会是人类未来理想社会的蓝图,另一方面认为这个蓝图只能在遥远的未来而不是可预见的近期内实现,也不能通过人为的努力来加速这一过程,只能等待自然渐进式的积累来一点点地接近这一理想,不想对中国的现存制度做根本的改变,对于社会主义这样的欧美激进运动就更为保守了。在资产阶级革命派眼里,社会主义的目标是能够嵌入他们的政治革命框架的。既然社会主义是20世纪人类社会最先进的思想,指引着人类社会未来的发展方向,那么中国的革命就有机会把民族、民权、民生三种革命"毕其功于一役",实现所谓"弯道超车",具体来说在中国土壤下成长的民生主义主要解决的对象是土地问题,因此"土地国有""平均地权"就是中国语境下社会主义的本土实践内容。也正

---

① 毛泽东. 毛泽东选集:第1卷[M]. 北京:人民出版社,1991:4.

是因为这种实用主义的态度，资产阶级不论是革命派还是改良派在引介社会主义理论时其实很多时候没有真正地理解这一理论本身。当时中国的先进分子之所以对社会主义产生兴趣，只是由于他们在向西方学习的过程中开始模糊地看到西方资本主义社会的弊端，力图在中国工业化时能避免这种弊端。但这只是一种善良的主观愿望，缺乏坚实的客观社会基础。他们把社会主义只笼统地看作一种当代的新思潮，并没有真正地去理解社会主义，更没有能力去分辨当时打着社会主义旗号的各种流派。他们此时起劲地谈论着的"社会主义"，往往像亨利·乔治所主张的社会改良主义，甚至像俾斯麦所宣称的"国家社会主义"的社会政策。

最后，清末中国资产阶级自身的阶级性质决定了他们不可能彻底地支持社会主义，也不可能走向马克思主义，更不可能与广大人民群众站在一起，发动广大人民群众完成"反帝反封建"的革命目标。在近代中国反帝反封建的革命斗争中，虽然民族资产阶级特别是资产阶级革命派具有一定的革命性，但其政治上的动摇性、斗争中的软弱性和革命的不彻底性的弱点决定了资产阶级无法真正同广大人民群众站在一起，更不可能作为一个独立的阶级领导中国革命。在这场争论中的表现就是，即使是站在支持社会主义一方的革命派，他们对社会主义和马克思主义的实质其实也没有清晰的认知，对社会主义不同流派之间的差异缺乏系统性的辨别和厘清。他们将社会主义视为一种可以随意取舍和改造以服务于政治革命活动的理论工具，而非一种区别于西方资产阶级思想的异质性理论。民生主义所提出的不改变生产资料私有制的土地国有的所谓"社会革命"，本质是资本主义共和国框架内调和社会矛盾的改良措施，与真正的社会主义特别是马克思主义在精神实质上有着天壤之别。资产阶级对于社会主义的真正态度也反映在论战之后资产阶级革命派的实际行动上，尽管论战的结果是支持社会主义的革命派大胜，但在这之后资产阶级革命派宣传社会主义的文章却数量骤减，这一方面是由于孙中山等资产阶级革命派把更多的精力投入现实的革命活动中去，另一方面也说明论战期间革命派宣传社会主义思想更多的是服务于其政策宣传和论战的需要，而非对社会主义理论本身存在研究兴趣。随着 1911 年辛亥革命的逼近，当资产阶级革命派真正快要取得政权的时候，他们中的大多数人就再也不谈社会主义了，甚至面对以社会主义为纲领的中国社会党的崛起时，除孙中山、朱执信等少数人之外，大多数过去宣扬社会主义的资产阶级革命派代表人物反而表现出了与社会主义相疏离的态度。这实际上从一个侧面证明了近代中国资产阶级始终无法真正与人民群众站在一起，"以其本阶级为主体的'独立'革命思想，仅仅是一个幻想"[①]。

从《新民丛报》和《民报》之间争论中所体现的清末中国资产阶级的社会主义观中可以看出，科学的理论只有由革命的无产阶级所掌握，才能真正把握住理论的精髓所在，真正完成反帝反封建的时代任务。一言以蔽之，只有高举马克思主义伟大旗帜的中国共产党才能救中国。

The Socialist Views of the Chinese Bourgeoisie in the Late Qing Dynasty: A Study Based on the Debate Between *Xinmin Series Newspaper* and *Min Bao*

Wang Yue

Abstract: Since 1905, a debate over "the future of the Chinese nation" has been waged between two newspapers, the *Xinmin Series Newspaper* representing the bourgeois reformists and the *Min Bao* representing the bourgeois revolutionaries. The socialist issue played a crucial role in this debate. As the first modern Chinese debate to focus on the issue of socialism, an examination of the arguments presented by the *Xinmin Series Newspaper* and the *Min Bao* reveals three characteristics of the socialist views held by the Chinese bourgeoisie in the late Qing Dynasty: contradiction, pragmatism, and incompleteness, which were caused by the social and class characteristics of the modern Chinese bourgeoisie. This phenomenon demonstrates that only the Communist Party of China, which upholds the great banner of Marxism, can complete the task of the new democratic revolution against imperialism and feudalism.

Key words: socialism; *Xinmin Series Newspaper*; *Min Bao*; Chinese bourgeoisie in the late Qing Dynasty

---

① 毛泽东. 毛泽东选集：第 1 卷[M]. 北京：人民出版社，1991：5.

《天义》《衡报》资本主义批判
思想探析

陈筠淘

摘要： 资本主义批判思想是刘师培等人的无政府主义思想的重要组成部分。20 世纪初，相较于时人纷纷主张中国应效仿西方走资本主义现代化的发展道路，以刘师培为代表的一批知识分子则始终以冷峻眼光来审视资本主义现代化过程中暴露出来的种种弊端，在《天义》《衡报》中对资本主义制度本身展开集中批判，并形成了一系列具有进步意义的资本主义批判思想。梳理和总结《天义》《衡报》中的资本主义批判思想，不仅对更好地认识和把握资本主义的本质具有启示意义，而且对认识马克思主义在中国的早期传播状况以及 20 世纪中国革命的发展逻辑也有重要价值。

关键词：《天义》《衡报》；资本主义批判；无政府主义；社会主义

作者简介： 陈筠淘，法学博士，北京大学马克思主义学院助理研究员，北京大学《马藏》编纂与研究中心研究员，主要从事马克思主义基本原理、当代资本主义批判研究。

　　传统中国现代转型的道路选择问题是近代中国最迫切的重大历史课题。20 世纪初，相较于时人纷纷"向西看"、主张中国应效仿西方国家走资本主义现代化发展道路的观点，以刘师培为代表的一批知识分子则在马克思主义、无政府主义等思潮的影响下，较早地关注到资本主义实际发展过程中暴露出来的种种弊端。为避免资本主义的弊端在中国重演，刘师培等人在《天义》《衡报》中对资本主义制度本身展开了集中批判，并由此提出了与资产阶级共和国方案截然不同的无政府主义反帝救国方案，这些思

想在当时具有很强的进步意义。梳理和总结《天义》《衡报》中的资本主义批判思想，不仅对当前更好地认识和把握资本主义的本质具有启示意义，而且对认识马克思主义在中国的早期传播状况以及 20 世纪中国革命的发展逻辑有重要价值。

一、对资本主义生产方式内在局限的批判

自鸦片战争爆发以来，给西方国家带来巨大生产力提升的资本主义制度开始进入近代中国人的视野，并一度成为当时国人十分向往的社会制度。然而，与当时其他派别更多聚焦于资本主义制度所带来的近代工业文明及其巨大生产力水平有所不同，刘师培等人则是将目光转向了资本主义生产方式所引发的经济后果和社会危机，从而揭示了资本主义生产方式的内在局限。

第一，资本主义生产方式本质上是新式奴隶制度，其在给西方国家带来先进生产力的同时，更引发了严重的社会不平等，给人民带来了更残酷的剥削和压迫。在《无政府主义之平等观》中，刘师培对资本主义私有财产制度导致的经济不平等状况进行了深入批判，揭示了资本主义制度的虚伪实质。一方面，资本家通过不法手段对人民进行剥削和掠夺，造成了社会财富分配的不平等。在刘师培看来，资本家"兼有昔日贵族、官吏、教士之特权"[1]，他们不尽义务便能够享有权利；他们的财富并非"由勤勉及节俭而得"，而是通过"欺谲之政策"而获得[2]。在不事生产却能够消费的资本家阶级的剥削之下，普通劳动者的生活状况日益恶化。另一方面，在资本主义雇佣劳动的条件下，资本家与工人之间的关系本质上是一种压迫和被压迫的不平等关系。在刘师培看来，占有巨额财富的资本家能够"龙断市利"，"独占生产之机关"，从而迫使失业的人民"不得不为资本家司工作"，从而造成"最大多数之平民，悉为彼等所役使"[3]这种不平等局面。基于上述认识，刘师培一针见血地指出，雇佣劳动制度本质上是"劳力卖买之奴隶制度"[4]。这表明，刘师培等人已经能够从生产关系出发来认识

① 万仕国，刘禾. 天义·衡报：上[M]. 北京：中国人民大学出版社，2016：102.
② 万仕国，刘禾. 天义·衡报：上[M]. 北京：中国人民大学出版社，2016：102-103.
③ 万仕国，刘禾. 天义·衡报：上[M]. 北京：中国人民大学出版社，2016：103.
④ 万仕国，刘禾. 天义·衡报：上[M]. 北京：中国人民大学出版社，2016：103.

和把握资本主义生产方式，并初步揭示了资本主义雇佣劳动关系形式平等掩盖下的事实不平等。

第二，资本主义生产方式在中国的发展同样引发了诸多严重的社会问题，给中国人民造成了前所未有的剥削和压迫。在当时革命党人普遍希望在中国推行资本主义制度的大背景下，刘师培等人就已通过《哀我农人》、《农民疾苦调查会章程》和《哀佃民》等文章表达了对资本主义条件下农民生存状况的高度关注，并对资本家借助垦荒盘剥农民、官吏帮助资本家压迫农民的残酷现实予以无情揭露。尔后，刘师培更是通过《论中国资本阶级之发达》①一文对近代中国民族资产阶级的发展状况以及资本主义发展的经济实质进行集中而深入的分析，进而对中国由封建社会向资本主义社会转型时期出现的官商勾结、为富不仁等不良现象展开深刻批判。在他看来，伴随着西方经济思想传入中国，社会上开始出现对资本主义商业体系的尊崇，"不复以营利为讳言"②，资本家"转为一般社会所尊"③，因而实业日隆，商人日尊，商权日伸，中国民族资本家势力正在形成。自此以后，"官、绅、士、商合而为一，提倡商权，伪兴实业，以盗一己之名，以夺平民之利"④，由此引发两个严重后果：一是"一切利原（源）均为资本阶级所吸收"⑤，社会的贫富差距将因此而不断扩大；二是"一切劳民均为资本阶级所役使"⑥，资产阶级能够通过自身经济优势来对劳动人民实施阶级压迫，从而实现自身利益。这预示着，伴随着资本主义生产方式在中国的不断确立和发展，中国的资本家集团势必同欧美、日本一样，在经济、政治等方面实现全面统治，从而使资本主义在西方国家造成的种种弊端在中国重演。对此，刘师培强调指出，"抵抗资本阶级，固当今之急务"⑦。

第三，对资本主义进行改良无助于彻底实现人类平等，只有将广大劳动者联合起来、以消灭资本主义制度为斗争目标，才能真正建立一个人人

①　万仕国考证，由于该文引用了《论中国宜组织劳民协会》一文，故作者疑为刘师培。参见：万仕国. 刘申叔遗书补遗：下册[M]. 扬州：广陵书社，2013：1106-1111.

②　万仕国，刘禾. 天义・衡报：下[M]. 北京：中国人民大学出版社，2016：675.

③　万仕国，刘禾. 天义・衡报：下[M]. 北京：中国人民大学出版社，2016：675.

④　万仕国，刘禾. 天义・衡报：下[M]. 北京：中国人民大学出版社，2016：678.

⑤　万仕国，刘禾. 天义・衡报：下[M]. 北京：中国人民大学出版社，2016：678.

⑥　万仕国，刘禾. 天义・衡报：下[M]. 北京：中国人民大学出版社，2016：679.

⑦　万仕国，刘禾. 天义・衡报：下[M]. 北京：中国人民大学出版社，2016：679.

平等的理想社会。在马克思主义和无政府主义的影响下，刘师培等人一方面十分关注世界各国工人对资本主义的反抗运动，并能正确认识到工人的自发运动仅能对资本主义起到有限的冲击作用。比如，在《社会革命大风潮》一文中，周大鸿追踪了 20 世纪初在西欧诸国所发生的议会选举、农民暴动和工人罢工等多起事件，指出劳动者之所以发动罢工，无外乎出于"增益雇赁之金"、"减省工作之时"和"要求党人之选举"这三大诉求。①然而，这些诉求虽然对工人有利，但并非"拔本清源之说"②。这些改良主义措施即使得以实施，也不能彻底改变工人在雇佣劳动关系中受剥削和压迫之命运。这一观点，实际上已经正确认识到消灭资本主义生产关系对推动彻底的社会变革、真正实现人类平等所具有的重要意义。另一方面，他们还初步形成了劳动创造世界、人民是社会主体的基本思想，并正确认识到无产阶级的集体行动逻辑对反抗资本主义系统性压迫的重要意义。比如，周大鸿曾指出，过去的资产阶级政治学者已经将人民视为社会主体，认为"不有民，何有君"③；进而，对于社会主义者而言，"亦当以劳动者为主体"④。刘师培也在《论共产制易行于中国》一文中把地主、官吏和商人视为无政府主义的革命对象，而对他们进行革命的任务，则交给了"劳农"和"农民"。⑤此外，刘师培等人还进一步强调"欲提倡劳民革命，必先从事于劳民结合"⑥，主张"今日欲行社会革命，不仅恃罢工已也，必合世界劳动者为一大团体，取资本家所有之财，悉占之为己有"，"若资本家迫以兵，则结合群力，以相抵抗"⑦。刘师培等人的这些思想，清晰表达了他们对实现无产阶级大联合、以无产者的集体行动逻辑去对抗资本逻辑的重视。他们相信，只有促成无产阶级团结一致反抗资本主义，才能实现"为农者自有其田，为工者自有其厂，自为自用""土地、财产均可收为公有"的目标⑧，才能真正建立一个实现人人平等的理想社会。

---

① 万仕国，刘禾. 天义·衡报：上[M]. 北京：中国人民大学出版社，2016：277.
② 万仕国，刘禾. 天义·衡报：上[M]. 北京：中国人民大学出版社，2016：277.
③ 万仕国，刘禾. 天义·衡报：上[M]. 北京：中国人民大学出版社，2016：277.
④ 万仕国，刘禾. 天义·衡报：上[M]. 北京：中国人民大学出版社，2016：278.
⑤ 万仕国，刘禾. 天义·衡报：下[M]. 北京：中国人民大学出版社，2016：642-645.
⑥ 万仕国，刘禾. 天义·衡报：下[M]. 北京：中国人民大学出版社，2016：668.
⑦ 万仕国，刘禾. 天义·衡报：上[M]. 北京：中国人民大学出版社，2016：278.
⑧ 万仕国，刘禾. 天义·衡报：上[M]. 北京：中国人民大学出版社，2016：278.

二、对资本主义政治民主虚伪实质的批判

相较于同时期大多数人崇尚西式民主、倡导以资产阶级共和国方案来破除中国的封建专制压迫，刘师培等人则是以冷峻的眼光来审视资本主义国家内部的阶级状况和政治现实。1907 年初，初抵日本的刘师培当即对革命党人的美式民主主义救国方案表示不满，并由此"改变了过去那种指望通过大陆浪人向日本朝野寻求对中国革命提供某种援助的想法，转而要从科学和哲学两方面去寻求系统的革命理论"[①]。在对资本主义国家政治民主展开批判性分析的基础上，刘师培等人初步揭示了资本主义国家的实质及其政治制度之于实现社会平等和人类解放等问题所具有的局限性。

第一，西方资本主义国家内部依然存在着阶级对立和阶级压迫，依然没有实现真正的社会平等，这与封建专制社会条件下的政治状况并无二致。与 20 世纪初中国知识界多沉浸在对西式民主的幻想之中有所不同，刘师培等人很早就从西方国家的政治现实中看到了西式民主的弊病，并对西方资本主义民主的虚伪性展开坚决的揭露和批判。在《破坏社会论》一文中，刘师培以法国、美国等西方先进资本主义国家为研究对象，指出这些国家虽然号称"民主之国"，行选举制度，但依然存在"主治者"与"被治者"、"富者"与"佣工"之间的阶级对立，依然存在富人对穷人的剥削和压迫，最终的结果便是"贫者之命悬于富者之手"[②]。据此，刘师培强调所谓的"共和"制度与"专制"制度并无本质区别。在他看来，只要社会上存在着国家和政府，就一定会存在"执政之人"与人民相对立；就一定会出现"强权横行，白种骄逞，倡帝国主义之说，以蹂躏弱种"的局面；就一定会造成社会风气和道德伦理的腐败，并且如今人类道德的这种腐败已到了"天理消亡，为豺虎所羞，为有北所不受"的境地。[③]总之，西方这些所谓的"民主之国"并不能真正代表人民的利益，这种政权不仅无法消除社会内部的阶级对立，无法解决社会大多数人的贫困问题，而且会压迫人民、践踏人权、蔑视公理、侵略他国，是"万恶之源"[④]。

---

　① 中国社会科学院近代史研究所《国外中国近代史研究》编辑部. 国外中国近代史研究：第 2 辑[M]. 北京：中国社会科学出版社，1981：348.
　② 万仕国，刘禾. 天义·衡报：上[M]. 北京：中国人民大学出版社，2016：44.
　③ 万仕国，刘禾. 天义·衡报：上[M]. 北京：中国人民大学出版社，2016：44-46.
　④ 万仕国，刘禾. 天义·衡报：上[M]. 北京：中国人民大学出版社，2016：278.

　　第二，西方资本主义国家维护的仅仅是在社会上占少数地位的特权阶级的特殊利益，本质上是剥削劳动人民的统治工具。资本主义国家内部严重的社会不公还使刘师培注意到一个事实，即"国家愈盛，则人民愈苦"[①]，这迫使他重新审视"国家之利"与"人民之利"之间的关系。他发现，一方面，由于国家实力与军队实力、财政状况密切相关，而财政收入又通常是来源于"富民"的缴纳，这就必然导致西方国家的执政当局鼓励和支持资产阶级扩张，由此加剧阶级对立。而且随着国力的强盛，政府假借国家权威制定严刑苛法，再辅以奴隶教育，民众被迫屈服于政府，"富民之横，暴政之苛，法令之严，均以强国为最盛"[②]。另一方面，西方资本主义国家的人民对国家的迷信与对宗教的迷信并无本质区别。西方人民对宗教的迷信造成帝王和僧侣阶级能够利用封建神学来维持统治、压榨人民，而大多数人民为获得神明眷顾心甘情愿被统治阶级利用；人民对国家的迷信造成政府、贵族、资本家利用他们的学说来维系自身特权，而大多数民众为寻求国家庇护心甘情愿被政府和贵族利用。不仅如此，由于国家主权为少数"在上者"所垄断，所谓人民为国家服务，实质是为少数"在上者"服务；国家只是给少数"在上者"带来了好处，大多数民众遭受着源于国家的苦难。这表明，在西方资本主义国家的现实政治生活中，"国家之利"与"人民之利"实际上是成反比的。正是基于上述认识，刘师培才指出，"谓国家为人民之保障，不若谓国家为人民之公敌也"[③]，并进一步提出了"国家非实有，乃少数在上者所假设"[④]的观点，从而初步揭示了资本主义国家作为虚幻共同体的本质。

　　第三，西方资本主义国家的"民主选举"本质上是有产阶级的权力游戏，它无助于消除阶级壁垒和实现社会公平正义。由于能够从资本主义国家的国民经济事实出发研究问题，刘师培等人看到了阶级差别对公共权力的影响，看到了形式平等与实质平等、形式自由与实质自由之间的差别，从而戳穿了资本主义雇佣劳动关系的不平等本质以及西方资本主义选举制度的虚伪性。在《无政府主义之平等观》中，刘师培指出，资本主义国家的权力实际上均为资产阶级所垄断，而所谓的民主选举不过是"多数之贫

① 万仕国，刘禾. 天义·衡报：下[M]. 北京：中国人民大学出版社，2016：628.
② 万仕国，刘禾. 天义·衡报：下[M]. 北京：中国人民大学出版社，2016：631.
③ 万仕国，刘禾. 天义·衡报：下[M]. 北京：中国人民大学出版社，2016：633.
④ 万仕国，刘禾. 天义·衡报：下[M]. 北京：中国人民大学出版社，2016：634.

民，屈于地主一人之下"，是"多数之贫民虽有选举之名，实则失选举自由之柄"。①这种民主不可能实现有产者与无产者之间的平等。在他看来，在资本主义条件下，"资本家利用其机，遂独占生产之机关，而土地、家屋、机械悉入于少数资本家之手。人民之失业者，不得不为资本家司工作，而最大多数之平民，悉为彼等所役使"②。也正因为如此，资产阶级所鼓吹的"民主政治"或"普通选举"同样不能带来真正的平等：所谓的政党，不过是"以虚伪之演说，荧惑众听"③；所谓的普通选举，不过是"众者暴寡之制"④；所谓的政治竞选，不过是"政以贿成"⑤。基于同样的认知立场，刘师培还在《议会之弊》、《共和之病》和《地方选举之流弊》等短评文章里鲜明地提出了"代议政体久为他国所唾弃"⑥，"'共和'、'专制'，其名虽异，而人民受害则同"⑦以及"乡里选举，其弊且流于徇私……则民选议员之制，决不可施行于中国"⑧等观点。在他看来，西方资本主义国家的议会共和制不过是虚伪的民主，因为那里的资产阶级霸占了内阁或议会的席位，而劳动者依然处于无权无势的悲惨境地。尤其令人发指的是，议会与政府虽然在名义上存在相互制约的关系，但二者实际上是相互勾结"以病其民"；共和制度虽宣称人人享有平等、自由的权利，但现实中却充斥着各种非自由、非人道的行径，人民在共和、专制制度之下遭受的悲惨命运是相同的。在这里，刘师培站在广大贫苦大众的立场上，将批判的矛头直指备受西方国家推崇的代议民主制，揭露了无论是在封建主义的专制制度下，还是在资产阶级的代议制、共和制之下，贫苦大众的政治、经济等方面的权利都同样得不到真正的保障。

三、对帝国主义殖民扩张全球危害性的批判

20 世纪初，伴随着资本主义从自由竞争阶段过渡到垄断阶段，西方帝国主义国家纷纷开始对外殖民扩张，给世界各国人民造成了深重灾难。在

---

① 万仕国，刘禾. 天义·衡报：上[M]. 北京：中国人民大学出版社，2016：104.
② 万仕国，刘禾. 天义·衡报：上[M]. 北京：中国人民大学出版社，2016：103.
③ 万仕国，刘禾. 天义·衡报：上[M]. 北京：中国人民大学出版社，2016：102.
④ 万仕国，刘禾. 天义·衡报：上[M]. 北京：中国人民大学出版社，2016：102.
⑤ 万仕国，刘禾. 天义·衡报：上[M]. 北京：中国人民大学出版社，2016：102.
⑥ 万仕国，刘禾. 天义·衡报：下[M]. 北京：中国人民大学出版社，2016：721.
⑦ 万仕国，刘禾. 天义·衡报：下[M]. 北京：中国人民大学出版社，2016：722.
⑧ 万仕国，刘禾. 天义·衡报：下[M]. 北京：中国人民大学出版社，2016：723.

此背景下，如何摆脱帝国主义的奴役和压迫同样是作为"弱势种族"的中国亟待解决的历史任务。对此，刘师培曾与章太炎、张继等人一道在日本东京发起创立"亚洲和亲会"，明确提出"反对帝国主义，期使亚洲已失主权之民族，各得独立"的政治主张，呼吁亚洲各殖民地人民"互相扶持，使各得独立自由"。在刘师培的影响下，《天义》《衡报》的作者始终密切关注20世纪初帝国主义国家的发展动向，并多次对帝国主义殖民扩张在世界范围内造成的破坏性后果予以无情揭露和坚决批判。

第一，帝国主义国家在全球范围内的殖民掠夺给世界一切"弱势种族"造成了深重灾难。激烈的反帝救国思想是《天义》《衡报》资本主义批判思想中极为重要的组成部分。刘师培在《亚洲现势论》一文中深刻揭露了英、法、日、美等帝国主义国家对外侵略扩张（特别是对中国进行的掠夺）的罪行，并对资本主义发展和帝国主义扩张的实质作了较为系统且全面的分析。在他看来，"今日之世界，强权横行之世界也"[1]。帝国主义国家一方面在其国内奴役人民，造成"今日欧美各国，政府及富民势力日增，而人民日趋于贫苦"[2]；另一方面这些国家为了扩充商业和打开市场，还会"吸收他境之财源，盗为己有"[3]，使世界成为"戕杀之世界"。他在文中还特别站在中国的立场上，指出日本乃是"亚洲之公敌"[4]，其与西方列强相互勾结，对广大亚洲国家造成了巨大伤害。因此，想保持亚洲的和平，谋求亚洲各弱势种族的独立，既要抵制西方列强的侵略，也要抵制日本的侵略。此外，何震也认为，帝国主义的强权政治就是"强盗""杀人抢钱"的别名——它既可以直接"杀人"（如"法国待安南""英国待印度"），也可以间接致人于死地，如逼死了留日中国学生陈不浮。[5]不仅如此，帝国主义的强盗逻辑还引发了"扶强锄弱"之风，它严重败坏了中国的社会风气，造成当时国人"都是只论势力，不论是非，仿佛'势力'两个字，所含的意思，同'理'字一样"[6]。如果任由这种"势利心"泛滥，必将造成"一个人有利，社会都受他大害……一个国有利，世界都受他大害"[7]

---

① 万仕国，刘禾. 天义·衡报：上[M]. 北京：中国人民大学出版社，2016：169.
② 万仕国，刘禾. 天义·衡报：上[M]. 北京：中国人民大学出版社，2016：175.
③ 万仕国，刘禾. 天义·衡报：上[M]. 北京：中国人民大学出版社，2016：104.
④ 万仕国，刘禾. 天义·衡报：上[M]. 北京：中国人民大学出版社，2016：171.
⑤ 万仕国，刘禾. 天义·衡报：上[M]. 北京：中国人民大学出版社，2016：549.
⑥ 万仕国，刘禾. 天义·衡报：上[M]. 北京：中国人民大学出版社，2016：549.
⑦ 万仕国，刘禾. 天义·衡报：上[M]. 北京：中国人民大学出版社，2016：550.

的不平等局面。正是基于上述认识，刘师培等人强调指出帝国主义乃"现今世界之蟊贼"①，并不断强调中国要想救亡图存就必须坚决反对帝国主义。

第二，帝国主义在全球范围内的殖民掠夺还会给帝国主义国家内部的人民造成"无形之惨祸"。首先，西方国家为了维持对海外殖民地的统治，必须通过增加赋税压榨本国人民、扶持资本家以维持高额的军备支出；而"欲增军费，于强迫国民增税外，不得不联络资本家，与以劫夺平民之权，而潜权（夺）其利"，最终结果不仅"有害于弱种之民"，也"有害于本国之人民"②。其次，伴随着海外殖民地和世界市场的不断扩大，国内资本家集团的势力也必然不断扩张，这必然在其国内导致"富民之数日增，而贫富不平等之况亦随之而呈。盖富民资本既充，则一切平民之业，悉为兼并。又因扩张市场之故，一切工场所制造，均为属地销售之物，而国民必需之品转视为至轻，以致劳力之民日增，货物之值日昂，即贫民生计，亦复因之而愈困"③。最后，西方国家为征服和压迫殖民地国家人民而不断扩张的强大军备，同样被用于镇压本国人民。这些国家的统治阶级总是"利用战胜之威，铭功记烈，以示政府之万能，使抱抵抗政府之志者，莫将抗服其威，潜伏而莫逞"④。一言以蔽之，"帝国主义，实政府压制民庶之先声"⑤。正是基于上述三个方面的认知，刘师培指出今日欧美等国"政府及富民势力日增，而人民日趋于贫苦"的根本原因在于"帝国主义盛行"⑥，从而正确揭示了资本主义生产方式的不断扩张实际上会给西方国家内部的人民造成更加沉重的压迫。

第三，帝国主义和强权政治盛行的根本原因在于人类社会依然存在着阶级和国家，而要想彻底"打消强权"和实现人与人之间的平等，就必须以"破坏社会"和消除人与人的阶级对立为奋斗目标。在思考反帝救国问题时，刘师培等人并不局限于国族主义、种族中心，而是从无政府主义的立场出发，在阶级社会人与人之间的利益冲突关系中寻找帝国主义产生的

---

① 万仕国，刘禾. 天义·衡报：上[M]. 北京：中国人民大学出版社，2016：171.
② 万仕国，刘禾. 天义·衡报：上[M]. 北京：中国人民大学出版社，2016：175.
③ 万仕国，刘禾. 天义·衡报：上[M]. 北京：中国人民大学出版社，2016：176.
④ 万仕国，刘禾. 天义·衡报：上[M]. 北京：中国人民大学出版社，2016：176.
⑤ 万仕国，刘禾. 天义·衡报：上[M]. 北京：中国人民大学出版社，2016：176.
⑥ 万仕国，刘禾. 天义·衡报：上[M]. 北京：中国人民大学出版社，2016：175.

根源。正如前文所提到的，刘师培认为只要社会上存在着国家机器和阶级对立，就一定会造成"强权横行，白种骄逞，倡帝国主义之说，以蹂躏弱种"的局面。因此，要想力挽狂澜，"必自改造新社会始"，即建立一个"平等之社会也，无阶级之社会也，亦无政府之社会也"①；而要改造社会，就必须首先"破坏社会"，废除一切的帝王、大统领、官吏、世袭爵位之人、资本家、兵丁、警察、压制妇女之男子、甘受压制之男女、宗教迷信、不合公理之书籍报章、现行之法律等。随着"不平之社会"的颠覆，人类将建成一个"不设政府"、"废尽银币及钞币"、"人人劳动"和"人人衣食居处均一律"的"公平之新社会"②，这个新社会自然也是消除了帝国主义和强权政治的社会。与刘师培的观点一致，何震也认为当时世界之所以都讲"帝国主义""强权"，之所以是一个"强者的世界""功利的世界"，归根结底是因为这个社会上存在着国家政权和阶级对立。因此，只有通过暴力"破坏社会"、消灭资本主义私有制，才能"打消强权"，才能"教人类平等"。换言之，国人在反对帝国主义和强权政治时，就不能简单地抵制"敌之强权"而后确立"我之强权"，而是要深入社会关系中去探索彻底消除强权政治、实现人人平等的有效办法。她进一步指出，当时的国人在面对帝国主义压迫时所抱定的"抵制强权"理想，充其量不过是"以暴易暴"的对立逻辑和报复心理，这样做既不能"扶弱锄强"，也不能"教强弱复归于平等"。因此，相比"抵制强权"，消除产生"强权"的根源才是彻底解决帝国主义压迫、实现社会公平正义的根本之道；而只有"破坏社会"，才能彻底"打消强权"和实现人与人之间的平等。③

四、讨论与结论

由上可知，刘师培等人在分析资本主义问题时，并没有被西方国家的先进生产力水平、代议民主制这些表面现象所迷惑，而是能够从西方国家的社会现实出发、能够初步触及资本主义生产关系层面，这对于揭示资本主义的本质及其现代化发展道路的内在限度，从而为推动中国的现代转型找到一条不同于封建主义、资本主义的全新道路，具有重要的方法论价值。

---

① 万仕国，刘禾. 天义·衡报：上[M]. 北京：中国人民大学出版社，2016：45.
② 万仕国，刘禾. 天义·衡报：上[M]. 北京：中国人民大学出版社，2016：46.
③ 万仕国，刘禾. 天义·衡报：上[M]. 北京：中国人民大学出版社，2016：549-550.

也正是由于这一点，使得刘师培等人对资本主义本质的认识水平要远远高于同时期的其他社会主义派别①。一方面，与同时期其他派别希望推动中国走上资本主义发展道路有所不同，刘师培等人能够较早地关注、反思和批判资本主义现代化过程中暴露出的种种弊端，从而戳破号称"民主之国"的西方资本主义制度的虚伪性，揭示资本主义国家是资产阶级剥削和压迫劳动人民的统治工具这一本质属性，揭露资本主义主导下的代议民主制同封建专制制度一样都不能切实保障广大人民群众的利益，并且随着资本逻辑的不断扩张，这些国家必然过渡到帝国主义、走上对外殖民侵略的道路。另一方面，尤为可贵的是刘师培等人强调劳动创造价值，将"劳民阶级"视为社会历史的主体。他们十分注重挖掘蕴藏在劳动人民中的革命伟力，主张实现劳动者阶级大联合、以无产者的集体行动逻辑去对抗资本逻辑，最终建立一个破除一切国家和阶级、消灭一切专制制度、实现人类平等的理想新社会。可以说，刘师培等人在批判资本主义制度和追求建立平等社会的过程中所提出的一系列思想主张，充分反映了当时中国人民反对帝国主义压迫和破除社会积弊的迫切愿望，更能够唤起近代革命志士对社会主义和共产主义社会的向往。这不仅对拓宽国人对于理想社会的想象空间，推动国人进一步思考如何更好地实现中国的社会变革具有重要启示意义，而且为马克思主义在中国的早期传播创造了有利的舆论条件和社会条件。

　　然而需要指出的是，尽管《天义》《衡报》中的资本主义批判思想具有很强的历史进步意义，甚至有很多思想主张与马克思主义的主张十分相似，但其思想底色更多的还是无政府主义而非马克思主义，这就决定了刘师培等人的资本主义批判思想在基本立场、观点和方法上不可避免地带有浓厚的历史唯心主义色彩。一方面，尽管刘师培等人正确观照到了资本主义制度下依然存在这样或那样的不平等这一社会现实，但他们同时又是以机械的、非历史的眼光来看待人类社会及其发展历程的，这就决定了他们并不能正确认识和把握私有财产关系（特别是资本主义私有财产关系）的产生、发展和消亡的规律，因而也不能正确揭示消灭资本主义、实现人类平等的现实路径。另一方面，尽管刘师培等人在思索消灭资本主义和强权

---

　　① 同一时期，中国社会上影响力较大的政治派别还包括以康有为、梁启超为代表的君主立宪派和以孙中山为代表的资产阶级革命派，这些派别虽然在推动传统中国现代转型的道路选择问题上有着极为不同的见解，但他们的主张实质上仍是希望将中国引向资本主义的发展道路。

政治问题时表现出了强烈的正义感和使命感，但其历史唯心主义立场却导致他们在思考如何变革社会时陷入原则性和方向性的错误中。马克思主义认为，在生产力高度发达的共产主义社会里，伴随着劳动资料完全为社会成员所占有，过去已经积累起来的高度发达的社会生产力已不再作为一种异己的力量而对人造成压迫，人与人之间的阶级差异也将被打破；相应地，国家也不再作为阶级统治的工具而存在，而是以社会管理机构的面貌继续存在，成为调节社会生产、促进人们实现自由全面发展的重要条件。然而，由于不懂得经济解放之于普遍的人的解放所具有的重要意义，不懂得作为一种社会制度的资本主义及其国家政权的产生、发展和消亡是一个历史发展的过程，刘师培等人所提出的一系列变革社会的主张都极大地超越了中国的客观现实（他们并未深入思考自身的主张是否具有成为现实的可能性，未能科学揭示社会革命的根本动力），本质上是一种无视客观历史条件的空想主义。这些主张甚至"比起无政府主义始祖巴枯宁的废兵、废财、废政府学说具有更大的狂热性"[1]，因此，注定只能走向失败。对此，正如列宁所指出的，无政府主义"是改头换面的资产阶级个人主义"[2]，"是绝望的产物"，"是失常的知识分子或游民的心理状态，而不是无产者的心理状态"[3]。因此，刘师培等人的资本主义批判思想以及无政府主义"救世"丹方本质上是与马克思主义相对立的意识形态。

Critique on Capitalism of *Tianyi* & *Hengbao*

Chen Juntao

Abstract: Critique on capitalism is an important part of Liu Shipei and others anarchism thoughts. At the beginning of the 20th century, compared with the time people advocated that China should follow the development path of modernization of capitalist modernization, and the *Tianyi* intellectuals represented by Liu Shipei always reviewed the disadvantages exposed in the process of capitalist modernization. In the *Tianyi* & *Hengbao*, a concentrated

---

① 翟文奇. 刘师培无政府主义思想活动述评[J]. 江西大学学报（社会科学版），1990（4）.
② 列宁. 列宁全集：第 5 卷[M]. 北京：人民出版社，2013：338.
③ 列宁. 列宁全集：第 5 卷[M]. 北京：人民出版社，2013：341.

criticism of the capitalist system itself had formed a series of progressive capitalist critical ideas. Combing and summarizing the critical thinking of the *Tianyi & Hengbao* not only has enlightening the nature of better understanding and grasping capitalism, but also has the appearance of the early spread of Marxism in China and the development logic of the development of the Chinese revolution in the 20th century.

Key words: *Tianyi & Hengbao*; criticism of capitalism; anarchism; socialism

清末《新世纪》的社会革命观研究

曹得宝

摘要：《新世纪》是清末无政府主义思想的重要阵地之一，其社会革命观是糅合了克鲁泡特金的互助论和邵可侣的进化论之后而形成的一种新的革命观。《新世纪》在主题规约、组织原则、经济指征和思想引领方面构建起了其社会革命话语的理论图景，其实践策略则指向以教育为革命、以科学促大同、以暗杀为强劲手段、以共和政治为不得已之过渡物。《新世纪》的社会革命观具有一定的历史进步意义，但其本质是一种带有恐怖主义色彩的改良观，难以引导中国革命走向未来。

关键词：无政府主义；《新世纪》；社会革命观

作者简介：曹得宝，北京大学马克思主义学院博雅博士后、助理研究员，北京大学《马藏》编纂与研究中心研究员，主要从事马克思主义基本原理、生态文明及其建设研究。

法国是无政府主义的重要策源地，无政府主义的代表人物蒲鲁东、巴枯宁、克鲁泡特金和格拉弗等都曾在法国开展过活动。1906 年，中国旅法人士张静江、吴稚晖、李石曾和褚民谊仿照让·格拉弗（Jean Grave）的"世界社"，创立了中国旅法人士自己的"世界社"。1907 年 6 月，上述旅法人士在巴黎创办了《新世纪》周刊，作为"世界社"的刊物，广为宣传无政府主义思想。该刊于 1910 年 5 月停刊，共出版 121 期。1907 年，吴稚晖等以新世纪书报局的名义编印出版了《新世纪杂刊》和《新世纪丛书》，"译述世界各无政府名家之论文"[①]。1908 年，新世纪书报局出版了李石曾翻译的反映社会不平现象的小说《鸣不平》和《夜未央》。《新世纪》是清末

---

① 张洪祥，王永祥. 留法勤工俭学运动简史[M]. 哈尔滨：黑龙江人民出版社，1982：115.

无政府主义思想的重要阵地，其社会革命观具有鲜明的时代特色。

一、《新世纪》革命话语的时代证成

"革命"这一概念在近代中国的历史中具有举足轻重的地位，可以说，近代中国的发展史就是一部革命史。其实，"革命"这一概念在中国古代早已有之，《周易·革卦·象传》中有云："天地革而四时成，汤武革命，顺乎天而应乎人。"唐代孔颖达在对《周易》的注疏中具体分析了"汤武革命"的意涵，即"夏桀、殷纣凶狂无度，天既震怒，人亦叛主。殷汤、周武聪明睿智，上顺天命，下应人心，放桀鸣条，诛纣牧野，革其王命，改其恶俗，故曰'汤武革命，顺乎天而应乎人'"①。孔颖达的疏文指出了在夏桀和殷纣荒淫无度的前提下，商革夏命和周革殷命顺应天命和人心，具有高度的正义性，而且还明确指出"革命"不同于一般意义上的变革，而是具有暴力性质的武装夺权行为。②根据冯天瑜先生的考证，"革命"一词约在6世纪随《周易》传入日本，日本借用中国古语，将英语 revolution、法语 Révolution 译为"革命"。日本学者冈本监辅所著《万国史记》中以"法美两国有革命变"讨论了法国爆发暴力革命的问题。清末史学家王韬在1890年出版的《重订法国志略》中参考了《万国史记》中的论述，首次在中国引入了"法国革命"的概念。恰好此时正值孙中山领导的革命活动发端和进展之际，这也就促成了现代意义上"革命"概念在中国的逐渐流行。③毛泽东在《湖南农民运动考察报告》中指出："革命不是请客吃饭，不是做文章，不是绘画绣花，不能那样雅致，那样从容不迫，文质彬彬，那样温良恭俭让。革命是暴动，是一个阶级推翻一个阶级的暴烈的行动。"④再次强调了革命应是一种通过暴力手段推翻政权的行动，为近现代中国革命的前进指明了道路。

《新世纪》的思想渊源是西方的无政府主义思想。《新世纪》中曾发表过译介的《克若泡特金学说》《法国无政府党之一段历史》《记社会党、

---

① 转引自张善文. 周易辞典[M]. 上海：上海古籍出版社，2021：239.
② 冯天瑜. "革命"、"共和"：清民之际政治中坚概念的形成[J]. 武汉大学学报（人文科学版），2002（1）：5-14.
③ 冯天瑜. "革命"、"共和"：清民之际政治中坚概念的形成[J]. 武汉大学学报（人文科学版），2002（1）：5-14.
④ 毛泽东. 毛泽东选集：第1卷[M]. 北京：人民出版社，1991：17.

无政府党万国公聚会》《巴枯宁学说》等文，其中，《新世纪》的社会革命观深受克鲁泡特金的互助论影响。克鲁泡特金批判了达尔文"优胜劣汰，适者生存"的观点。他认为达尔文的观点"把争夺个体利益的'无情'斗争提高为人类也必须服从的一项生物学原则，认为在以互相歼灭为基础的世界中，不这样做便有覆灭的危险"[①]，从而造成了人类社会之间残酷斗争的局面。据此，克鲁泡特金认为动物之间"也同时存在着同样多的（甚至还要更多）的互相维护、互相帮助和互相防御"[②]，并将其视为一项自然法则。克鲁泡特金还将其互助论思想延展应用到人类社会，他认为"互助的实践和它的连续发展，创造了人类能在其中发扬其艺术、知识和智慧的社会生活条件。以互助倾向为基础的制度获得最大发展的时期，也就是艺术、工业和科学获得最大进步的时期"[③]。吴稚晖（"燃""X 与 X""夷"为其笔名）也曾指出"人类之本性为互助"[④]。褚民谊（"民"为其笔名）也曾指出"生存而有进步者，在互助而不在竞争也"[⑤]。可以说，《新世纪》的观点多是承接自克鲁泡特金的互助论无政府主义思想。与此同时，《新世纪》还受到了克鲁泡特金的好友、法国无政府主义者埃利塞·邵可侣（Elisee Reclus）的进化革命论的影响。邵可侣将革命和进化视为对立统一的关系，将其理解为同一现象的两个接续的阶段，两者有时间先后之分，但没有质的分别。

　　因此可以说，《新世纪》的社会革命观是糅合了克鲁泡特金的互助论和邵可侣的进化革命论之后而形成的一种新的革命观。李石曾（"真民""真"为其笔名）在阐释"革命"这一话语时就指出："革命之名词来自西文，其字作 Revolution。Re，犹言更也，重也。Volution，犹言进化也。故革命犹重进化也。地球行满一周而复始谓之为 Revolution，引申之谊，则凡事更新皆为 Revolution。"[⑥]可见，李石曾将"革命"的概念理解为"进化"和"更新"，在一定程度上稀释了"革命"的暴力色彩。据此，《新世纪》明确提出了其社会革命观：李石曾指出废除帝制仅仅是政治革命，只有使全

---

① 克鲁泡特金. 互助论：进化的一个要素[M]. 李平沤，译. 北京：商务印书馆，2017：17.
② 克鲁泡特金. 互助论：进化的一个要素[M]. 李平沤，译. 北京：商务印书馆，2017：19.
③ 克鲁泡特金. 互助论：进化的一个要素[M]. 李平沤，译. 北京：商务印书馆，2017：270-271.
④ 燃. 文明之暹罗[J]. 新世纪，1909（81）：9.
⑤ 民. 续无政府说[J]. 新世纪，1908（36）：3.
⑥ 真民. 革命[M]//张枬，王忍之. 辛亥革命前十年间时论选集：第二卷：下册. 北京：生活·读书·新知三联书店，1963：998-999.

天下大众同享幸福的社会革命才是彻底的革命，"排皇不过政治革命，犹不足以尽革命。至社会革命始为完全之革命，即平尊卑也，均贫富也，一言以毕之，使大众享平等幸福，去一切不公之事"①。同时，李石曾还提出了"政治革命为权舆，社会革命为究竟"②的主张，并指出："革命之大义所在，曰自由，故去强权；曰平等，故共利益；曰博爱，故爱众人；曰大同，故无国界；曰公道，故不求己利；曰真理，故不畏人言；曰改良，故不拘成式；曰进化，故更革无穷。"③《新世纪》主张的社会革命就是要通过改良和进化的方式，去除一切强权，实现普天之下的自由和平等。《新世纪》的社会革命观在思考清末中国无政府主义者革命话语的构建中具有标示性意义。

二、《新世纪》社会革命观的理论图景

所谓革命，不仅包括革命思想意识的构建，还包括革命的手段或者说行动的实行。在近代中国，当革命变为一种政治意识形态话语时，则关涉革命氛围或者革命舆论的塑造问题。总的来说，革命派，特别是无政府主义者对媒介的认识和运用，相较于维新派来讲更加高明。通过《新世纪》周刊这一阵地，《新世纪》广为宣传其无政府主义思想，在主题规约、组织原则、经济指征和思想引领方面构建起了社会革命话语的理论图景。

1. 以反对强权主义为社会革命的主题规约

在创刊一周年之际，《新世纪》在《本馆广告》一文中阐述了无政府主义的五大主张，即"曰'反对宗教主义'，曰'反对家族主义'，曰'反对私产主义'，曰'反对祖国主义'，曰'反对军国主义'，合而言之，则曰'反对强权主义'"④。褚民谊也曾提出："无政府者，无强权也。"⑤由此可见，《新世纪》将反对强权主义作为其社会革命的主题规约。具体来讲，

———————————

① 真民. 革命[M]//张枬，王忍之. 辛亥革命前十年间时论选集：第二卷：下册. 北京：生活·读书·新知三联书店，1963：999.

② 真民. 革命[M]//张枬，王忍之. 辛亥革命前十年间时论选集：第二卷：下册. 北京：生活·读书·新知三联书店，1963：998.

③ 真民. 革命[M]//张枬，王忍之. 辛亥革命前十年间时论选集：第二卷：下册. 北京：生活·读书·新知三联书店，1963：1002.

④ 佚名. 本馆广告[J]. 新世纪，1908（52）：1.

⑤ 民. 无政府说[M]//张枬，王忍之. 辛亥革命前十年间时论选集：第三卷. 北京：生活·读书·新知三联书店，1977：178.

《新世纪》在反对强权主义方面的观点主要分为三个部分，即反对政治强权、反对经济强权和反对社会强权。

在反对政治强权方面，《新世纪》主张废除政府和法律这种统治民众的上层建筑。《新世纪》肯定了政府的诞生有其历史原因，并具有一定的进步意义。褚民谊在论证政府诞生的历程时指出，在历史上的"原人时代"，"人各无自助自治之能力，以致涣散，而乏互相扶助之心，且兽性未脱，战斗力甚大，终日相杀，而无已时"①。在这时，有人通过创建政府来团结人民，将个人力所不能及的事交给政府来负责，"内则助人民自营力所不逮，外则防人民自由权之被侵"②。但是随着时间的演进，政府这一上层建筑的弊端逐渐显现出来，褚民谊认为："故革命者，排强权也，强权最盛者，为政府，故排强权者，倾覆政府也。"③他将政府视为无政府主义追求全世界范围内平等和自由的最大障碍。褚民谊认为，历史上的政府，无论其采取何种政体，其最终只代表部分特权阶层的利益，而使广大百姓的利益受损，"变专制为立宪，立宪又有什么君主民主的分别，然而总归少数压制多数，你们看今日的世界，专制的国，自然仍旧是皇帝一人的世界，其余有什么立宪、共和等国，表面上似乎文明一点，人民之困苦却差不多"④。褚民谊还指出，即使在共和国的政体下，"所谓民权者，不过表面上一好名词，其实在相去其真义远矣，不观乎法国乎，自由、平等、博爱三字，无不大书特书于公建筑上……初不知其底蕴，后疑其名实不称"⑤。《新世纪》之所以对诸多政体包括共和政体展开尖锐的批评，很大程度上是基于其成员在旅欧时对西方多国政治的考察，褚民谊就指出"模棱两可，而无一可者，今之法政府是也"。他认为法国政府"左则委蛇贵族，右则附和工党，其卒也，左不能安慰贵族之宿志，右不能满意工党之要求"。⑥吴稚晖考察了西方的议会体制之后指出："议会在古世，本一少数专制之组织，故虽屡变其面目，而性质从同。"⑦

与此同时，《新世纪》还将其反对政治强权的重点落在批判清政府和

① 民. 无政府说[J]. 新世纪，1908（31）：2.
② 民. 无政府说[J]. 新世纪，1908（31）：2.
③ 民. 续普及革命[J]. 新世纪，1907（17）：2.
④ 民. 不要让富贵人独有世界[J]. 新世纪，1909（83）：6.
⑤ 民. 续无政府说[J]. 新世纪，1908（32）：4.
⑥ 民. 此之谓共和政府[J]. 新世纪，1909（81）：7.
⑦ 燃. 议院为何如之一物乎[J]. 新世纪，1909（81）：5.

君主专制政体上，因为清政府就是中国强权主义的代表。

《新世纪》将慈禧和光绪这两位清末的统治者称为"狐后"和"鼠帝"，认为慈禧和光绪"实不如上海四马路之野鸡，伦敦巴黎扫马粪之小孩"[①]，并称"自狐后鼠帝已三四十年鄙陋残酷无人理……压制吾同胞，屠戮吾同胞，陷吾同胞于今日半开化之地位"[②]。批判慈禧和光绪只是《新世纪》反对中国政治强权状况的序曲，其批判的着力点是中国数千年的封建君主专制政体。《新世纪》同人指出："满洲政府有永保帝位之乐，故不知我辈有永做奴隶之苦。"[③]《新世纪》还对清末此起彼伏的立宪活动予以考察和关注，并指出立宪并不能解决中国矛盾重重的状况。1908 年 8 月，清政府颁布了《钦定宪法大纲》，假意立宪。《新世纪》认为清政府这一行径"借立宪立宪之嘉名，旋玩愚氓，观其政治内容，总以因循苟且，绵延一姓之帝业为归宿"[④]。《新世纪》主张清末的立宪活动不过是某些人谋求个人私利的工具，并将批判的矛头对准康有为等人。《新世纪》认为"康有为者，本一极恶劣之无赖，忽动其冒险之奇想，欲阶维新之名目，猎取其富贵"[⑤]。

2. 以发动民众参与和反对团体领导为社会革命的组织原则

《新世纪》主张的社会革命是以反对强权和实现众人的自由、平等和博爱为目标的，因此，发动广大民众参与就成了《新世纪》主张的社会革命的重要组织原则。李石曾在与他人辩驳时指出："吾辈主张自由与公理，欲人人自信其道而为之，绝不曾梦思以吾辈少数人，聚世界所有之财而分之，能行经济革命者，赖世界之众人耳。"[⑥]《新世纪》在刊发的《与人书》中指出："公即大多数中之一人，一足在左则左重，一足在右则右重，虽谓社会主义之能实行与否，止系乎各自一个人之左右可也，则社会主义之能实行，求之于各个人一己而已，足社会主义之不能实行，阻之于各个人一己而有余。"[⑦]《新世纪》此处所言社会主义为其主张的无政府社会主义或称无政府共产主义。在这里，《新世纪》明确表示无政府社会主义的理想目

---

① 留英反对强权人来稿. 妖魔已终人心大快[J]. 新世纪，1908（74）：13.

② 读英文报纸者来稿. 狐后鼠帝罪恶贯盈而死矣呜呼[J]. 新世纪，1908（75）：5.

③ 留英之一客来稿. 满洲政府[J]. 新世纪，1910（119）：4.

④ 新韩同人来稿. 答中国之一人书[J]. 新世纪，1909（104）：11.

⑤ 留英一客来稿. 保皇党之遗害无穷[J]. 新世纪，1909（92）：8.

⑥ 非社会党来稿，真. 驳新世纪丛书革命 附答[J]. 新世纪，1907（5）：1.

⑦ 来稿. 与人书[J]. 新世纪，1907（13）：3.

标能否实现就在于民众个人能否积极参与。

吴稚晖在评价 1906 年中国同盟会领导下的萍浏醴起义时指出："且世俗所谓关系，必萍乡一军，是听了孙君命令，然后起事……岂知文明世界之革命党，谁某亦不能命令谁某，谁某亦无需命令谁某。"[①]吴稚晖将革命党所尊崇的领导层人物称为"党魁会长总长等狗屁不通之名目"[②]。吴稚晖还分析了革命党中诸人争相担任"党魁会长总长"等职务的原因就在于他们是为了求得个人私利。他指出："以为革命党者，因巴结不上爱新觉罗氏，做个把公使参赞，故特别寻一道路，巴结孙文，以希冀公使参赞之到手……亦能由会员而干事会员而副会长……所谓天下熙熙，皆为利来，天下攘攘，皆为利往。"[③]同时，《新世纪》认为革命不应该坚持团体领导的组织形式还有着其他方面的考虑，在批评同盟会的组织形式时其指出："真同志者，既明真理，舍生取义，往往千变万化其形式而为之，不必有会而始为此，若彼非真同志者，随声附和，彼既入会，会事又不能不令彼与闻，往往以极秘密之谋画，为其泄露，因之伤折党员，败坏事局。"[④]也就是说这种团体领导的形式使革命团体中的人员鱼龙混杂，容易导致革命机密外泄，进而折损革命人士，影响事局。

3. 以废私产和实现各尽所能、各取所需为社会革命的经济指征

工业革命的发展极大地推动了人们经济社会生活的发展，但也造成了贫富悬殊的经济状况。身处欧洲的《新世纪》同人敏锐地把握到了这一问题。李石曾翻译的文章中就谈及了美国纽约贫富悬殊的问题，他指出："繁华都会，富者食一鲜苹果，给价五十元，贫者面包屑不能下咽……纽约之贫富不均，尤甲于世界。"[⑤]《新世纪》同人并没有将思考仅仅停留在贫富悬殊的表象上，还进一步指出了正是资本主义的经济体制导致这一现象的出现，如褚民谊在讨论工人罢工问题时指出："反对资本家，抵抗强权之示威罢工，谓之革命的罢工。"[⑥]

基于上述思考，《新世纪》在社会革命的经济指征方面主张废除私产，

---

① 燃. 续小共和报中国革命谈[J]. 新世纪，1907（7）：3.
② 燃. 续小共和报中国革命谈[J]. 新世纪，1907（7）：3.
③ 燃. 续小共和报中国革命谈[J]. 新世纪，1907（7）：3.
④ 沽血生. 外来广告[J]. 新世纪，1908（43）：1.
⑤ 真. 万国革命之风潮[J]. 新世纪，1909（96）：2.
⑥ 民. 罢工[J]. 新世纪，1909（92）：5.

构建各尽所能、各取所需的分配制度。如《新世纪》认为只有废除私产才能够打破资本家对平民的剥削，才能消除贫富差距，即："则反对财产，实为锄资本家之横暴，而救平民之困苦也，财产废而为公共，无食人与食于人之分，而贫富之别，饥寒之忧绝矣。"[①]《新世纪》还对未来无政府共产主义社会做了美好的憧憬："一旦无政府的时代已到，私产制度，自然一切废除。"[②]关于各尽所能和各取所需的分配制度，《新世纪》认为无政府主义者"惟'各尽所能'，而不可谓之'义务'，惟'各取所需'，而不可谓之'权利'"[③]。《新世纪》还规划了具体的参数指标，主要包括"衣""食""住"三个方面，即"于是先说到人人各有所需之当取。人类之所需者，即衣食住三者为最要。于是人人各尽所能，先布置此三者"[④]。在"住"的方面，《新世纪》主张："凡可以造宇舍供吾人住居之处，必使全世界处处相接，每三里五里，即建一居宿处。"[⑤]在"衣"和"食"的方面，《新世纪》主张"至于衣食服用之物，另有牧场耕地制造场，尽各人之所能，自由工作，分运一切应需之物"[⑥]。对于这一空中楼阁和"乌有之乡"般的未来设想，吴稚晖认为："曾无几时，可以必到，若吾胸中之无政府境界，其美善幸乐则更有进。"[⑦]

4. 以行"孔丘之革命"为社会革命的思想引领

无政府主义追求的人人自由、平等、博爱的大同社会，除了在日常的"衣""食""住"方面的富足之外，还应在思想意识层面实现人的解放，以行"孔丘之革命"为社会革命的思想引领，摆脱封建礼教和纲常的约束。在这一基础之上，《新世纪》极力批判弥漫在民众日常生活中的宗教和迷信。《新世纪》认为："古人生于天地间……凡一切不能解者，皆归之于上帝，故上帝者乃凭人之妄想而创造者也。"[⑧]《新世纪》同人不仅认为"上帝"等神化造物者只不过是人们妄想的产物，还指出宗教和迷信已经

---

① 民. 再续普及革命[J]. 新世纪，1907（18）：2.
② X 与 X. 谈无政府之闲天[J]. 新世纪，1908（49）：3.
③ X 与 X. 谈无政府之闲天[J]. 新世纪，1908（49）：3.
④ X 与 X. 谈无政府之闲天[J]. 新世纪，1908（49）：3.
⑤ X 与 X. 谈无政府之闲天[J]. 新世纪，1908（49）：3.
⑥ X 与 X. 谈无政府之闲天[J]. 新世纪，1908（49）：3.
⑦ X 与 X. 谈无政府之闲天[J]. 新世纪，1908（49）：4.
⑧ 真. 祖宗革命：家庭革命之一[J]. 新世纪，1907（2）：3.

沦为政府推行专制统治的思想工具，"自古迄今，政府为宗教之保障，为社会不平等之护符，以为多数人之残贼，政府者，制人之谓也"①。《新世纪》同人还直斥"故宗教与战争同原，所异者，一实有之强权，一架空之强权而已，故宗教永为国家政府之辅助具也"②。

《新世纪》将封建儒学称为"儒教"，并认为中国的"儒教"和西方的基督教一样同属于宗教和迷信的行列，同为政府压迫民众的工具。《新世纪》认为："儒教以天子名帝王，奉古帝王为圣……此皆宗教为政府辅助之具，及西教儒教同为强者所利用，以侮弱者之明证也。"③《新世纪》还将对封建儒学的批判着力到孔子身上，讽刺孔子："他一个小小血肉之躯，连星流日食，都看做灾异的知识，如此，乃欲将他一个人的见解，蒙盖万世，只不算专制浑账胆大妄为么。"④进而指出封建儒学和封建礼教毒害民众的专制本质，认为："孔丘砌专制政府之基，以涂毒吾同胞者，二千余年矣。"⑤因此，《新世纪》指出，欲世界人进于幸福，必先破迷信，欲中国人进于幸福，必先以孔丘之革命。⑥

三、《新世纪》社会革命观的实践策略

《新世纪》对社会革命观的探索没有仅仅停留在理论层面，还提出了其社会革命观的实践策略。《新世纪》在社会革命的具体手段上不仅强调以教育为革命、以科学促大同等温和手段，还主张采取以暗杀为主的强劲手段。在现实政治层面，《新世纪》认为共和政治为不得已之过渡阶段。

1. 以教育为革命，以科学促大同

为了讨论《新世纪》社会革命观的实践策略问题，吴稚晖曾专门发表过一篇题为《无政府主义以教育为革命说》的文章。在这篇文章中，吴稚晖指出一般意义上暴力手段的政治革命只是少数革命团体向统治者夺取强权进而互相争夺利益的过程，"政治革命，以抗争权利为目的……易生革命

① 革新之一人. 革命原理[J]. 真，译. 新世纪，1907（22）：1.
② 革新之一人. 续革命原理[J]. 真，译. 新世纪，1907（23）：1.
③ 革新之一人. 续革命原理[J]. 真，译. 新世纪，1907（23）：1.
④ 默子来稿. 与人书[J]. 新世纪，1907（15）：4.
⑤ 绝圣. 排孔征言[J]. 新世纪，1908（52）：4.
⑥ 绝圣. 排孔征言[J]. 新世纪，1908（52）：4.

党之暴徒，始则夺权于少数强权者之手，继则互相争夺，肆为屠戮"①。但他指出无政府主义的革命观则不然，"无政府主义者，其主要即唤起人民之公德心，注意于个人与社会之相互……所以无政府主义之革命，无所谓提倡革命，即教育而已，更无所谓革命之预备，即以教育为革命而已，其实则日日教育，亦即日日革命"②。可见，《新世纪》主张以教育为革命，主张日日教育即日日革命，将革命与教育等同看待，对其社会革命观的实践策略做了透彻的解释。

　　论及教育的具体内容，《新世纪》认为："故除以真理公道所包之道德，即如共同博爱平等自由等等，以真理公道所包之智识，即如实验科学等等，实行无政府之教育，此外即无所谓教育。"③可见，《新世纪》主张的教育包含两个方面的内容，一个是道德教育，一个是科学教育。道德教育的目标就是使民众的公德心日益增进，公德心主要包括民众对博爱、平等和自由等的追求，即"惟教育必有效果，效果即革命，经一革命，即人类之公德心加扩"④。论及科学教育，《新世纪》在对自然科学有一定认识的基础之上，主张以科学促进大同，将科学视为推进社会革命的有力武器。《新世纪》还将社会革命视为实现科学公理的重要手段，在第 1 号的文章《新世纪之革命》中指出："科学公理之发明，革命风潮之澎涨，实十九二十世纪人类之特色也，此二者相乘相因，以行社会进化自然之公理，盖公理即革命所欲达之目的，而革命为求公理之作用。"⑤《新世纪》对开展科学教育大加宣传，甚至认为应该将大部分教育精力用于教授科学知识，少部分用于教授道德："用其全力之七八，予人以科学之智识，更用其二三，教以无政府之道德，行如是之教育，课将来之效果，虽欲不无政府而不得。"⑥《新世纪》还认为："故除理化机工等之科学实业外，无所谓教育，足以当教育二字之名义者，惟有理化机工等科学实业也，以彼皆日促新理新器之发明造成世人之幸福，使世界进步者也。"⑦换言之，只有开展科学教育，才能够推动革命的进展和社会的进步，才能够促进未来大同社会的实现。《新世

---

①　燃. 无政府主义以教育为革命说[J]. 新世纪，1908（65）：10.

②　燃. 无政府主义以教育为革命说[J]. 新世纪，1908（65）：11.

③　燃. 无政府主义以教育为革命说[J]. 新世纪，1908（65）：11.

④　燃. 无政府主义以教育为革命说[J]. 新世纪，1908（65）：11.

⑤　佚名. 新世纪之革命[J]. 新世纪，1907（1）：1.

⑥　X 与 X. 谈无政府之闲天[J]. 新世纪，1908（49）：3.

⑦　默子来稿. 与人书[J]. 新世纪，1907（15）：4.

纪》将科学视为其推行无政府主义社会革命的理论依据，以对自然科学的弘扬来为其无政府主义社会革命话语的正当性和合理性提供辩护。

2. 以暗杀为强劲手段

暗杀是《新世纪》大力宣传的一种社会革命的手段，体现了其恐怖主义色彩。在《新世纪》周刊中，《新世纪》同人发表了大量鼓吹暗杀的文章，如在《中外日报论暗杀主义附评》一文中指出："暗杀之风，盛于俄国，投弹埋药之事靡日不有，而欧美之虚无党，又时时窃发，日本维新前后，亦常有其事。"[①]在《五十年中元首之丧其元者》中，《新世纪》同人列举了被暗杀的美国总统林肯、俄国沙皇亚历山大二世、法国总统卡诺等人。《新世纪》同人还剖析了他们鼓励推行暗杀的原因，吴稚晖在《暗杀进步》一文中指出，"东方人类之怯懦无团体，实为数千年之腐败教育，所涵濡而成，故全体一致之革命，必成为理想，造就事业，全恃小部分之组织，开通风气，全恃个人之行动"[②]。此文以清末刺杀清朝大臣的吴樾和徐锡麟为例，指出暗杀之所以具有时代的进步意义就在于其可以开通社会风气，促进民众觉醒。李石曾亦曾指出，暗杀之所以被《新世纪》同人认为是具有积极意义的活动，在于暗杀也是为了反对强权和追寻公理，"革命之用强劲手段，乃为反对强权，非以之行强权也，就作用而言，无论何等手段，凡是反对强权求伸公理者，皆可用之，革命岂惟口头语哉"[③]。

《新世纪》同人还将暗杀分为徇公和徇私两种，并且指出其提倡的是徇公的和求公理的暗杀，而徇私的暗杀是"好杀"和"谋杀"，是应该摒弃的，"暗杀也者，为除害而非为徇私也，为伸公理，而非为名誉也，为排强权，而非为报复也，使为徇私而暗杀，则暗杀不得为暗杀，而为谋杀，使为名誉而暗杀，则暗杀不得为暗杀，而为好杀……暗杀诚出于至诚至公而不可假借者也"[④]。

3. 以共和政治为不得已之过渡物

主张社会革命的《新世纪》同主张政治革命的孙中山等革命派之间有

---

① 希. 中外日报论暗杀主义附评[J]. 新世纪，1907（10）：4.
② 夷. 暗杀进步[J]. 新世纪，1909（104）：8.
③ 真. 某氏与新世纪书 附答[J]. 新世纪，1907（8）：3.
④ 民. 再续普及革命[J]. 新世纪，1907（18）：3.

着较大的理念上的分歧，但从现实来看，两派虽"道不同"，但仍"宜相谋"。《新世纪》不仅在思想主张方面认为共和政治为社会革命"不得已之过渡物"，还在实际行动上给予革命派以一定的道义支持，客观上维护了清末革命团体的团结。

　　《新世纪》认为无论是主张社会革命，还是主张政治革命，不同政治团体间的矛盾并非不可调和，"今诸君所主张者革命，今吾辈所主张者革命，故诸君与吾辈之志愿同"①。《新世纪》曾在《新世纪之革命》一文中列出了"革命思想进化表"。在该表中，《新世纪》将革命分为三个阶段，包括以"易朝改姓"为目标的旧世纪革命，以"倾覆旧政府，建立新政府"为目标的新旧过渡时代革命和以"扫除一切政府"为目标的新世纪革命②。可见《新世纪》也承认在其主张的社会革命目标真正实现之前，需要有共和政治这一过渡阶段，即"故共和政治，已止为不得已之过渡物"③。《新世纪》还具体分析了之所以承认共和政治在革命阶段中的正当性的原因：一是"盖无政府党欲毁灭世界之政府，固尚未能定其期日"④，无政府主义的革命目标理想远大，在其目标尚未实现之前，需要有一个过渡阶段。二是"就共和主义言之，执政既归平民……故中国之人民，必有能为平民政府之资格，始有改良中国政治之能力……故以共和主义为号召，是一最得势之理由也"⑤。换言之，共和革命可以促进普通民众政治权利的实现，只有广大民众政治意识不断觉醒和提高，才能够有改良中国政治的可能。三是"因政府虽为强弱相制之机关，然亦为人民相互之机关，无政府时代虽决无统治之组织，而亦不能无关连之组织，欲取关连之组织，以代统治之组织，非一时可臻于完备"⑥。也就是说，在实现《新世纪》所主张的推翻一切政府之后，社会采取何种运行模式，需要有一个不断探索和逐渐臻于完备的过程。在这个过程中，共和政府在实现迭代过渡方面有其积极意义。

　　不仅如此，《新世纪》还在具体行动方面给予了革命派以一定力量的

①　真. 与友人论种族革命党及社会革命党[J]. 新世纪，1907（8）：1.
②　佚名. 新世纪之革命[J]. 新世纪，1907（1）：2.
③　四无. 无政府主义可以坚决革命党之责任心[J]. 新世纪，1908（58）：11.
④　四无. 无政府主义可以坚决革命党之责任心[J]. 新世纪，1908（58）：11.
⑤　四无. 无政府主义可以坚决革命党之责任心[J]. 新世纪，1908（58）：11.
⑥　四无. 无政府主义可以坚决革命党之责任心[J]. 新世纪，1908（58）：11-12.

支持，如《新世纪》曾在所刊载的广告中专门推介了同盟会的机关报《民报》。当同盟会内部出现内讧等事件时，《新世纪》还曾撰文调停，对诽谤孙中山的人予以驳斥，称："近见有东京同盟会布告孙文君罪状书，所言不惟无足为孙文君之罪状，且适显其为沾染保皇党气息……东京岂有如此之败类者，想必为三数谬妄人托而为之。"[1]该言论展现了《新世纪》对孙中山的道义支持。与此同时，《新世纪》创办人之一的张静江曾在经济上对孙中山的革命活动给予大力援助。孙中山曾有言："自同盟会成立后，始有向外筹资之举矣，当时出资最勇而多者张静江也，倾其巴黎之店所得六七万元尽以助饷。"[2]

四、余　　论

从整体上看，《新世纪》的社会革命观是一种带有恐怖主义色彩的改良主义革命观，认为社会革命是为了求得众人的自由、平等、博爱，进而实现天下大同。《新世纪》的社会革命观具有一定的历史进步意义：一是《新世纪》的社会革命观对封建专制下的清政府和封建礼教展开了猛烈的批判，在一定程度上有助于促进清末民众的觉醒。二是《新世纪》的社会革命观关注到了资本主义体制下产生的贫富悬殊等社会问题，并探讨了其社会原因。《新世纪》对资本主义的批判表明其已经初步认识到了资本主义不仅是一种促进经济发展的方式，还是现代社会诸问题的主要源头。三是《新世纪》的社会革命观本质上是具有恐怖色彩的改良主义学说，这也就注定了其无法成为引领中国走向未来的力量。

Research on the Social Revolution Viewpoint in *New Century* in the Late Qing Dynasty

Cao Debao

Abstract: *New Century* is one of the important positions of anarchist thought in the late Qing Dynasty. Its view of social revolution is a new revolutionary view formed by combining Kropotkin's theory of mutual aid and

---

① 佚名. 劝革命党二[J]. 新世纪，1909（115）：8.
② 孙中山. 建国方略[M]. 北京：生活·读书·新知三联书店，2014：123-124.

Jacques Reclus's theory of evolution. *New Century* had constructed its theoretical picture of social revolutionary discourse in terms of theme regulations, organizational principles, economic indicators and ideological guidance. Its practical strategies point to using education as revolution, using science to promote great harmony, and using assassination as a powerful means and using republican politics as a transitional thing of last resort. The view of social revolution in *New Century* has certain historical and progressive significance, but its essence is a reform view with a terrorist flavor, which is difficult to guide the Chinese revolution into the future.

Key words: anarchism; *New Century*; social revolutionary viewpoint

《新世纪》道德政治思想研究

孔令珂

摘要：《新世纪》通过"归本于道德"的道德话语来论证其无政府主义理论的正当性，主张"纯乎为人道""合于公道真理"的"至公之主义"，反对一切政治意识形态上层建筑，具有明显的道德政治思想特征。道德政治是以道德为原则来分析和解决政治问题的政治思维方式，通过道德政治分析进路，可探明《新世纪》特有的道德方法、政治德性和政治德行特征，为透视近代中国无政府主义政治思想史提供新的视角，为马克思主义在中国的早期传播研究探索可行路径。

关键词：《新世纪》；道德政治；道德方法；政治德性；政治德行

作者简介：孔令珂，北京大学马克思主义学院助理研究员，北京大学《马藏》编纂与研究中心研究员，主要从事马克思主义基本原理、政治哲学与思想史研究。

引　言

　　现代无政府主义思想在 18 世纪末至 19 世纪初形成于西欧，一般以葛德文、施蒂纳为鼻祖，后经蒲鲁东、巴枯宁、克鲁泡特金等人的发展，成为现代西方政治哲学与思想史上有重要影响的政治思潮。19 世纪末至 20 世纪初，西方无政府主义思潮通过马君武等人对俄国无政府主义著作的译介传入中国，开始对清末民初的资产阶级革命派政治思想产生影响，逐渐孕育出中国本土的无政府主义派别。辛亥革命前后，留法的李石曾、吴稚晖、褚民谊等人以《新世纪》（1907—1910）为舆论阵地，逐步成长为近代政治思想史上比较有影响力的无政府主义流派的主要代表。

　　《新世纪》在政治思想上主张消除一切政治意识形态上层建筑，实行

"纯乎为人道"①"合于公道真理"的"至公之主义"②，反对其他各派的政治哲学"玄谈"，认为无政府主义相较于其他政治思想的独特优势就在于"有其原理上不可侵犯之道德"③，主张通过"归本于道德"④的道德话语来论证其政治理论与实践的正当性，带有显著的道德政治特征。道德政治是以道德为一般原则来看待和处理政治问题的政治哲学范畴，有其深厚的政治思想史渊源，并且在中国近代政治思想史上占据重要地位。有论者指出，道德是《新世纪》无政府主义学说思想的根本范畴，其"革命思想归根结底是道德思想……这就是革命的起点，也是革命的终点"，无政府主义"革命的根本目标是道德的，特别是要创造'公德'"⑤。《新世纪》所表达的道德政治思想"对世纪之交的中国政治思想来说是至关紧要的，并将无政府主义者完全置于了当时的思想环境之中"⑥。

　　本文以《马藏》所录《新世纪》文本为研究对象，从道德政治视角来重新透视《新世纪》道德方法、政治德性和政治德行的特征，揭示《新世纪》道德政治的基本立场和主要观点，力图锚定《新世纪》在近代政治思想光谱中的位置，为近代政治史和政治思想史研究提供一个新的视角，也可为马克思主义在中国的早期传播研究探索可行路径。

一、《新世纪》的道德方法论：由较善而更善

　　有何种世界观，便具有何种道德观，也就有何种道德政治思想。道德政治的本义是以道德一般原理为依据来分析解决政治问题的政治思维方式，而道德原理则以整体的世界观和方法论为基础。《新世纪》坚持朴素的唯物主义和进步主义世界观，认为人类社会以物理世界为基础，遵循物理世界进化规则，由此奠定了《新世纪》抽象的进步主义道德原则。

　　《新世纪》坚持朴素唯物主义世界观，认为人的身体属性与精神属性均由物理世界产生，服从物理世界的规则。从人的精神属性来看，精神产

---

① 李石曾. 无政府道德之要素[J]. 新世纪, 1909（109）: 4.
② 李石曾. 续无政府说[J]. 新世纪, 1908（33）: 3.
③ 李石曾. 无政府道德之要素[J]. 新世纪, 1909（109）: 2.
④ 李石曾. 无政府道德之要素[J]. 新世纪, 1909（109）: 2.
⑤ 阿里夫·德里克. 中国革命中的无政府主义[M]. 孙宜学, 译. 桂林: 广西师范大学出版社, 2006: 90.
⑥ 阿里夫·德里克. 中国革命中的无政府主义[M]. 孙宜学, 译. 桂林: 广西师范大学出版社, 2006: 90.

生于物质，不可脱离物质而存在，"并无物质以外之精神，精神不过从物质凑合而生也"①。从人的身体属性来看，不仅是精神，人本身也是物理世界的自然产物，人体不过是"用清水一百十一磅，胶质十六磅，蛋白质四磅三两，纤维质四磅五两，油质十二两，会逢其适，凑合而成一百四十七磅之我"②。由是之故，人的思维和行动都无法超出物理世界的范围，必须"盲从此物理世界之规则"③。

《新世纪》试图通过观察物理世界的经验来把握物质世界的规则即进化规律。在《新世纪》看来，"物理世界，如何而有，不可思议；物理世界，何所底止，不可思议"④。换言之，只有经验世界直观的物理现象（业相）是可思议的，现象背后有无变化规律则是不可思议的。可见，《新世纪》止步于经验表象，无法深刻把握世界发展的客观规律，不仅否认事物的辩证规律，也否认宗教神学的超验学说，认为此岸可思议之人假定彼岸不可思议之神的做法是狂妄无根据的，因而断定"宗教之徒自然不值一钱也"⑤，从而极力排斥一切宗教学说。"宗教妄言造物，说诳无疑。诳造之说，岂可让之存立。"⑥但是问题在于，无政府主义在批判宗教神学的同时却没有提出自己对世界生成发展的宇宙论学说，对世界的有无变化规律仅以"不可思议"简单处理，这表明《新世纪》具有明显的经验论和怀疑论局限。

《新世纪》沉沦物质世界经验表象，无法把握物质世界发展的一般规律，进而落入不彻底的渐进主义和改良主义世界观。《新世纪》将世界分为以"善"为原则的可思议世界和以"至善"为原则的不可思议世界。物理世界由"可思议"的经验"业相"即物理世界的经验表象构成，以"善"即物理世界的生成规则为基本原则。"物理世界之规则即为良心，良心即善。虽至善为不可思议，然有比较斯有物理……比较永在不可思议之间，故比较之起讫即不可思议。由较善而更善，直至于不可思议，斯之为进化。"⑦从朴素唯物主义立场出发，人类虽无法达到形而上的"至善"，但却可以通过"善"与"至善"的比较来达到"较善"的效果，因而物理世界的客观

① 吴稚晖. 与友人书[J]. 新世纪，1909（116）：1.
② 吴稚晖. 与友人书[J]. 新世纪，1909（116）：1.
③ 吴稚晖. 与友人书[J]. 新世纪，1909（116）：1.
④ 吴稚晖. 与友人书[J]. 新世纪，1909（116）：2.
⑤ 吴稚晖. 与友人书[J]. 新世纪，1909（116）：2.
⑥ 吴稚晖. 与友人书[J]. 新世纪，1909（116）：2-3.
⑦ 吴稚晖. 与友人书[J]. 新世纪，1909（116）：3.

规律即在于"善"向"至善"的进化。

《新世纪》认为人类社会应遵循物质世界进化规律，并以此作为判断人类行为正当与否的价值标准，从而确立道德政治的基本道德原则遵循。在《新世纪》看来，根据不可思议的形而上世界并不能把握物质世界的究竟，也无法为人类社会标定价值标准。因此，人类社会的价值目标不应该放在玄之又玄的终极问题上，而应放在日常生活的"进化"问题上，不再追求至善的终极价值，而是着力于较善的渐进价值。判断社会政治行为正当性的标准就是是否符合进化规律："切于人事而言，吾人应为进化，不可为退化。"①这种进化论道德观虽然简化了人类社会的价值标准，但没能进一步深刻把握社会政治发展的一般规律，只是以当下社会的改良进步为判断标准。《新世纪》简单地相信，通过物理世界的渐进进化便可推动社会政治生活领域的扩充发展，逐步解决社会问题，而不必通过革命的途径。足见，《新世纪》所表现出的中国近代无政府主义道德原则在根本上是改良的而非革命的，既无法在理论上把握社会发展的一般规律，也无法在实践中承担建设社会的总体任务。

二、《新世纪》的政治德性观：合于公道

德性是客观道德原则在道德主体内的具体反映，一般的政治道德原则只有内化为个体的政治德性才能在政治实践中产生实际效果，这是道德政治思想的应有之义。《新世纪》一般的进步主义道德原则落到具体的道德主体上，便形成了合于人道的人道主义政治德性。在道德政治领域，"在最深刻的意义上，个人与社会、劳动与财产规定着政治之道德性的判断根据"。②换句话说，政治道德学说的主要矛盾就在于政治主体的群己之分和物质利益的公私之辨。《新世纪》的人道主义政治德性学说反对自私自利，主张"合于公道"的"至公主义"，旨在形成最大的"社会合力"来推动世界的进步。

《新世纪》的人道主义政治德性是其进步主义道德原则的具体化和主体化。在《新世纪》看来，人类既要遵循物理世界进化的客观规律，也要遵循"人力进化"的主观规律。不仅如此，人类甚至可以通过主观的"人

① 吴稚晖. 与友人书[J]. 新世纪，1909（116）：3.
② 张盾，田冠浩. 黑格尔与马克思政治哲学六论[M]. 北京：学习出版社，2014：2.

力进化"克服客观的不利条件来完成自己的事业，这是道德问题的应有之义："以客观言，人生固逆旅也；以主观言，人生实进化也……事业有兴废之人力进化，乃关于道德之问题。"[1]主观的道德行动可以帮助人们克服物理世界的客观必然性以实现人的自由事业："人之机体之结构，合原质而成，取之于太空，非人固有也明矣，决不能于一结构后，而永不分散也。况人于结构分散之际，尚有数十寒暑之生涯，言论行事，固可自由。苟善用其时间，竭尽其心力，何患其生涯之短，而忧其不足济于事哉？"[2]

道德不仅是引导"一己之力"的私人道德，更是引导社会"群力"的公共道德："一己之能力所不能及者，则合群力；一身之生涯所不能济者，则继群生。一己之能力有限，而群力无限也；一身之生涯有限，而群生无限也。"[3]只有以公德克服私德、以群力聚合一己之力，才能真正实现人类社会的高阶进化。《新世纪》主张"纯乎为人道""昭然全为人道"的人道主义政治德性是无政府主义"原理上不可侵犯之道德"[4]，认为"漫然于个人及社会之问题"的各种政治哲学玄谈都是"乌托邦"，只有"无人能压制其同曹，亦无世间之一物能受人之压制"[5]的无政府主义道德才是真实的政治道德原则。按照这种标准，其他各派的政治道德都是不道德的，只有无政府主义的政治道德是合乎公道真理的"至公主义"。照此看来，近代资产阶级革命派的政治目标"无非为功名利禄，一言一语不脱乎自私自利"[6]。同样，旧社会的封建官僚政治也与公道真理背道而驰，"红顶花翎高冠礼服者……所处之地位不能不与公道真理相背"[7]。概言之，资产阶级革命派和封建主义保守派都是为了或大或小的私利而进行革命，两者都不符合公道真理的进步趋势。与之相反，《新世纪》完全是由于"良心发现"而确定无政府主义为"最合于今之公道真理"。[8]按照此种公道真理，其他任何政治派别都具有背公徇私的局限性，无法摆脱政治主体的群己之分和物质利益的公私之辩。打破这种局限性的唯一路径便是发动无政府主

① 李石曾. 续无政府说[J]. 新世纪，1908（41）：2.
② 李石曾. 续无政府说[J]. 新世纪，1908（41）：2.
③ 李石曾. 续无政府说[J]. 新世纪，1908（41）：2.
④ 李石曾. 无政府道德之要素[J]. 新世纪，1909（109）：2-4.
⑤ 李石曾. 无政府道德之要素[J]. 新世纪，1909（109）：1-2.
⑥ 李石曾. 续无政府说[J]. 新世纪，1908（33）：3.
⑦ 李石曾. 续无政府说[J]. 新世纪，1908（33）：3.
⑧ 李石曾. 续无政府说[J]. 新世纪，1908（33）：4.

义革命:"苟无政府则无国界种界,更无彼吾之别,无利己害人,此真自由、真平等、真博爱能见之日也,此无政府之所以合于公道真理也。"①

《新世纪》的道德政治学说具有明显的知识精英主义倾向,并未达到其所生成的至公无私的程度。按照这种倾向,道德的根据在于知识,"道德本于行为,行为本于心理,心理本于知识。是故开展人之知识,即通达人之心理也,通达人之心理,即真诚人之行为也,真诚人之行为即公正人之道德也"。故此,教育即开展人之知识才是"人力的进化之原动力",而道德在其最高意义上是以公正为核心的政治道德。②因此,《新世纪》提倡由一部分掌握道德真理的"专为理想之工作者"来引领"不究理解,仅讲质力之人"③,通过道德教育来"公正人之道德"④。按照《新世纪》的观点,个人主义、共产主义等"置无政府之原理于不问"的错误思想很大程度上是由于"专为手足之劳动者"的民智未开、认识不到自身的局限性。这些底层劳动者由于缺乏认知,反而容易成为专制统治者的帮手。更有甚者,缺乏政治道德修养的贫民一旦发迹,往往摇身一变成为"最奸诈最专横之资本家"⑤。因此,《新世纪》坚持社会发展需要知识分子、道德精英来引领,"知识以外实无道德,知识既高,道德自不得不高……知识增高不但有益于自己之道德,且足以增进他人之道德"⑥。以《新世纪》为代表的无政府主义知识精英妄图以其政治道德话语来与不道德者抗争,"勿忘吾人之目的,所以有阶级之争,乃欲平去一切之阶级"⑦。需要注意的是,在《新世纪》的语境里,阶级斗争主要指政治道德意义上的意识形态之争,认为通过政治道德教育方式便可以让人们放弃个人利益而共同参与革命。无政府主义革命"主要即唤起人民之公德心,注意于个人与社会之相互,而以舍弃一切权利,谋共同之幸乐……革命者,不过教育普及以后人人抛弃其旧习惯而改易一新生活"⑧。可见,《新世纪》远未达到马克思列宁主义对阶级问题的认识深度,认识不到阶级问题的政治经济学根源,因而也就无

---

① 李石曾. 续无政府说[J]. 新世纪,1908(33):4.
② 李石曾. 续无政府说[J]. 新世纪,1908(41):2.
③ 李石曾. 无政府道德之要素[J]. 新世纪,1909(109):3.
④ 李石曾. 续无政府说[J]. 新世纪,1908(41):2.
⑤ 李石曾. 无政府道德之要素[J]. 新世纪,1909(109):4.
⑥ 吴稚晖. 论智识以外无道德——并辟宗教维持道德之迷信[J]. 新世纪,1908(97):6-7.
⑦ 李石曾. 无政府道德之要素[J]. 新世纪,1909(109):4.
⑧ 吴稚晖. 无政府主义以教育为革命说[J]. 新世纪,1908(56):11.

法谋得无产阶级的现实利益和真正支持。仅靠部分道德精英的人道主义道德说教，注定无法有效承担起政治革命的领导任务："无政府主义是绝望的产物"，是"失常的知识分子或游民的心理状态，而不是无产者的心理状态"①。

三、《新世纪》的政治德行论：知与行

道德政治范畴不仅包括一般的政治道德原则和主观的政治德性修养，也包括客观的政治德行方法。《新世纪》在政治德行方面奉行改良主义路线，通过渐进改良的实践来取消一切政治上层建筑，逐步实现无政府主义理念。

知与行是《新世纪》政治德行范畴内的主要矛盾。在《新世纪》看来，知即道德理论，属于精神范畴；行即道德实践，属于物质范畴。道德理论是抽象的、自由独立的一般范畴；道德实践是具体的、牵涉现实关系的个别范畴："知、精神界之事也，行、体魄界之事也。故知无涯，而行有涯。知可以独立自由，而行不能无共同关系。"②换言之，道德理论可以按照简单逻辑直线前进，道德实践则必须按照现实逻辑曲折前进："知可以循直线。而行或不能不委曲。"③

《新世纪》依据知行关系的不同划分出三种政治德行模式。一是"知之即行之"的古典政治哲学模式，孔子所谓言行相顾、知其不可为而为之，以及苏格拉底所谓德性即知识、"知德同点"均属此类。二是"知及之而行不及之"的现代政治哲学方式，唯心论哲学、宗教神学的抽象道德观念均属此类。三是"知之而曲行之"的现实方式，强调实现道德理论的实践过程是曲折的、需要不断根据实际情况来调整实践方案。《新世纪》根据其进化论和改良主义一般原则，反对前两种，支持第三种政治德行模式。第一种德行模式"径情直行，不及顾共同关系之一方面者"④，很难得到客观社会环境的支持。第二种德行模式由于完全不具备现实条件，往往落入消极的缄默主义或者愤世嫉俗的犬儒主义，无助于正常政治道德实践。诸种错误德行的根源均在于"不知知行界限"，没有处理好道德理论与道德实践的逻辑关系。

---

① 列宁. 列宁全集：第5卷[M]. 北京：人民出版社，2013：341.
② 一民来稿. 知与行[J]. 新世纪，1909（114）：1.
③ 一民来稿. 知与行[J]. 新世纪，1909（114）：1.
④ 一民来稿. 知与行[J]. 新世纪，1909（114）：2.

值得注意的是，《新世纪》在以知行关系为依据评判各类政治德行方法的同时，暗含着对各类政治道德知识本身的价值判断。例如，在批判古典政治德行方式的时候，便预设孔子和苏格拉底的道德理念本身是易知易行的，在批判宗教神学德行方式的时候便预设其是不可知不可行的。但实际上，孔子的道德实践有着极强的理想主义道德志趣，是为了恢复三代之治的政治理想，实则具有知其不可为而为之的道德理想主义追求。同样，苏格拉底及其弟子柏拉图建构的理想国也是对现实政治理想化的道德政治图景，苏格拉底本人甚至为这个道德政治理想献出了生命。因此，两者都不似《新世纪》所谓"积极行为之并无阻力者"①。又如，《新世纪》认为社会主义、共产主义等现代道德政治理想都是不具备现实条件的乌托邦，"在今日均为预备时代……则皆非得大多数人赞成之后，无从着手。今日所可预备者，惟竭力鼓吹，如彼宗教家传教之法，务使信者日众，以渐达于大多数赞成之境"②。当下只有无政府主义政治实践是现实可行的，"如暗杀兴军，尚可牺牲少数人以试之"③。不仅如此，《新世纪》还奉劝其他各派奉行改良主义者，"平日行为，则不妨从宜从俗……凡违之而便于我不利于众者，皆戒之，固不必如乙之怀惭而自沮，亦不可如甲之直情而径行"④。

《新世纪》的道德政治思想充分暴露了近代无政府主义激进革命话语的道德形式主义本质。道德形式主义"固执单纯的道德观点而不使之向伦理的概念过渡……把道德科学贬低为关于为义务而尽义务的修辞或演讲"⑤。《新世纪》固执抽象的人道主义道德原则，既无法构建完备的政治理论体系，也无法指导具体的政治实践。《新世纪》在政治道德和政治德性上固执"至公主义真理"，但却无法进一步建立起有序的政治伦理体系和明确的政治观念，因而落到具体政治德行上就往往回避实际的革命行动，在政治实践中沦为资产阶级政党的附庸，为了摆脱道德形式主义的"空虚性和否定性的痛苦，就产生了对客观性的渴望，人们宁愿在这客观性中降

---

① 一民来稿. 知与行[J]. 新世纪，1909（114）：1.
② 一民来稿. 知与行[J]. 新世纪，1909（114）：3.
③ 一民来稿. 知与行[J]. 新世纪，1909（114）：3.
④ 一民来稿. 知与行[J]. 新世纪，1909（114）：3-4.
⑤ 黑格尔. 法哲学原理[M]. 范扬，张企泰，译. 北京：商务印书馆，1961：157.

为奴仆，完全依从"①。换句话说，就是"把客观世界的改造归结为主观精神的完善，主张用批判的武器代替武器的批判，相信笔墨口舌之功远胜于疆场浴血，这是'新世纪派'的重要特点"②。

结　语

通过对《马藏》所录《新世纪》若干重要篇目的考察，可初步把握《新世纪》道德政治思想的主要观点。第一，在一般道德原则立场上，《新世纪》坚持进步主义和改良主义道德原则，主张不必"思议于始终之不可思议"，不必纠结于善中的至善，而是要专注于善与至善之间的"较善"。第二，具体到内在的政治德性上，《新世纪》坚持人道主义的政治德性和以道德教育为主的理论论证方式，其所谓道德政治主体既不是个体的"我"也不是无产阶级的"我们"，而是"纯乎为人道"的抽象的人。第三，《新世纪》在政治德行上奉行渐进改良的现实主义，主张通过"暗杀""入狱"等直接暴力行动来达到政治目的，但实际上从来无法制定和执行具体有效的政治实践方案，也就无法完成挽救历史变局的总体政治任务。这表明，《新世纪》的抽象道德政治理论同其具体政治德行之间存在着深刻的矛盾，抽象的道德形式主义使之逐渐沦为资产阶级政治秩序的附庸。事后观之，《新世纪》成员的种种政治投降行径在其道德政治思想上早已有迹可循。这也从一个侧面证明，舶来的道德政治观念若无正确的世界观和方法论指导，便无法成为领导中国革命的政治思想力量。道德政治只有在理论上具备政治经济学深度，在实践上深入人民群众中才能充分发挥价值。当代道德政治和政治道德研究也要借鉴政治思想史经验，既不回避道德政治问题，又要为之寻求中国化时代化马克思主义的基本原理支撑，进而思考构建新时代的政治道德体系，力求在新时代赓续中华民族"为政以德"的道德政治理想。

Study upon the Moral Political Thought of *New Century*

Kong Lingke

Abstract: *New Century* attempted to justify its anarchist theory through a

① 黑格尔. 法哲学原理[M]. 范扬，张企泰，译. 北京：商务印书馆，1961：185.
② 蒋俊. "新世纪派"思想研究[J]. 文史哲，1991（2）：64.

radical moral discourse, advocating a pure humanitarian principle of justice and proposing to suspend all the political ideological superstructure. Moral politics is a political problematic to tackle political problems with moral principle. Through the lens of moral politics, we can perspect the moral political principle, political morality and political virtue of *New Century*, which could provide a new perspective for the study of the history of modern Chinese anarchist political thought and detect another possible approach for the study of the early spread of Marxism in China.

Key words: *New Century*; moral politics; moral method; political morality; political virtue

道德批判与道德建构：李大钊对马克思主义道德理论的引介传播与科学运用

金德楠

摘要：李大钊作为中国马克思主义的早期传播者，自觉将马克思主义道德伦理思想与中国革命中的道德议题相结合，形成了关于道德伦理的马克思主义系列论断。他对马克思主义道德理论的引介传播与科学运用也展现为其道德伦理思想的生成进路：首先，在理论原则上，坚持以历史唯物主义诠释道德现象，形成了道德批判与道德建构的科学范式；其次，在道德批判上，系统地批判了封建纲常名教，澄明了其物质基础、本质属性和消极作用；最后，在道德建构上，主张依托劳工阶级创造新伦理，强调以物心两面的革命实现道德理想。李大钊的马克思主义道德伦理思想，为中国近代的道德革命确立了道德批判与道德建构的致思路向，并为毛泽东等早期无产阶级革命者所接受和运用，从而成为中国共产党乃至中华民族道德建设的重要思想资源。

关键词：李大钊；马克思主义；道德伦理；道德批判；道德建构

作者简介：金德楠，北京大学马克思主义学院助理教授，北京大学《马藏》编纂与研究中心研究员。主要从事马克思主义伦理学和思想政治教育基础理论研究。

道德革命是清末民初中国革命的一个重要议题，文化保守主义、自由主义、个人主义、功利主义、利己主义等各类道德学说也因之而各异其是、交相争讼，极大阻滞了时人彻底批判封建纲常名教和有效建构新伦理新社

会的历史进程。为此，1919 年至 1920 年，李大钊在《新青年》《新潮》等杂志上陆续发表了《我的马克思主义观》《物质变动与道德变动》《由经济上解释中国近代思想变动的原因》等重要著作，大量引介和传播了马克思主义道德理论，并以此精辟论述了道德的本源、实质、社会作用和发展规律，为近代中国革命找到了道德批判与道德建构的科学理论武器，促成了马克思主义道德理论与中国民族民主革命的有机结合。作为中国第一位运用唯物史观系统分析道德问题的革命先驱，李大钊对启蒙早期无产阶级革命者的道德伦理思想乃至奠基中国共产党的道德建设理论都做出了开创性贡献。

一、确立原则：形成道德批判与道德建构的科学范式

确立诠释道德现象的科学范式，是开展道德批判与道德建构的根本前提。"唯物史观的建立，科学地解决了存在和意识、个人和社会、自由和必然、自律和他律的关系，从而使伦理思想从一切唯心主义或形而上学唯物主义的束缚下解放出来，使道德的根源、本质和社会作用等问题得到了唯一科学的解释。"[①]为此，李大钊坚持运用历史唯物主义原理分析中国革命中的道德问题，在学理层面上形成了一系列关于道德的起源、本质、发展规律与社会作用的科学认知，最终形成了道德批判与道德建构的科学范式。

1. 解构封建传统的唯心主义道德哲学

"道德情感论"的基本理论范式是把人的道德动因归结为人的情感和良知。它作为中国传统道德伦理的深层底色，源于孟子的"四善端说"，即"恻隐之心，仁之端也；羞恶之心，义之端也；辞让之心，礼之端也；是非之心，智之端也"。直至汉代，董仲舒提出"天人感应说"，断言"王道之三纲可求于天"，中国封建道德伦理开始呈现出"道德情感论"与"德性天启论"合流与同构进而情感化与神圣化相互交织的特征。显然，道德情感论和德性天启论构成了中国封建道德伦理的唯心主义哲学基础。为此，李大钊在《物质变动与道德变动》一文中对中国封建道德伦理展开了深刻批判。他认为马克思主义以前的大多数道德论说均把道德的精神认作神，主张道德有超自然的渊源，并"在超自然的地方，在人间现实生活以外的

---

① 罗国杰. 马克思主义伦理学的探索[M]. 北京：中国人民大学出版社，2015：135.

地方，求道德的根源"①。进言之，道德情感并非"道德情感论"所指称的"人的先天的自然本能"，而是在人的生产实践和交往实践中形成的具有社会历史文化内容的稳定的心理状态；道德信仰也并非"德性天启论"所诠释的"某种超自然力量的规定"，而是根源于人的生存的社会本性，尤其是科学知识和理性精神被遮蔽的封建时代的生产结构。因此，李大钊得出结论：把道德的本源归诸"宗教的灵界"或"对于他人的同情心"等唯心主义道德论说，均不能说明道德产生的真实原因。直到 19 世纪后半叶，"达尔文研究道德之动物的起源，马克思研究道德之历史的变迁。道德的种种问题至此遂得了一个解决的方法"②，而这种方法就是遵循把人的自然本性和社会本性相结合的理论路径，对各类道德哲学采取辩证唯物主义和历史唯物主义相结合的批判范式，同时，从"人间现实生活"中考察道德的起源、本质和发展规律。

2. 强调道德存在于人们的交往实践中

道德理念与道德行为本质上都是人的一种社会性现象。它既源于人的交往实践，表现为它作为一种调节人的社会行为和社会关系的伦理规则内化到人的观念世界，又必然指导人的交往实践，表现为它作为一种道德观念外化到行为主体的现实社会生活中。道德作为人的一种社会本能，表征人类社会生活的实践本质，而人类社会生活的基础则是人类的经济生活。由此，道德必然与政治、法律、宗教、哲学、文学一样受到经济生活的决定性作用，同时，道德作为社会物质生活在人们一定行为准则中的反映，也必然成为保障人们意识与行为适应社会生产关系进而推动生产发展的精神力量。李大钊很早就已认识到道德内具物质属性和社会属性的特点，正如他所言，"所谓良心，毕竟是社会的本能的呼声"，"道德这个东西不是超自然的东西，不是超物质以上的东西，不是凭空从天上掉下来的东西。他的本原不在天神的宠赐，也不在圣贤的经传，实在我们人间的动物的地上的生活之中"。为此，道德作为一种属人的精神观念和行为实践，其基础"就是自然，就是物质，就是生活的要求。简单一句话，道德就是适应社会生活的要求之社会的本能"。③具言之，任何一种道德观念，都是一

---

① 李大钊. 李大钊全集：第 3 卷[M]. 北京：人民出版社，2013：130.
② 李大钊. 李大钊全集：第 3 卷[M]. 北京：人民出版社，2013：130.
③ 李大钊. 李大钊全集：第 3 卷[M]. 北京：人民出版社，2013：133.

种交往实践的反映，体现和维护着人与人之间的权利义务关系；如果一种道德观念，不能维护因其而存在的交往关系，也不能捍卫行为者依其而享有的基本权利和担负相应义务，那么，这种道德观念必将丧失其现实性与合理性而彻底消亡。在此意义上，道德作为人的一种社会本能，就是现实生活中人的存在方式和生存方式。

3. 主张道德因循社会经济的发展而进步

道德的社会经济制约性原理，是马克思主义伦理学的基础命题。它表明道德作为一种社会意识形式，从属于精神文化系统，源自现实的社会生活并且由物质基础决定，故此，必然因循社会经济的发展而进步。在《我的马克思主义观》一文中，李大钊明确指出，"唯物史观的要领，在认经济的构造对于其他社会学上的现象，是最重要的；更认经济现象的进路，是有不可抗性的"①。依此逻辑，他把道德伦理现象与政治法律现象等人类社会一切精神的构造视为表面构造，而把物质的、经济的构造视为基础构造，"经济构造是社会的基础构造，全社会的表面构造，都依着他迁移变化"②。进言之，物质和经济可以决定道德，而道德不能限制经济和物质的变化，它只能适应生活并因循社会的需要而常有变动。随后，李大钊依据道德与经济的关系的原理，把道德的发展规律总结为"故就物质论，只有开新，断无复旧；就道德与物质的关系论，只有适应，断无背驰。道德是精神现象的一种，精神现象是物质的反映，物质既不复旧，道德断无单独复旧的道理；物质既须急于开新，道德亦必跟着开新，因为物质与精神是一体的，因为道德的要求是适应物质上社会的要求而成的"③。正是这种从物质生活出发阐释道德的实质及其发展规律的历史唯物主义分析范式，促使他在中国伦理思想史上创造性地提出，"什么圣道，什么王法，什么纲常，什么名教，都可以随着生活的变动、社会的要求而有所变革，且是必然的变革"④。显然，李大钊的这些论断实质上否定了中国封建伦理道德秉持的"天不变，道亦不变"的基本原则，指明了文化保守主义者因否定道德的历史性和进步性而无视旧道德中带有扼杀人性和妨害社会进步

① 李大钊. 李大钊全集：第 3 卷[M]. 北京：人民出版社，2013：7.
② 李大钊. 李大钊全集：第 3 卷[M]. 北京：人民出版社，2013：8.
③ 李大钊. 李大钊全集：第 3 卷[M]. 北京：人民出版社，2013：140-141.
④ 李大钊. 李大钊全集：第 3 卷[M]. 北京：人民出版社，2013：145.

的重大缺陷，最终为中国革命进程中批判旧道德、建立新道德提供了必要的思想准备。

二、道德批判：澄清封建伦理道德的基础、本质与作用

封建纲常名教是近代中国革命的对象和道德解放的阻力。李大钊在确立以历史唯物主义为理论原则诠释道德现象的科学范式的基础上，进一步从经济结构和社会结构出发，剖析了封建伦理道德得以生成和存续的经济、社会基础，澄明了其维护封建统治阶级剥削利益的意识形态属性和禁锢人民群众自由精神的消极作用，从而超越了那些从道德观念的善恶性质出发批判封建纲常名教的理论范式，实现了对封建纲常名教深层次、系统性的学理批判。

1. 封建伦理道德是农业经济组织及其衍生的大家族制度的产物

任何一种道德现象都有其特定的经济制度和社会制度基础。马克思曾指出："物质生活的生产方式制约着整个社会生活、政治生活和精神生活的过程。不是人们的意识决定人们的存在，相反，是人们的社会存在决定人们的意识。"[①]依照这个逻辑，封建伦理道德根植于农业经济主导的物质生产方式和以血缘为基础的宗法家族制度，同时，它又与政治、法律合体而成为农业经济和宗法体制的维护者。为此，李大钊从"中国以农业立国"出发分析"中国的大家族制度"，进而讨论纲常、名教、道德、礼义的制度基础，"中国的大家族制度，就是中国的农业经济组织，就是中国二千年来社会的基础构造。一切政治、法度、伦理、道德、学术、思想、风俗、习惯，都建筑在大家族制度上作他的表层构造"[②]。在此基础上，李大钊得出结论：作为封建伦理道德核心的"孔门伦理"之所以能在中国延续千年而不衰，"不是他的学说本身具有绝大的权威，永久不变的真理，配作中国人的'万世师表'，因他是适应中国二千余年来未曾变动的农业经济组织反映出来的产物，因他是中国大家族制度上的表层构造，因为经济上有他的基础"[③]。进言之，农业经济的解体和工业经济的发展，也就意味着封建伦理道德之现实合理性的丧失和中国道德革命的历史必然。可见，

---

① 马克思，恩格斯. 马克思恩格斯文集：第 2 卷[M]. 北京：人民出版社，2009：591.
② 李大钊. 李大钊全集：第 3 卷[M]. 北京：人民出版社，2013：186.
③ 李大钊. 李大钊全集：第 3 卷[M]. 北京：人民出版社，2013：187.

李大钊对中国封建伦理道德的批判，不只是对其价值原则的批判，更是对其经济和社会根源的批判，因而是深层的政治经济学批判，而不是表层的道德形而上学批判。

2. 封建伦理道德本质上是维护统治阶级剥削利益的意识形态

意识形态不同于意识形式。伦理道德作为一种意识形式，只有当它维护统治阶级局部利益而沦为阻滞社会进步的虚假的观念体系时，才成为一种意识形态。封建伦理道德作为中国农业经济的产物，本质上就是维护封建等级制度和剥削关系的虚假的意识形态。李大钊对封建伦理道德彻底而科学的批判在于，证明了封建伦理道德维护统治阶级剥削利益而压制和奴役劳动者的意识形态属性。在《由经济上解释中国近代思想变动的原因》一文中，他诘问道，"看那二千余年来支配中国人精神的孔门伦理，所谓纲常，所谓名教，所谓道德，所谓礼义，那一样不是损卑下以奉尊长？那一样不是牺牲被治者的个性以事治者？那一样不是本着大家族制下子弟对于亲长的精神？"[①]而且封建伦理道德与落后的社会生产力及其衍生的身份制度息息相关，特别是在以"存天理，灭人欲"为主旨的宋明理学兴起之后，它更是彻底否认了人满足自身感性欲望的合理性，最终沦为了一种极端整体主义的规制体系，不但"漏掉"了个人的独立意识和权利意识，而且展现出强烈的禁欲主义的特质。为此，李大钊批判道，"孔子所谓修身，不是使人完成他的个性，乃是使人牺牲他的个性"，正如"忠"使臣完全牺牲于君，"孝"使子完全牺牲于父，"顺""从""贞节"则使妻完全牺牲于夫或女子完全牺牲于男子，可见"孔门的伦理，是使子弟完全牺牲他自己以奉其尊上的伦理；孔门的道德，是与治者以绝对的权力责被治者以片面的义务的道德"[②]。当贫民过着"苦行僧"生活而对纲常名教日用而不知的时候，统治者却享受着等级制度赋予的奢靡的物质生活，这岂不充分证明封建伦理道德本质上是维护封建统治阶级剥削利益的虚假的意识形态？

3. "道德不变论"使封建伦理道德沦为人民群众的道德桎梏

"道德不变论"根源于晚清"中学为体，西学为用"之说，在 20 世纪初表现为文化保守主义者所倡扬的"道德复古论"。它强调封建伦理道德

---

① 李大钊. 李大钊全集：第 3 卷[M]. 北京：人民出版社，2013：186.
② 李大钊. 李大钊全集：第 3 卷[M]. 北京：人民出版社，2013：186-187.

应万世不易、中国人要忠于中国的政教文明。譬如，辜鸿铭就曾在《纲常名教定国论》中主张，"欲存今日之国，必先废督军。欲废督军，必先斥政客。欲斥政客，必先去共和政体而申纲常名教……何谓名教之大纲？则孔子春秋大义是也。此大义即中国与日本之真宪法，我东方文明之根本也"[①]。这类观点一时广为流行，持"道德没有新旧""道德上复旧之必要必甚于开新"之论者甚众。李大钊在《自然的伦理观与孔子》一文中针锋相对且开宗明义地指出，"余既绝对排斥以孔道规定于宪法之主张，乃更进而略述自然的伦理观，以批孔子于中国今日之社会，其价值果何若者"[②]。继而他依据历史唯物主义原理得出了"道德应社会而变易"的结论，即"道德者利便于一社会生存之习惯风俗也。古今之社会不同，古今之道德自异。而道德之进化发展，亦泰半由于自然淘汰，几分由于人为淘汰。孔子之道，施于今日之社会为不适于生存，任诸自然之淘汰，其势力迟早必归于消灭"[③]。易言之，鸦片战争后外国资本主义的经济殖民，使封建农业经济受到重大压迫而动摇，使中国传统大家族制度陷入崩颓粉碎的运命，也引致封建伦理道德不能适应中国的现代生活和现代社会而沦为人民群众的精神枷锁。总之，李大钊科学揭示了封建伦理道德赖以统治人们思想的社会经济基础，以及它作为"历代帝王专制之护符"与压制人性之"残骸枯骨"行将崩溃的客观必然性和价值合理性，并由此产生了为适应新生活、新社会而建构新伦理的革命理想。

三、道德建构：依托劳工阶级的革命实现道德理想

道德建构是道德批判的目的。李大钊在对封建纲常名教的全面批判中，同时提出了建设新道德的主张。他不仅探赜新伦理的基本样态，初步诠释了共产主义的道德理想，而且明确了劳工阶级是新伦理的创造者因而新伦理内含劳工神圣的特质，还提出了以物心两面、灵肉一致的社会革命建构新伦理的方略。这种以新道德改造国民的落后性进而催生新社会制度的致思路向，使得李大钊的道德建构思想呈现出精神革命与物质革命相向而行的基本特征。

① 辜鸿铭. 辜鸿铭文集：下[M]. 黄兴涛，等译. 海口：海南出版社，1996：263-264.
② 李大钊. 李大钊全集：第 1 卷[M]. 北京：人民出版社，2013：428.
③ 李大钊. 李大钊全集：第 1 卷[M]. 北京：人民出版社，2013：429.

1. 探赜新伦理的基本样态进而诠释共产主义的道德理想

道德建构的首要问题，就是描述一种理想的道德样态，进而确立该种道德样态何以必然的理论逻辑。李大钊以马克思主义伦理学为分析原则，探赜了新伦理的基本样态。他的新伦理不仅初步呈现了共产主义道德理想，而且确证了共产主义道德理想何以可能的科学依据，实现了道德理想崇高价值性和历史必然性的统一。他认为，将来人的新生活和新社会"应是一种内容扩大的生活和社会——就是人类一体的生活，世界一家的社会"，与之相适应，新伦理"不是神的道德、宗教的道德、古典的道德、阶级的道德、私营的道德、占据的道德；乃是人的道德、美化的道德、实用的道德、大同的道德、互助的道德、创造的道德"。[①] 显然，李大钊充分关注到了无产阶级革命中的道德革命问题，明确了无产阶级在这个革命时代所应肩负的通过"伦理的感化，人道的运动"进而祛除封建纲常伦理的恶习染与恶性质的历史使命；而他主张的"新伦理"，实质上就是一种表示人的自由全面发展的解放的道德。这种解放的道德，从长远看就是恩格斯所说的"只有在不仅消灭了阶级对立，而且在实际生活中也忘却了这种对立的社会发展阶段上，超越阶级对立和超越对这种对立的回忆的、真正人的道德才成为可能"[②]。在此意义上，李大钊不仅描述了人类社会的一种崇高的道德状态，赋予了中国革命以远大的道德建构目标，而且指明了实现共产主义道德理想的基本路径在于创造"新生活和新社会"，彰显了无产阶级的革命运动之于中国社会的道德意义。

2. 新伦理以劳工阶级为创造者因而内含劳工神圣的特质

道德伦理的生成发展总是依附于人的感性世界，根植于人的实践活动。马克思曾指出，"这种活动、这种连续不断的感性劳动和创造、这种生产，正是整个现存的感性世界的基础"[③]。李大钊正是从人的感性劳动出发，最终发现了新伦理以劳工阶级为创造者因而内含劳工神圣的特质。在他看来，任何一种道德理想的实现，都需要在感性世界中寻找其阶级基础和主体力量，而劳工阶级作为中国革命的主导力量，不仅是实现人的解放的阶级基础，而且是建构新伦理的主体力量。据此，他认为新伦理的建构，

---

① 李大钊. 李大钊全集：第 3 卷[M]. 北京：人民出版社，2013：146.

② 马克思，恩格斯. 马克思恩格斯文集：第 9 卷[M]. 北京：人民出版社，2009：100.

③ 马克思，恩格斯. 马克思恩格斯文集：第 1 卷[M]. 北京：人民出版社，2009：529.

一方面是因为旧伦理鄙夷劳动，尤其是孔门"贱视劳工的心理"，如他所言，"中国的劳动运动，也是打破孔子阶级主义的运动。孔派的学说，对于劳动阶级，总是把他们放在被治者的地位，作治者阶级的牺牲"[①]。与旧伦理截然不同，中国劳工阶级在生产活动和社会生活中产生了"协合、友谊、互助、博爱的精神"，而这些精神则构成了新伦理的基础。[②]另一方面则是因为当时中国社会经济和阶级关系已然发生变动，即随着资本主义经济的发展和无产阶级的壮大，中国已经出现了无产阶级的新道德，如李大钊所言，"现代的经济组织，促起劳工阶级的自觉，应合社会的新要求，就发生了'劳工神圣'的新伦理，这也是新经济组织上必然发生的构造"[③]。在此基础上，李大钊强调劳工阶级作为未来社会主义的创建者，是建构新伦理道德的主体力量，为此应对其进行马克思主义教育，"把知识阶级与劳工阶级打成一气不可"[④]，从而消除封建伦理的束缚和资产阶级道德的影响，有效提高劳工阶级的道德觉悟和道德认知。

3. 新伦理以物心两面、灵肉一致的社会革命为实现途径

任何一种道德形态，既在根本上依据社会生产方式的变革而变革，又受到社会历史文化传统的影响，为此，建立新伦理必须从物质与精神两方面入手。李大钊指出："我们主张以人道主义改造人类精神，同时以社会主义改造经济组织。不改造经济组织，单求改造人类精神，必致没有效果；不改造人类精神，单等改造经济组织，也怕不能成功。我们主张物心两面的改造，灵肉一致的改造。"[⑤]其中，"物"的改造，就是摧毁封建主义与资本主义的私有制及其衍生的政治制度，"创造一种'劳工神圣'的组织，改造现代游惰本位、掠夺主义的经济制度"，以使得"人人都须作工，作工的人都能吃饭"，从而建立社会主义的公有经济和民主政治；"心"的改造，就是本着共产主义、人道主义精神，倡扬互助、博爱的价值理念，改变封建"道德说教"引致的道德堕落，以期"使人人都把'人'的面目拿出来对他的同胞；把那占据的冲动，变为创造的冲动；把那残杀的生活，变为

---

① 李大钊. 李大钊全集：第 3 卷[M]. 北京：人民出版社，2013：191.

② 李大钊. 李大钊全集：第 2 卷[M]. 北京：人民出版社，2013：480.

③ 李大钊. 李大钊全集：第 3 卷[M]. 北京：人民出版社，2013：191.

④ 李大钊. 李大钊全集：第 2 卷[M]. 北京：人民出版社，2013：422.

⑤ 李大钊. 李大钊全集：第 3 卷[M]. 北京：人民出版社，2013：23.

友爱的生活；把那侵夺的习惯，变为同劳的习惯；把那私营的心理，变为公善的心理"。①因此，只有物心两面的改造相向而行，力求人们同时享有物质满足和精神愉悦，才能使那种"人类一体，世界一家"的理想道德生活成为一种现实存在。由此可见，李大钊所谓的"物心两面、灵肉一致的社会革命"，实质上就是既打破宗教精神和纲常伦理的精神统治，又打破封建专制和自由主义民主制度的政治统治，还打破市民社会私有财产的经济统治，从而实现人的全面解放的无产阶级革命。显然，这和他认为"俄国十月革命是基于'爱人精神'、'世界主义'的革命，是'人道主义'对'专制的宗教和政治制度'的胜利"②一以贯之。

四、结　　语

总体上看，李大钊的马克思主义道德伦理观，实现了马克思主义道德伦理思想与中国革命中的道德革命的有机结合。《新青年》《新潮》等杂志对他运用马克思主义道德理论分析中国革命问题的相关著作的刊载和传播，也促使时人对马克思主义道德理论从"听闻"走向"详知"、对封建纲常名教从"熟知"走向"真知"，深化了早期革命者对道德革命的自觉理论认知，为劳动者阶级在中国革命进程中彻底批驳封建主义道德理论、自由主义道德理论进而建构无产阶级的道德体系奠定了马克思主义理论基础。此外，不容忽视的是，李大钊对马克思主义道德理论的引介传播与科学运用，深刻地影响了中国早期无产阶级革命家群体，特别是他因循马克思主义科学原理而形成的中国化道德改造和道德建设思想，被深受伦理学熏陶和曾力主道德革命的毛泽东所接受，并在中国革命的具体实践中得到了创新性发展。正如毛泽东在接受埃德加·斯诺采访时所言，"我在李大钊手下在国立北京大学当图书馆助理员的时候，就迅速地朝着马克思主义的方向发展"，"到了一九二〇年夏天，在理论上，而且在某种程度的行动上，我已成为一个马克思主义者了，而且从此我也认为自己是一个马克思主义者了"。③很显然，李大钊对中国早期无产阶级革命者的深刻影响，使他的马克思主义道德伦理思想，不仅在现实层面上引发了中国无产阶级革命中独

---

① 李大钊. 李大钊全集：第3卷[M]. 北京：人民出版社，2013：67.
② 后藤延子. 李大钊思想研究[M]. 王青，等编译. 北京：中国社会出版社，1999：55.
③ 埃德加·斯诺. 红星照耀中国[M]. 董乐山，译. 北京：人民文学出版社，2016：147-148.

具特质的道德建构现象，而且在观念层面上真正成为中国共产党乃至中华民族道德建设的重要思想资源。

Moral Criticism and Construction of Historical Materialism: Li Dazhao's Dissemination and Scientific Application of Marxist Moral Theory

Jin Denan

Abstract: As an early propagator of Marxism in China, Li Dazhao consciously combined the moral and ethical thoughts of Marxism with the moral issues in the Chinese revolution, and formed a series of marxist judgments on moral and ethical issues. These judgments generally show the Marxist approach of his moral and ethical thoughts: firstly, on the theoretical principle, he insisted on interpreting moral phenomena with historical materialism and established the scientific paradigm of moral criticism and moral construction; secondly, in the aspect of moral criticism, he systematically criticized the feudal compendium of fame and religion, clarifying its material basis, essential attribute and negative effect; thirdly, in the aspect of moral construction, he advocated the creation of new ethics by relying on the working class, and emphasized the realization of moral ideal by the revolution of both sides of matter and mind. Li Dazhao's Marxist moral and ethical thought established the orientation of moral criticism and moral construction for China's modern moral revolution, and was accepted and applied by early proletarian revolutionaries such as Mao Zedong, thus becoming an important ideological resource of the Chinese Communist Party and even the moral construction of the Chinese nation.

Key words: Li Dazhao; Marxism; moral and ethical; moral criticism; moral construction

从欧洲近代思想史中理解马克思思想学说

——《欧洲近世智力进步录》与马克思思想学说在中国的传播

路 宽

摘要：《欧洲近世智力进步录》一书论述了欧洲近代思想的发展，并将马克思思想学说置于欧洲近代思想发展的谱系中进行考察和评价，这与之前传入中国的著述中通常将马克思思想放在社会主义发展史或社会主义理论中进行分析的视角不同，为我们提供了理解马克思主义及其早期传播的新视角。马克思主义在中国早期传播的译作多是自日文翻译而来，而《欧洲近世智力进步录》是自英文翻译而来，其翻译方式是由外国来华传教士和中国人合作翻译（也称为"西译中述"）。该文献介绍了马克思的生平，马克思的劳动价值理论、剩余价值理论和社会主义理论，以及马克思思想学说的历史影响，为马克思思想学说在中国的传播作出了贡献。

关键词：《欧洲近世智力进步录》；欧洲思想史；马克思

作者简介：路宽，北京大学马克思主义学院中国近现代史研究所研究员、博士生导师，主要从事中国近现代史、中共党史、社会主义传播史的研究。

　　《欧洲近世智力进步录》一书由英国人高葆真根据赫克托·麦克弗森的《知识进步的世纪》（*A Century of Intellectual Development*）选译改编而成，徐惟岱、曹曾涵校润，上海广学会 1909 年出版，上海商务印书馆代印。这本书论述了欧洲近代思想的发展，介绍了马克思的生平，评述了马克思的劳动价值理论和剩余价值理论，还介绍了马克思及其思想学说的历史影响。在此之前，域外传入中国的社会主义相关著述，如《近世社会主义》

《社会主义》《社会主义概评》等，通常是将马克思思想学说放在社会主义发展史或社会主义理论中进行分析，而该书却是将马克思思想学说置于欧洲近代思想史中予以考察，这就凸显了马克思思想学说在西方思想史中的特殊地位，以及马克思学说与西方思想传统不可分割的紧密关系，为人们理解马克思思想学说的思想意蕴和时代价值提供了思想史的知识基础，也为人们理解马克思主义及其早期传播提供了新视角。

一、欧洲近代思想史文献在中国的译介与传播

《欧洲近世智力进步录》取材于 1907 年出版的赫克托·麦克弗森著《知识进步的世纪》一书。

笔者在检索作者的相关信息时，发现有两位英国的麦克弗森都撰写和出版了颇多著作，以致一些图书馆所编写的书籍检索目录，常常张冠李戴，将两人的著作混淆。鉴于此，笔者梳理了两人的信息，介绍如下。

这两位麦克弗森是父子俩。父亲是赫克托·卡斯维尔·麦克弗森（Hector Carsewell Macpherson，1851—1924），儿子是赫克托·科普兰·麦克弗森（Hector Copland Macpherson，1888—1956）。《知识进步的世纪》一书的作者是父亲赫克托·卡斯维尔·麦克弗森。

赫克托·卡斯维尔·麦克弗森，英国作家、记者。1851 年 10 月 16 日出生于格拉斯哥，1924 年 10 月 17 日逝世于爱丁堡。曾求学于亚历山大邓巴顿郡郊区学校。1877 年至 1908 年担任《爱丁堡晚报》的职员和编辑，之后成为自由撰稿人。1880 年与玛丽·珍妮特·科普兰结婚。1924 年 3 月 3 日由托马斯·伯恩斯（Thomas Burns）等提名当选为爱丁堡皇家学会的会员。[①]麦克弗森的作品甚多，涉及人物传记、社会主义、宗教，以及欧洲近代科技、政治和知识的进步等主题，主要有《敬石南花：诗歌与歌曲》（*Here's to the Heather: Poems and Songs*）、《托马斯·卡莱尔》（*Thomas Carlyle*）、《亚当·斯密》（*Adam Smith*）、《斯宾塞与斯宾塞主义》（*Spencer and Spencerism*）、《赫伯特·斯宾塞：斯人斯著》（*Herbert Spencer, the Man and His Work*）、《苏格兰教会危机》（*The Scottish Church Crisis*）、《苏格兰

---

① 关于赫克托·麦克弗森，现在所提供的关于赫克托·麦克弗森的介绍是根据《爱丁堡皇家学会历任院士传记索引 1783—2002（第二部分）》（*Former Fellows of Royal Society of Edinburgh1783—2002：Biographical Index Part Two*）一书中的相关资料翻译、整理而成。

的精神独立之战》（*Scotland's Battles for Spiritual Independence*）、《政治进步的世纪》（*A Century of Political Development*）、《知识进步的世纪》、《苏格兰的知识进步》（*The Intellectual Development of Scotland*）、《苏格兰欠新教的债》（*Scotland's Debt to Protestantism*）、《何谓好书与怎样读书》（*Books to Read and How to Read Them*）、《社会主义福音书》（*The Gospel of Socialism*）等。

赫克托·科普兰·麦克弗森，英国天文学家、牧师。1911 年当选为英国皇家天文学会的会员，1917 年 5 月 3 日当选为爱丁堡皇家学会会员；1916—1921 年在艾尔郡纽米尔斯的劳登东教堂（Loudon East Church）担任牧师，1921—1925 年在爱丁堡的格思里纪念教堂（Guthrie Memorial Church）担任牧师。此外，他还当选过法国天文学会会员。1924、1952—1954 年当选为爱丁堡天文学会会员，1926—1928 年担任该学会主席。赫克托·科普兰·麦克弗森的著作较多，主要有《一个世纪的天文学的进步》（*A Century's Progress in Astronomy*）、《实用肉眼天文学》（*Practical Astronomy with the Unaided Eye*）、《迫害之下的誓约派：对其宗教信仰和伦理思想的研究》（*The Covenanters under Persecution: A Study of Their Religious and Ethical Thought*）、《近代天文学：崛起与进步》（*Modern Astronomy: Its Rise and Progress*）、《教会与科学：神学与科学思想的关系研究》（*The Church and Science: A Study of the Inter-relation of Theological and Scientific Thought*）、《现代宇宙学：关于宇宙结构的研究和理论的历史简述》（*Modern Cosmologies: A Historical Sketch of Researches and Theories Concerning the Structure of the Universe*）、《天文学的缔造者》（*Makers of Astronomy*）、《天文学家传记辞典》（*Biographical Dictionary of Astronomers*）、《通往星空的指引》（*Guide to the Stars*）。

《欧洲近世智力进步录》由英国传教士高葆真参译，中国人徐惟岱、曹曾涵笔述而成，是"西译中述"的典型，也是中外学人合作的思想结晶。

高葆真，即威廉·亚瑟·科纳比（William Arthur Cornaby，1860—1921），英国循道会传教士。1885 年来华，在湖北汉阳传教，不久调任上海广学会编辑，主编《中西教会报》（*The Chinese Christian Review*）和《大同报》（*Chinese Weekly*）。《中西教会报》是一份以教徒为主要阅读对象的宗教杂志。1891 年 2 月创刊，1893 年 12 月停刊，1895 年 1 月复刊。1912 年更名为《教会公报》。林乐知、卫理、高葆真、华立熙、莫安仁、季理斐①等传教士先后担任主编。《大同报》，1904 年 2 月创刊，1914 年终刊，共出 538 期，周刊，翌年更名为《大同月报》。《大同报》以普及近代科学技术为宗旨，设有社说、外论、智丛等栏目，也有西书西报和新闻的选译，翻译内容涉及哲学、教育、历史、宗教、农业、动植物等。高葆真是这份综合性刊物的主编和主笔。高葆真著述较多，内容十分丰富。他撰写了大量英文著作，内容多与中国相关，主要有《中国概观》(*China under the Searchlight*)、《中国和中国人民》(*China and Its People*)、《中国的呼唤：传教士在新旧中国的工作与机遇研究》(*The Call of Cathay: A Study in Missionary Work and Opportunity in China Old and New*)、《祈祷与人类问题》(*Prayer and the Human Problem*)等书。

除了上述英文著作和《欧洲近世智力进步录》，高葆真还针对中国急需近代科学技术的形势，积极翻译与科技有关的西方著述。如针对中国茶叶出口锐减的局面，他摘译了英国高怡 (G. A. Cowie) 的《作物栽培学》(*The Cultivation*) 一书中的部分内容，于 1910 年以《种茶良法》为书名出版 (此书由曹曾涵校润)。大概是由于中国传统的茶叶生产欠缺土壤化学等方面的知识，所以《种茶良法》选译这方面的知识最多。他还鉴于中国现代医学落后和缺医少药的现实，和曹曾涵合作翻译了《泰西医术奇谭》。②此外，他还发表了大量文章和译作，这些文章和译作主要发表于《中西教会报》(《教会公报》)、《大同报》、《万国公报》上，少量发表于《字林西报》《时报》《新民报》《北洋学报》《岭南女学新报》《东方杂志》《扶风月报》《北京新闻汇报》等报纸杂志上，内容涉及政治、经济、文化、历史、教育、宗教、国际形势，以及物理、化学等自然科学。高葆真所撰写和翻译的文章大多是向中国读者介绍西方的历史和现实、科学常识和西方科学的最新进展、西方近代政治的发展等，同时积极阐发关于中国社会改

---

① 季理斐，原名唐纳德·麦吉利弗雷 (Donald MacGillivray, 1862—1931)，加拿大传教士，父母为英国移民。1899 年任上海广学会编辑，1921 年升任该会总干事，1929 年辞职。1930 年离华赴英，死于英国。季氏通汉文，编有《中国官话拉丁化字典》(*A Mandarin-Romanized Dictionary of China*)，此外还著有《基督教新教在华传教百年史》(*A Century of Protestant Missions in China, 1807—1907*)等书。参见：中国社会科学院近代史研究所翻译室. 近代来华外国人名辞典[M]. 北京：中国社会科学出版社，1981：92.

② 关于高葆真的介绍，根据以下资料整理而成：中国社会科学院近代史研究所翻译室. 近代来华外国人名辞典[M]. 北京：中国社会科学出版社，1981：92；熊月之. 西学东渐与晚清社会[M]. 北京：中国人民大学出版社，2011：440；郑培凯，朱自振. 中国万代茶书汇编校注本：下[M]. 香港：商务印书馆香港有限公司，2014：1114.

良的见解，如他和华立熙在《大同报》上发表的《论中国维新当以西班牙为戒》①，论述了对中国维新的看法。这些文章发表的时间跨度从 1900 年至 1917 年，有些是高葆真单独署名，有些是高葆真和他人合作署名，合作者有曹曾涵、徐惟岱、管鹤、可权子、戴师铎等。

《欧洲近世智力进步录》一书正文第一页的署名是"英国高葆真参译，震泽徐惟岱、元和曹曾涵同校润"。根据高葆真和徐惟岱、曹曾涵的著述情况看，该书当是由高葆真口译、徐惟岱和曹曾涵笔述的。熊月之曾将晚清中国译才分为三类：第一类是"中述人才"，即与传教士等西方人士合作翻译时担任笔述工作的人，如李善兰、王韬、徐寿、华蘅芳、蔡尔康等，这些人在从事翻译时多不懂西文（有的懂一点），但中文根基较好，多具有某一方面的专门知识。他们通过笔述将大批西方新学问介绍到中国。第二类是"西译人才"，即自己通晓西文，能独立进行翻译工作，如严复、马君武、周桂笙等。第三类是"日译人才"，即从日文转译西学，如樊炳清、戢翼翚、梁启超、赵必振等。徐惟岱、曹曾涵当是熊月之所谓三类中国译才中的第一类中述人才，两人当同是与广学会及相关传教士关系密切的中国笔述者。熊月之还称："从时间上看，1900 年以前，翻译界大抵是西译中述的天下，1900 年以后，则为日译人才、西译人才的时代。"②《欧洲近世智力进步录》尽管出版于 1909 年，但从形式上看，仍属于西译中述的合作翻译模式。

徐惟岱，生卒年不详，江苏震泽（今江苏苏州吴江区）人，字太岳，庠生。目前还无法找到徐惟岱的生平资料，但通过全国报刊索引等数据库，可以查阅到徐惟岱所发表和翻译的文章。这些文章的发表时间主要集中在1907—1916 年，主要发表于《大同报》(《大同月报》)、《万国公报》等报纸杂志上。少部分是徐惟岱单独署名发表的，多是宣传新思想，关于改良中国政治的议论，如《设资政院以立议院基础论》③等。其余大多数是徐惟岱和英国传教士莫安仁④合作撰写或翻译的，还有少部分是徐惟岱和高葆真合作撰写或翻译的。这些文章的内容有的是介绍国内外历史、政治和

---

① 高葆真. 论中国维新当以西班牙为戒[J]. 华立熙，译. 大同报，1910（25）：1-3.

② 熊月之. 西学东渐与晚清社会[M]. 北京：中国人民大学出版社，2011：555-556.

③ 徐惟岱. 设资政院以立议院基础论[J]. 大同报，1907（8）：1-2.

④ 莫安仁，原名埃文·摩根（Evan Morgan，1860—1941），英国浸礼会教士，1884 年来华，在西安传教，一度调往山西任职。1918—1930 年任上海广学会编辑，编有若干学习汉语的书。参见：中国社会科学院近代史研究所翻译室. 近代来华外国人名辞典[M]. 北京：中国社会科学出版社，1981：338.

形势的，如《英国宪政》①等；有的是介绍西方近代科技成就和发展（侧重于农学的成就）的，如《农学新法》②等；有的是就中国内政提出改良建议的，如《论中国宜求新政人才》③《论整顿国家财政之要》④等。总的来看，徐惟岱当是一位熟悉新思潮，对西方历史、政治和自然科学等方面有所了解，热心翻译西学的知识分子。

曹曾涵，生卒年不详，江苏元和（今江苏苏州吴中区）人，字恂卿，一字蘅史，曾是希社社友⑤，也是西泠印社社员⑥。20 世纪初曾在广学会或《大同报》担任翻译工作，1910、1911 年初，协助高葆真校润《种茶良法》和《泰西医术奇谭》。⑦曹曾涵也是一位著述颇丰的知识人。1907 年至 1910年，他与加拿大传教士季理斐、高葆真合作撰写、翻译了大量文章，发表于《万国公报》《大同报》等报纸杂志上。多数文章的内容涉及国际政治、世界形势和对于改革中国现状的见解，如《论中国维新之现状》⑧《英国商业之情状》⑨《美总统可望连任》⑩等；也有部分文章的内容涉及自然科学。1911 年，曹曾涵还在《词章杂志》上发表了大量他本人撰写的诗词。总的来说，曹曾涵所翻译、撰写的文章旨在介绍世界大势，传播新思潮以推动中国社会改革。此外，曹曾涵曾参与《万国通史》的翻译。英国学者李思（John Lambert Rees）与蔡尔康、徐莨臣、曹曾涵合作翻译的《万国

---

① 莫安仁，徐惟岱. 英国宪政[J]. 大同报，1907（2）：11-13.

② 莫安仁，徐惟岱. 农学新法[J]. 大同报，1907（1）：17-19.

③ 莫安仁，徐惟岱. 论中国宜求新政人才[J]. 大同报，1908（4）：2-4.

④ 莫安仁，徐惟岱. 论整顿国家财政之要[J]. 万国公报，1906（214）：39-49.

⑤ 希社，1912 年中元（农历七月十五日）由高翀创办于上海，以豫园寿晖堂为社集，月凡一举，为文酒之会。希社除高翀外，还有潘飞声、黄式权、蔡尔康等少数名人，其他大多为不甚出名者。参见：李康化. 近代上海词人的移民身份与文化网络[M]//复旦大学中国古代文学研究中心. 中国文学研究：第 13 辑. 北京：中国文联出版社，2009：114.

⑥ 余正. 西泠印社早期社员状况研究之一[M]//西泠印社. "百年名社·千秋印学" 国际印学研讨会论文集. 杭州：西泠印社，2003：26. 西泠印社，清光绪三十年（1904）由丁仁、王禔、吴隐、叶铭等浙派篆刻家发起创立于杭州西湖畔，因临近泠桥而得名。该社以 "保存金石，研究印学，兼及书画" 为宗旨，是一个主要从事金石篆刻创作与研究，同时兼及书画创作的民间学术团体。该社颇有历史，产生了很大影响。（冯骥才. 中国非物质文化遗产百科全书·代表性项目卷：下卷[M]. 北京：中国文联出版社，2015：625.）

⑦ 郑培凯，朱自振. 中国历代茶书汇编校注本：下[M]. 香港：商务印书馆香港有限公司，2014：1123.

⑧ 季理斐，曹曾涵. 论中国维新之现状[J]. 万国公报，1907（223）：10-15.

⑨ 季理斐，曹曾涵. 英国商业之情状[J]. 万国公报，1907（227）：43-45.

⑩ 季理斐，曹曾涵. 美总统可望连任[J]. 万国公报，1907（226）：79-80.

通史》①，分前编、续编和三编，每编各 10 卷；续编叙英、法两国历史，李思译，徐葆臣笔述，曹曾涵润色；三编记德、俄两国历史，李思译，曹曾涵笔述。光绪末年，该书由广学会刊印。②

《欧洲近世智力进步录》一书共九章内容。第一至第七章的标题中都带有"感动"一词，根据书中内容，"感动"意为进展和影响。第一章"法国反对政教之感动"介绍了法国著名思想家卢梭、伏尔泰、霍尔巴赫等人的生平和思想。书中认为，此三人"各以所著献于世，以为大改革之先声"。第二章"法国才士之感动"介绍了法国百科全书派的代表人物狄德罗的生平和思想，并进一步论述了伏尔泰、卢梭、霍尔巴赫等人的思想，该章附有卢梭的小传。书中认为："浮勒特（即伏尔泰——引者注）之旨在开民智，而卢梭之旨则在振民权，有著博学丛书之狄德鲁（即狄德罗——引者注）同人，意欲众民与文士结合团体，以冀灌输知识，而废弃国中诸旧制，为众民倡，庶其国可图振兴。振兴之道，在于广设民学，教育童蒙。"第三章"天文之感动"论述了欧洲近代天文学的发展和影响，介绍了著名天文学家哥白尼、开普勒、牛顿、赫歇尔、康德、拉普拉斯等人的生平经历和思想。第四章"物质考之感动"论述了欧洲近代物理学的发展和影响，介绍了著名物理学家牛顿、亥姆霍兹、麦克斯韦的物理学理论，特别是力学理论和原子理论。第三、第四两章都提及和概述了万有引力定律和星云说等天文学、物理学方面的重大发现。第五章"生物学之感动"论述了欧洲近代生物学的发展和影响，介绍了著名生物学家歌德、奥肯、居维叶、圣伊莱尔、赫胥黎、斯宾塞、达尔文、华莱士、海克尔等人的生物学理论，特别是关于生物起源和演化的理论。第六章"英国思想家之感动"介绍了 19 世纪英国思想家边沁的生平及其功利主义思想，以及约翰·斯图亚特·穆勒、詹姆斯·穆勒父子两人的生平经历和思想学说。第七章"德国思想家之感动"介绍了 18 世纪末至 19 世纪中叶康德、费希特、谢林、黑格尔四位德国古典哲学著名思想家的生平和思想。第八章"喀赖尔之理想"论述了英国著名历史学家、哲学家托马斯·卡莱尔的生平和思想。第九章"理

---

① 该书所据原本，有不少内容来自英国伦敦麦克米伦公司（MacMillan & Co. of London）出版的由约翰·爱德华·格林（John Edward Green）所编"历史与文学基本读物系列"（*The Series of History and Literature Primers*）。转引自：邹振环. 西方传教士与晚清西史东渐——以 1815 至 1900 年西方历史译著的传播与影响为中心[M]. 上海：上海古籍出版社，2007：335.

② 郑天挺，等. 中国历史大辞典（音序本）：下[M]. 上海：上海辞书出版社，2007：2692.

财学"介绍了马克思的生平经历和思想学说，重点评析了马克思的劳动价值理论和社会主义理论。该章的附录介绍了美国企业家卡耐基的生平经历和思想。高葆真认为，上述欧洲新思潮的代表人物是欧洲近代智力进步的推动者，他们的思想创造和理论创新推动了欧洲历史的发展和进步。高葆真和徐惟岱、曹曾涵将这些欧洲著名思想家及其思想译介给中国人，试图借助"他山之石"，从思想上对中国社会的变革和进步产生推动作用。高葆真在书中详细论述并高度评价了赫胥黎的社会进化的观点，而且进化论的观点也充分体现在高葆真和徐惟岱、曹曾涵对麦克弗森原著内容的选择、翻译和评价之中。

在此之前，域外传入中国的社会主义相关著述，如《近世社会主义》（[日]福井准造著，赵必振译，上海广智书局 1903 年版）、《社会主义》（[日]村井知至著，罗大维译，上海广智书局1903 年版）、《社会主义概评》（[日]岛田三郎著，作新社译，上海作新社 1903 年版）等，通常是将马克思思想学说放在社会主义发展史或社会主义理论中进行分析的。1903 年出版的《万国历史》（作新社编译和出版）是一部论述世界历史的教材，书中从政治史的角度简要提及了马克思及其思想学说。《欧洲近世智力进步录》则与上述书籍不同，其是在欧洲近代思想史的历史脉络中对马克思思想学说进行考察和分析的，论述了马克思的劳动价值理论和社会主义理论，阐述了马克思思想产生的思想背景和基本特征，为人们提供了理解马克思主义及其在中国的传播的新视角。当然，作者对马克思思想的评析并不完全准确，这确实是读者需要仔细辨别的。

二、翻译与马克思思想学说自西入中的跨语际旅行

麦克弗森的原著《知识进步的世纪》共有二十一章，高葆真只选译了其中的九章。《欧洲近世智力进步录》一书的扉页上写明，这本书是根据麦克弗森《知识进步的世纪》一书的部分章节翻译而来——Based on some chapters of HECTOR MACPHERSON'S 'A Century of Intellectual Development'。高葆真等拟定的英文书名为 Modern Intellectual Development（《现代知识的进步》），拟定的中文书名为《欧洲近世智力进步录》。《欧洲近世智力进步录》曾在部分教会学校作为教科书使用。①为便于对比考察，

---

① 郭蔚然. 晚清汉译历史教科书研究[M]. 北京：光明日报出版社，2021：186.

现将麦克弗森英文原著目录、英文原著目录译文、高葆真编中译本英文目录、中译本英文目录译文，以及徐惟岱、曹曾涵译中译本中文目录列表如下（表 1）。

表 1　《欧洲近世智力进步录》中英文目录之比较

序号	麦克弗森英文原著目录	英文原著目录译文[1]	高葆真编中译本英文目录[2]	中译本英文目录译文[3]	徐惟岱、曹曾涵译中译本中文目录
1	I. The Starting-point: French Revolution	一、肇始之源：法国大革命	I. Pre-Revolution Pioneers of Free Thought, (Rousseau, Holbach, Voltaire)	一、革命前自由思想的先驱（卢梭、霍尔巴赫、伏尔泰）	第一章　法国反对政教之感动
2	II. Revolution Thinkers and Their Work	二、革命思想家及其著作	II. The French Encyclopaedists	二、法国百科全书派	第二章　法国才士之感动（附卢梭小传）
3	III. The Mechanism of the Universe	三、宇宙之机理	III. Astronomical Discovery	三、天文学之发现	第三章　天文之感动
4	IV. The Constitution of Matter	四、物质之构成	IV. The Composition of the Universe	四、宇宙之组成	第四章　物质考之感动
5	V. The Evolution Theory	五、进化论	V. The Rise of Biology	五、生物学之兴起	第五章　生物学之感动
6	VI. The Utilitarian School	六、功利主义学派	VI. British Philosophy, (Bentham, Mill, etc.)	六、英国哲学（边沁、穆勒等）	第六章　英国思想家之感动
7	VII. The Philosophy of John Stuart Mill	七、约翰·斯图亚特·穆勒之哲学	VII. German Philosophy, (Kant, Fichte, Schelling, Hegel)	七、德国哲学（康德、费希特、谢林、黑格尔）	第七章　德国思想家之感动
8	VIII. Hamilton and Carlyle as Philosophers	八、作为哲学家的汉密尔顿与卡莱尔	VIII. The Philosophy of Thomas Carlyle	八、托马斯·卡莱尔之哲学	第八章　喀赖尔之理想
9	IX. Spencer and The Evolution Philosophy	九、斯宾塞与进化论哲学	IX. Socialist Tendencies	九、社会主义之倾向	第九章　理财学（附美国巨富说财）
10	X. The German Philosophic Movement	十、德国哲学运动	Postscript: Carnegie on Wealth	后记：卡耐基论财富	
11	XI. Political Economy and Socialism	十一、政治经济学与社会主义			
12	XII. The Evolution of Literature	十二、文学之进步			

续表

序号	麦克弗森英文原著目录	英文原著目录译文 [1]	高葆真编中译本英文目录 [2]	中译本英文目录译文 [3]	徐惟岱、曹曾涵译中译本中文目录
13	XIII. Burns and The Revolution Spirit	十三、彭斯与革命精神			
14	XIV. The Literature of Reaction	十四、文学之回应			
15	XV. The Literature of Revolt	十五、文学之反抗			
16	XVI. George Eliot and The Evolution Spirit	十六、乔治·艾略特与进化论精神			
17	XVII. The Philosophy of Robert Browning	十七、罗伯特·勃朗宁之哲学			
18	XVIII. Tennyson and Modern Thought	十八、丁尼生与近代思想			
19	XIX. The Evolution of Religious Thought: Evangelicalism	十九、宗教思想之进步：福音主义			
20	XX. The Broad Church Movement	二十、广派教会运动（或"广派神学运动"）			
21	XXI. Later Phases of Religious Thought	二十一、后期宗教思想			

1）"英文原著目录译文"，是笔者据"麦克弗森英文原著目录"翻译而来。

2）"中译本英文目录"，是中译本中文目录前的英文目录，是中译本的一部分。

3）"中译本英文目录译文"，是笔者据中译本英文目录翻译而来

　　原著的书名 *A Century of Intellectual Development* 中的"Intellectual Development"直译为"智力的进步"，根据文中的内容，指欧洲近代思想或知识的进步，既包括宗教学、政治学、哲学、历史学等领域思想和学术的进步，也包括天文学、物理学、生物学等领域思想和学术的进步。正文第一章第一段对此作了简要的说明。文中说："欧洲近百年来，思想发达日进，欲求而知之，其道有二：一分考宗教、哲学、格致各等智力之进步，一综核各种事理之思想，以发明其中智力之所及，然此甚难之。惟阅者则

愈有益，苟由是以进。考诸历史，可知宗教、哲学、格致三者，均有变化不测之大理在其中。而历史中千条万绪，无非此一理之所贯而已。"

20 世纪初马克思思想学说和社会主义在中国早期传播的相关文献多是根据日文论著翻译而来，根据英文论著翻译的译本的数量远少于根据日文论著翻译的。《欧洲近世智力进步录》则是一个典型的根据英文论著翻译的译本。该译本不是逐字逐句翻译的，而是节选和编译自英文原著。对比原著，该译本总体上反映了原著相关章节的原意，同时，译本中也加入了口译者和中文笔述者针对原著内容和中国现实问题的思想见解。

从表 1 中原著目录、中译本所附英文目录、中译本中文目录的比较可知，英文口述者高葆真和中文笔述者徐惟岱、曹曾涵的思想存在明显的差异。高葆真秉持西方自由思想的传统，徐惟岱、曹曾涵则秉持中国传统的思维方式，用中国传统文化的话语体系来解释西方知识。如中译本扉页的英文目录当是高葆真所拟定的，第一章的标题是 Pre-Revolution Pioneers of Free Thought, (Rousseau, Holbach, Voltaire)，意思是"革命前自由思想的先驱（卢梭、霍尔巴赫、伏尔泰）"，此章内容主要是介绍法国大革命前卢梭、霍尔巴赫、伏尔泰等人的生平和思想。但由徐惟岱、曹曾涵笔述的中译本中文目录，则将标题译为"法国反对政教之感动"，将"自由思想"译为"反对政教"，明确表现出中述者的思想倾向，他们将卢梭等人理解成中国传统文化中所谓的"犯上作乱者"，将其思想理解为对正统政教的反抗。中译本第九章的英文目录为 Socialist Tendencies，取材于原著第十一章 Political Economy and Socialism（政治经济学与社会主义）。Socialist Tendencies，本意为"社会主义的趋向"，而中述者则将其译为"理财学"。在正文内容的翻译上，这种差异就更为明显了。中译本将"社会主义"译为"均富"，将"资本"译为"主人所获之财产"，将"资本家"译为"雇工者""雇工之财主""雇工之主人""有财力者""主人"等，将"阶级差别"译为"主仆为别"，将"工资"译为"劳银""俸"等，将"劳动"译为"工艺""工力"，将"需要"译为"需赖"，将"价格"译为"货价"，将"无政府主义"译为"虚无党主义"，将"政治经济学"译为"理财学"（表 2）。

表 2　《欧洲近世智力进步录》中马克思主义相关术语的译词对照表

原著英文用词	中译本用词	今译
Socialism	均富	社会主义

续表

原著英文用词	中译本用词	今译
Capitalist, Capitalists	雇工者、雇工之财主、雇工之主人、有财力者、主人、财力、	资本家
Working class	劳力者、劳力之工、工人、	工人阶级
the interests of capital	财主之利益	资本的利润
—	主仆为别	阶级差别
reward, wage	劳银、俸、工资、工值	工资，报酬
labour	工艺、工力	劳动
demand	需赖	需要
price	货价	价格
—	虚无党主义	无政府主义
political economy	理财学	政治经济学

　　译者在论述原书内容时，常结合中国的实际情况添加自己的评论，如在论述研究马克思思想学说的必要性时，添加按语说："按东亚工人今虽尚未闻及均富主义，然此等理论已在印度迤北一带为挠乱之感情，故中国士大夫亦必预考之。"[①]中译本在翻译时对英文本进行了较大的改动，采用节选译法，同时在英文原著的基础上增加了一些新的内容。例如，译本每章开篇有对思想家的人物介绍，英文原著中并没有这些内容。有些章节的附录材料，也是中文编译者增加的。例如，第九章对卡耐基的介绍，就是编译者加上去的。中译本对英文原著的内容有的作了删除，有的进行了概括和归并，有的作了拆解，有的提出了新的论证方式。例如，第九章中对简单劳动和复杂劳动的论述，中文编译者就采用了不同于英文原著的论证方式，中译本结合东亚国家包括中国的情况所作的议论，也是英文原著所没有的。

三、欧洲近代思想史视野中的马克思思想学说

　　书中在第九章"理财学"中专门介绍了马克思的生平经历和思想学说，是把马克思思想学说放在英国古典政治经济学的思想谱系中来看待的，从

---

① 赫克托·麦克弗森. 欧洲近世智力进步录[M]. 高葆真，参译. 徐惟岱，曹曾涵，校润. 上海：广学会，1909：51.

欧洲经济学说史的角度系统评述马克思的劳动价值理论和社会主义理论，有助于读者从更为广阔的思想脉络和知识视野来认知和把握马克思思想学说对已有知识的继承性、发展性和超越性特征。

第一，介绍了马克思的生平与著作。

《欧洲近世智力进步录》是从西方思想史的角度来认识和评价马克思及其思想的。书中先是介绍了亚当·斯密，高度评价了斯密的经济学理论。1766 年，斯密"著《国民财原考》（即《国富论》——引者注）一书，名闻于世"，他的理论"大抵为改正英国理财之法，故至今奉为理财学之祖"。接着，书中简要介绍了大卫·李嘉图，指出李嘉图受到斯密的很大影响，他"生平喜读斯米特（即斯密——引者注）书，尝衍其义，发为论说"。当然，李嘉图"所论与斯米特殊有不同"[①]。之后，书中介绍了马克思的生平经历和思想主张。

> 玛克斯 Marx 喀勒 Karl（即卡尔·马克思——引者注），系犹太人而寄居德国者，生于千八百十八年，卒于千八百八十三年。创设急进党报（即《莱茵报》——引者注），为普国政府所禁阻，去而之巴黎。与法士某（即阿尔诺德·卢格——引者注）相友善，卒为均富党首领，组织均富主义报（即《德法年鉴》——引者注）。甫发行，不意又被法国政府所斥逐。乃赴伦敦，师事利喀多（即李嘉图——引者注）。千八百五十九年，推广利氏均富主义，著成一书，越八载出版。厥后均富党谓之为经者，即此是也。嗣又续成二册。今均富党与虚无党，胥奉为鼻祖。[②]

这段文字把社会主义者看作"均富党"，把马克思看作"均富党首领"，即社会主义者的首领，认为马克思的思想受到了李嘉图的深刻影响。1859 年，马克思出版了《政治经济学批判》一书；1867 年，马克思的《资本论》第一卷出版。《欧洲近世智力进步录》中把《资本论》称为"均富党"的"圣经"。马克思于 1883 年去世后，恩格斯将《资本论》第二、第三卷于 1885

---

① 赫克托·麦克弗森. 欧洲近世智力进步[M]. 高葆真, 参译. 徐惟岱, 曹曾涵, 校润. 上海: 广学会, 1909: 48-49.

② 赫克托·麦克弗森. 欧洲近世智力进步录[M]. 高葆真, 参译. 徐惟岱, 曹曾涵, 校润. 上海: 广学会, 1909: 49-50.

年 7 月、1894 年 11 月先后编辑出版。

《欧洲近世智力进步录》中介绍了马克思思想学说形成的现实背景，即马克思的思想学说适应了工人对先进思想的需求："时有数国工人，希望得一思想家为民党豪杰之领袖，未几玛克斯氏崛起。"马克思为解决工人的愁苦而从事创作，他的著作被称为"均富经"。马克思学说的影响很广，遍及德、法、奥、意、英、俄等国，这些国家的工人"多以此均富主义为济时之福音，相率而崇奉之"。因而，"欲览今世之事实，察安危之机者"，不可不仔细探究马克思思想学说的真伪。译者在此基础上结合中国的社会环境认为，东亚的工人群体虽然尚未接触马克思思想学说，但"印度迤北一带"①已经为该学说所扰乱，所以中国的士大夫也应该对该学说进行研究。

第二，介绍和评析了马克思的劳动价值理论和社会主义理论。

书中讨论马克思思想学说的内容主要在第九章，重点是评析劳动价值理论和社会主义理论。该书为什么极为关注马克思思想体系中的劳动价值理论呢？一段译者未译出，但却是作者在原著中重点强调的内容解释了这个问题："不驳倒马克思的价值理论，是不可能在推翻社会主义理论方面有所进展。事实上，政治经济学作为一门科学的根基就在于价值理论。这里的错误是致命的。如果一个思想家的价值理论是不稳固的，那么他的整个经济学体系就会像纸房子一样倒下。因而必须从一开始就对马克思的价值理论进行严格的分析。"②这从反面说明了马克思劳动价值理论在马克思政治经济学体系中的重要地位。

书中论述了劳动价值理论的发展史，即从斯密到李嘉图，再到马克思思想的演进历程。书中从劳动价值理论的基础内容入手进行评析，对劳动价值理论和社会主义理论持批评态度。麦克弗森所持的观点和论证依据反映了劳动价值理论和社会主义理论在传播和接受过程中所遭遇的质疑和辩驳，呈现了马克思思想学说在传播过程中的复杂样态。书中梳理了劳动价值理论的发展史。书中提出，亚当·斯密是"均富之祖"，即社会主义理论的始祖，斯密的核心观点是"国富即国工所创造"，劳心者和劳力者都应受

---

① 赫克托·麦克弗森. 欧洲近世智力进步录[M]. 高葆真，参译. 徐惟岱，曹曾涵，校润. 上海：广学会，1909：51.

② Hector Macpherson. *A Century of Intellectual Development*[M]. Edinburgh：William Blackwood and Sons，1907：153-154.

到重视。李嘉图继承了斯密的这个观点，并有进一步的发展，他认为："货物之价值以制造之工艺为准的：工多则价值自高，工少则价值必低。无论高低，悉由工定。"这是李嘉图的"均富主义"理论。马克思"宗尚"李嘉图的学说，并"推广其理"。按照马克思的观点："主人之厚利，皆由工人之薄俸而生。凡主人所获之财产，即其少给工人之工资。"生产所得，工人应均沾其利，而资本家独占厚利，这是资本家抢夺和霸占工人金钱的结果。这即是"玛克斯均富主义"①。

　　书中讨论了马克思的"均富主义"理论。书中认为，按照马克思的观点，"凡雇工（或制造或工程）所获之利，均由工人之劳力而出"，发给工人的工资，最少应足以维持其生计。书中引用了马克思在《资本论》中所举的例子：工人每日做工六小时，即应该得到维持生计的报酬，但雇工者却欲使工人工作十二小时，并不肯增加报酬。在此基础上，资本家还会使用机器加重对工人的剥削。并且资本家剥削工人的手段多种多样："一减工银，二增劳力之时间，三迫众工人之半过劳，四令众工人之半无工可作，五集财于一二财主之手，此财主与他财主商战，则即以工人为商战之质，而愈夺其工银。"由此导致的结果是"富者日益富，贫者日益贫"。那么，解决的方法是什么呢？"均富主义"，即社会主义，具体的做法是"定律限制一切私财，代立某城某国民大众会，为雇工者之总机关部。而以所获利益，按照各人工作之多寡，分给各人而已"。但书中对这一办法并不认同。麦克弗森认为，在城市中，有巨富之人，也有赤贫之人。这是社会上的正常现象。社会主义者所谓的"均富之法"并不能实现"均富"的目标："均富之法，即能实行，私财即皆禁止，亦未必可得国泰民安之幸福，如高谈均富者之所希望也。"②

　　书中评析了马克思关于商品的价值和使用价值的理论。马克思以社会必要劳动时间来计算劳动的价值，即"物之价值宜合其制造之工资"，但麦克弗森却辩解称，商品之价值，不能只看"工之多寡计价"，还要看"工之美恶"。书中还以马克思本人的创作举例说，马克思积二十年之功，创立了"均富主义"，而木匠也以二十年之工力制造了若干桌椅，如果以桌椅的价

　　① 赫克托·麦克弗森. 欧洲近世智力进步录[M]. 高葆真，参译. 徐惟岱，曹曾涵，校润. 上海：广学会，1909：51-52.
　　② 赫克托·麦克弗森. 欧洲近世智力进步录[M]. 高葆真，参译. 徐惟岱，曹曾涵，校润. 上海：广学会，1909：52-54.

格算作木匠的酬劳，那马克思的酬劳应该如何计算。作者由此下结论称："故谓价值须视其工之时间而定，吾可决言其不然。"①关于使用价值，书中称："价值无非由各工而生之语，意谓凡造一物，必有用于人，始能有值，无所用则无所值。"在麦克弗森看来，马克思所谓的有用和无用是自相矛盾的。"如谓众人需赖之物，其工乃有价值，则工值非由工人所费之力与时而生，而生于众人需赖之下焉。工值不在劳力之多少，而在可供众人需赖之多少。众人需赖何者之货，多则此工值昂，少则下，此劳力者酬报之恒理也。"②显然，他误解了马克思的"价值"和"使用价值"的概念，错误地将供求关系看作决定商品价值的决定性因素。

书中对资本家与工人之间利益冲突的问题进行了讨论，并提出了一个问题：资本家的利益和工人的利益，是相合的还是相反的？书中称，"据玛克斯所言，实系相反"，雇工者所获之利均系夺取工人劳动而来。麦克弗森的看法则不然。在他看来，雇工者和工人的利益并不冲突，而是互利的。"工人所出者愈多，则劳银愈高，而货价自低。不但有财力者获利，而工人与众人亦必获数分之利。"麦克弗森用"水池"和"水源"的比喻来说明这个问题：雇工者的利益和工人的劳银并非出于同一财池，而是出于同一财源。出乎于同一财池，就像两人从同一水池取水，前者所取既盈，后者所取必竭；而两人如是在同一水源取水，则前者虽多，而后者未必见少。财源的开拓，贸易的增长，使资本家的赢利大为增加，但工人之劳银，却未必见减。③书中进一步解释称，如果一国之资财大增，则工人也必然得利。工人能够受益的原因在于：一是机器的使用和推广；二是资财不断增长。因为机器的使用，资本家对招工的要求便提高了，他们所需要的是"敏捷上等之工人"，而要招聘这样的工人，就必须增加工人的工资。而且劳动生产率的提高，从总体上降低了生产商品的成本，商品的价格也势必随之下降。这样"上等工人"就能从两方面获利：第一是工资的增加；第二是工人生存所需要的商品价格的下降。这使得工人工资的购买力得到很大提

① 赫克托·麦克弗森. 欧洲近世智力进步录[M]. 高葆真，参译. 徐惟岱，曹曾涵，校润. 上海：广学会，1909：54.
② 赫克托·麦克弗森. 欧洲近世智力进步录[M]. 高葆真，参译. 徐惟岱，曹曾涵，校润. 上海：广学会，1909：55.
③ 赫克托·麦克弗森. 欧洲近世智力进步录[M]. 高葆真，参译. 徐惟岱，曹曾涵，校润. 上海：广学会，1909：55-56.

升。而且商品价格的降低，工人购买力的提升，又使得商品出货量能够大量增长，如此工人的规模也将大为扩大。由此，书中得出结论：资本家和工人的利益不仅不是针锋相对的，而且是一致和相互提升的，即"财主与工力之利益，不在相敌，而在相和，若是庶可同享国中之安富焉"①。

显然，由于麦克弗森、高葆真对马克思思想学说，特别是对马克思政治经济学的理解存在偏差，书中虽然使用了"价值"这一术语，但未能明确区分价值和使用价值的概念，也未能区分生产使用价值的劳动和生产价值的劳动，没有理解具体劳动和抽象劳动的含义，以致他们对马克思劳动价值理论和社会主义理论的理解多有错讹。

第三，介绍了马克思学说所产生的广泛社会影响。

书中提出，马克思的劳动价值理论影响十分广泛，"万人传诵，遍及泰西"，在此背景下，工人党开始勃兴。马克思的观点"激起欧洲工人反对其主，以图均富自由"，导致了工人和资本家的大激战，工人罢工，甚至在俄国产生了虚无党，从事炸弹暗杀行动，并扩散至印度。但麦克弗森却偏狭地认为，这是"今世之大危险"②，东亚各国"似亦宜为预防免再流入而为后日之患"③。

结　语

在马克思主义在中国的早期传播过程中，相关文献对马克思的思想学说多是或简或繁的介绍，对马克思思想学说的评析较少，有的作者或译者表明了对该学说的肯定或否定、支持或反对的立场，但通常没有摆出事实或论据进行论证或讨论。《欧洲近世智力进步录》则不同，这本书第九章着重讨论了马克思的劳动价值理论和社会主义理论。在陈述了马克思的相关观点后，麦克弗森表明了自己的观点，而且采取了举例和说理的方式以较大的篇幅对自己的观点进行了论证。尽管书中对马克思思想学说主要持质疑、否定的态度，观点和论证也多有错讹，但这些观点恰恰反映了麦克弗

　　① 赫克托·麦克弗森. 欧洲近世智力进步录[M]. 高葆真，参译. 徐惟岱，曹曾涵，校润. 上海：广学会，1909：56-57.
　　② 赫克托·麦克弗森. 欧洲近世智力进步录[M]. 高葆真，参译. 徐惟岱，曹曾涵，校润. 上海：广学会，1909：52.
　　③ 赫克托·麦克弗森. 欧洲近世智力进步录[M]. 高葆真，参译. 徐惟岱，曹曾涵，校润. 上海：广学会，1909：59.

森和晚清译者对马克思思想学说的独特思考。马克思的思想学说是在资本主义迅速发展的基础上产生的革命性学说，在传播过程中有支持者和拥护者，也必然有质疑者和反对者。无论是支持者还是反对者，都在一定程度上（从正面或反面）扩大了马克思思想学说在世界各地的影响。如书中对马克思的生平事迹、劳动价值理论、剩余价值理论和社会主义理论的介绍为中国读者了解马克思思想学说提供了重要资料。这本书中对马克思思想学说的批评和讨论，也是马克思思想学说在世界各地传播的过程中持不同立场和观点的研究者必然会产生的质疑，这恰恰呈现了马克思思想学说在英国和中国传播过程中的复杂样态。从这个意义上说，该书是一个研究马克思主义、社会主义传播史的典型范本。

Understanding Marxist Theory from the Intellectual History of Modern Europe: *Modern Intellectual Development* and the Spread of Marxist Theory in China

Lu Kuan

Abstract: The book *Modern Intellectual Development* dealt with the progress of modern European thoughts, and examined and evaluated Marxist theory in the genealogy of such context. Different from the usual perspective in previous writings that came into China which analyzed Marx's thought in the context of socialism development or theory, this book offered a new perspective on understanding Marxism and its early spread. While most of the early books of Marxism in China were translated from Japanese, this book was translated from English in the form of a collaborative translation between foreign missionaries in China and Chinese translators (also known as "Interpreted by foreigners and deduced by Chinese"). This book presented an introduction to the life of Marx, his labor theory of value, theory of surplus value and socialism theory as well as the historical influence of Marxist theory, which contributed to the spread of Marxist theory in China.

Key words: *Modern Intellectual Development*; intellectual history of Europe; Marx

亨利·乔治与社会主义
在清末中国的传播

刘庆霖

摘要：亨利·乔治是 19 世纪后期著名的美国经济学家。他对贫困问题的探讨以及他提倡的单一地价税学说在世界范围内产生了重要影响。马克思、恩格斯曾指出乔治的思想主张是资产阶级经济学家的观点，批判其"企图在社会主义的伪装下挽救资本家的统治"。但在清末中国，乔治被誉为"美国社会主义派之骁将"。江亢虎的中国社会党纲领，以及孙中山的民生主义都受到亨利·乔治学说的直接影响。此外，当时有不少日本学者撰写的社会主义论著被译成中文，其中对乔治的介绍，让其思想学说在中国知识群体中产生了更大范围的影响。在国人初步接触社会主义的清末时期，亨利·乔治对贫富悬殊问题和土地公有化的探讨，为社会主义及此后马克思主义在中国的接纳与传播提供了重要的思想基础。

关键词：亨利·乔治；社会主义；翻译；贫富悬殊；单税论

作者简介：刘庆霖，北京大学马克思主义学院助理教授。北京大学马克思主义学院《马藏》编撰与研究中心研究员。主要研究方向为中国近现代史、中日思想文化交流史、马克思主义传播史。

　　美国社会活动家、经济学家亨利·乔治（Henry George，1839—1897）是提倡单税论的代表人物。他在《我们的土地和土地政策》《进步与贫困》《社会问题》等著作中探讨了近代西方社会贫困问题的起源，提出征收单一地价税、取消其他全部税收、实现土地归公，以求消除贫困、维护社会

公平[1]。从 19 世纪 80 年代到 20 世纪初，乔治的著作畅销全球，其学说在北美、欧洲和东亚都产生了重要影响。在中国，通过来华传教士马林即威廉姆·爱德华·麦克林（William Edward Macklin，1860—1947）的介绍与宣传，乔治的学说受到江亢虎和孙中山等人的推崇。此外，1898 年，德国在胶州湾租借地实施土地税政策，亦是德国殖民土地登录局第一任督办单威廉（Wilhelm Schrameier，1859—1926）受乔治单一地价税学说影响而推行的政策[2]。学界关于"亨利·乔治与中国"的研究，主要便是围绕他对马林、单威廉和江亢虎、孙中山等人的影响而展开的[3]。

　　乔治的思想学说在中国的传播及影响，是西学东渐的一部分。马林、单威廉作为来华洋人，在中国介绍、宣传或践行西方著名学者的思想主张，是西学东渐最早的一种途径。但在甲午战后，西学东渐的主要途径逐渐转为"取径东洋"，即通过留日学生或旅日学人吸纳日本的西洋学说，再将这些新思想、新知识引入中国。考察甲午战后的中文出版物，可见不少汉译日本西学论著中都提到了亨利·乔治。村井知至、西川光次郎、福井准造、大原祥一等日本学者对乔治的介绍与评价，通过中国译者的引介，也成为中国知识群体认识乔治及其学说的重要文献资源。但汉译日本西学论著分散庞杂，在探讨亨利·乔治对中国的影响的现有研究中，很少参考到这些文献。本文希望在整理、解读相关汉译日本西学论著的基础上，结合西学东渐的历史背景，以及前人相关研究成果，就亨利·乔治对中国的影响做

---

① 亨利·乔治. 进步与贫困[M]. 吴良健，王翼龙，译. 北京：商务印书馆，2010：362.

② 关于 1898 年胶州湾土地税政策的研究，有 Michael Silagi，Susan Faulkner. Land reform in Kiaochow，China：from 1898 to 1914 the menace of disastrous land speculation was averted by taxation[J]. The American Journal of Economics and Sociology，1984（2）；赵振玫. 中德关系史文丛[M]. 北京：中国建设出版社，1987，等。此外，皮明麻在《近代中国社会主义思潮觅踪》（吉林文史出版社 1991 年版）的"亨利·乔治'单税社会主义'的试验"一节中，也对单威廉在胶州湾施行土地税政策进行了探讨。这些研究都认为，单威廉虽然推崇亨利·乔治的学说，但胶州湾土地税政策只是为帝国主义殖民服务，并没有给中国贫民带来好处，更不可能解决中国的土地问题。

③ 关于亨利·乔治与中国的研究，主要有以下论著：Harold Schiffrin，Sohn Pow-Key. Henry George on two continents：a comparative study in the diffusion of ideas[J]. Comparative Studies in Society and History，1959（1）；夏良才. 亨利·乔治的单税论在中国[J]. 近代史研究，1980（1）；伊原泽周. 日中両国におけるヘンリー・ジョージの思想の受容[J]. 史林，1984（5）；夏良才. 论孙中山与亨利·乔治[J]. 近代史研究，1986（6）；阎焕利. 亨利·乔治单一税制思想及中国实践[J]. 理论界，2010（3）. 此外，王锦秋《亨利·乔治经济思想研究》（中国经济出版社 2015 年版）一书中"亨利·乔治与中国"一节，宫晓晨《亨利·乔治的社会活动及其影响》（山东师范大学硕士学位论文，2010 年）中"乔治与中国"一节也对相关问题进行了探讨。

出更全面的考察。

　　论及亨利·乔治的汉译日本西学论著主要是讨论社会问题、介绍社会主义思想。乔治在这些论著中被描述为社会主义者，其中《近世社会主义》一书更是将其称作"美国社会主义派之骁将"①。清末中国知识阶层在西学东渐的过程中初步接触到社会主义，乔治的思想学说成为他们认识和理解社会主义的主要来源之一。因此，通过汉译日本西学论著考察乔治对中国的影响，也有助于进一步了解社会主义在中国早期传播的具体情况，明确亨利·乔治为中国知识群体理解和接纳社会主义提供了何种思想资源。

一、亨利·乔治学说传入中国的背景及原因

　　19 世纪后半期，随着资本主义在世界范围内的发展与扩张，欧美国家开始出现频发的经济危机和明显的贫富差距。这是亨利·乔治撰写《进步与贫困》等作品的背景，也是这些作品能够畅销全球的重要原因。亨利·乔治从 1870 年开始研究贫困问题，彼时南北战争刚结束，战争对美国社会经济带来的影响还在持续。南北方政府在战时通过印发纸币、发行公债来增加收入，引发了通货膨胀、货币混乱等社会问题。②战争最后以北方的胜利而告终，为新兴工业资本主义在美国的全面发展清除了障碍。同时，工业资本主义的发展也造成了资本的集中，以及托拉斯垄断组织的出现。此外，随着美国西部土地被大规模开发、垦殖，土地争夺、土地投机、地价飞涨以及贪污腐败等现象也层出不穷。马克·吐温讽刺这一时期为"镀金时代"，形象地说明了美国取得巨大经济成就的金色表层下，存在道德败坏、政治腐败和社会秩序失衡等乱象。亨利·乔治从贫困问题和社会公正等方面对"镀金时代"做出了自己的思考。1879 年，在《进步与贫困》中，乔治指出，生产的进步和物质的增长看似能减少社会的贫困，但现实中，劳动者的工资却趋向减少，贫困问题也更加严重③。通过一系列考察，他认为"问题的解决办法必须到支配财富分配的规律中去寻找"。他集中考察了生产资料私有制的情况，指出像土地这样的自然资源应该平等地属于所有人，"只有使土地成为公共财产，才能永远解脱贫困并制止工资下降到饥饿

———————

　　① 北京大学《马藏》编纂与研究中心. 马藏：第一部第二卷[M]. 北京：科学出版社，2019：724.
　　② 杰拉尔德·冈德森. 美国经济史新编[M]. 杨宇光，等译. 北京：商务印书馆，1994：388.
　　③ 亨利·乔治. 进步与贫困[M]. 吴良健，王翼龙，译. 北京：商务印书馆，2010：6-8.

点"①。然而，乔治并不想触动地主和资本家的根本利益。他提出自认为简单和容易的办法，即取消地价税以外的全部税收，通过征收单一地价税的方式，提高社会生产的积极性，保证财富分配的公平②。

鉴于欧美各国的社会状况，亨利·乔治所揭示的问题引起了广泛的关注与讨论。他的单一地价税的主张，在世界范围内吸引了众多支持者。19世纪末至20世纪初，欧美国家中出现了一批受乔治启发而鼓吹政治改革、主张由政府征收单一税或土地增值税的政治活动家及政党群体，乔治主义（Geoism 或 Georgism）风靡一时。当然，乔治的主张在实践中并没有取得太大成效③，但他对经济制度的批判引起了广大群众的共鸣，反映了人们对资本主义垄断私有制的不满，以及对社会公平的追求。乔治从未自称为社会主义者，但他的研究以消除贫困为宗旨，他亦曾明确表示对社会主义理想社会的向往④。因此，在乔治所处的时代，不少普及、介绍社会主义的著作都会提到乔治及他的单一地价税主张，并肯定他对欧美国家社会主义运动做出的贡献⑤。

亨利·乔治对社会主义运动和工人运动的影响也引起过马克思、恩格斯的关注。马克思、恩格斯在19世纪80年代已对乔治的思想做出深刻批判，揭露了其学说的本质。《进步与贫困》出版后，马克思曾多次收到他人赠予该书，他还将其中一本转赠给恩格斯。马克思对该书的评价并不高，他认为乔治的理论非常落后，"根本不懂剩余价值的本质，因此，就按照英国人的榜样，在关于剩余价值的已经独立的部分的思辨中，即在关于利润、地租和利息等等的相互关系的思辨中兜圈子"⑥。马克思指出，乔治这样的"社会主义者"不触动雇佣劳动和资本主义生产，他们认为只要通过征收地租税就能消灭资本主义的弊端，"无非是企图在社会主义的伪装下挽救资本家的统治"⑦。因此，马克思虽然对乔治"想从正统的政治经济学中

---

① 亨利·乔治. 进步与贫困[M]. 吴良健，王翼龙，译. 北京：商务印书馆，2010：6-8.
② 亨利·乔治. 进步与贫困[M]. 吴良健，王翼龙，译. 北京：商务印书馆，2010：9.
③ 菲特，里斯. 美国经济史[M]. 司徒淳，方秉铸，译. 沈阳：辽宁人民出版社，1981：606.
④ 亨利·乔治. 进步与贫困[M]. 吴良健，王翼龙，译. 北京：商务印书馆，2010：287.
⑤ William D. P. Bliss. *A Handbook of Socialism*[M]. New York：Swan Sonnenschein，1895：224-225；Morris Hillquit. *History of Socialism in the United States*[M]. New York：Funk & Wagnalls Company，1910：249-256.
⑥ 马克思，恩格斯. 马克思恩格斯文集：第10卷[M]. 北京：人民出版社，2009：461.
⑦ 马克思，恩格斯. 马克思恩格斯文集：第10卷[M]. 北京：人民出版社，2009：463.

解放出来的第一次尝试"做出了肯定，但同时也认为这是一种"不成功的尝试"①。恩格斯在探讨美国工人运动时也指出，乔治要求把土地交给社会的主张，虽然与马克思学派的想法一致，但乔治的要求并没有触动资本主义的生产方式，因此"实质上就是李嘉图学派的资产阶级经济学家的极端派提出的东西"②。总体而言，马克思、恩格斯在《进步与贫困》出版后不久就认识到，亨利·乔治的理论学说究其本质仍是为资产阶级服务的。但同时，他们也在一定程度上肯定了乔治对政治经济学理论以及对世界工人运动的发展所做出的贡献。

亨利·乔治学说在欧美的流行，与欧美国家的社会状况以及欧美社会主义运动的发达有着密切联系。同一时期，中国正处于完全不同的历史境地。清末中国不具备雄厚的资本主义经济基础，也没有发达的社会主义工人运动。因此，19世纪末到20世纪最初几年，当来华洋人在中国宣传乔治的思想学说时，不可能像在欧美那样掀起巨大波澜。但乔治针对土地问题、贫困问题的思考，还是能引起部分中国知识分子的关注，这与清末中国也存在土地问题不无关系。以农业为主导经济的中国社会向来注重土地分配问题，土地兼并一直是中国社会的主要矛盾之一③。明清时期，以租佃制为特征的地主土地所有制完全确立。与此同时，豪强侵占、欺隐土地的情况频发④。清朝以后，豪门权贵掠夺民田、私自圈占土地的情况不计其数⑤。康熙中期以后，尤其是嘉道年间，土地兼并问题愈发严重⑥。进入清末，中国封建土地所有制在列强经济侵略的冲击下继续存在，而外国势力通过债务关系，或以教堂名义，勾结地主买办盗买、抢占大量田地。总体而言，国家通过田赋制度、地主通过租佃制度，以及外国列强通过经济入侵，对广大自耕农和佃农造成了残酷的剥削，加速了农民的贫困和破产，也限制了生产力的发展。在经世思潮复兴的清后期，吴铤、汤鹏、谢阶树等关注土地问题的士大夫阶层知识分子已开始从托古改制或开发新土地等角度探讨如何"均贫富、抑兼并"⑦的方法。魏源编辑的《皇朝经世文编》

---

① 马克思，恩格斯. 马克思恩格斯文集：第10卷[M]. 北京：人民出版社，2009：463.
② 马克思，恩格斯. 马克思恩格斯文集：第4卷[M]. 北京：人民出版社，2009：321.
③ 吴申元. 中国近代经济史[M]. 上海：上海人民出版社，2003：66.
④ 黄通. 土地问题[M]. 上海：中华书局，1930：50.
⑤ 萧明新. 土地政策述要[M]. 上海：商务印书馆，1938：139.
⑥ 马伯煌. 中国近代经济思想史[M]. 上海：上海社会科学院出版社，1992：52.
⑦ 汤鹏. 浮邱子[M]. 长沙：岳麓书社，2011：291.

中，亦收录了顾炎武的《均田限田》、董以宁的《配丁田法辩》等探讨土地制度的文章。同时，经世知识分子在西学东渐的过程中自然会将西方的社会政策理论与中国的社会问题相联系。另外，随着甲午战后西学东渐的主要引入途径转向日本，日本知识分子所关注的问题也对中国的西学引入产生了影响。

19世纪末的日本也面临着复杂的土地问题。明治维新后，日本政府进行了"地租改正"，废除了封建领主所有制，正式确立了全国统一的土地私有制。[1]在新旧土地制度更替的过程中，围绕租税调整、地况调查、地价勘定等问题，日本知识分子在各主要新闻媒体平台进行了热议。亨利·乔治的思想学说也正是在此时传入日本，并最先引起池本吉治、田口卯吉、城泉太郎等人的关注。1890年，日本开设国会，土地问题成为国会中热烈争论的话题。同一年，对乔治的学说深表赞同的日本学者城泉太郎顺应时势，翻译出版了《进步与贫困》的第一个日译本，名为《赋税全废济世危言》[2]。此后直到20世纪初，亨利·乔治被大部分日本知识分子认知为美国社会主义运动的重要代表人物。他的思想学说，尤其是单一地价税理论，在日本的自由民权运动和社会主义运动的进程中，受到了不少知识分子的推崇[3]。这一时期又正值中国人留学日本的第一个高潮，留日学生有各种机会通过日本知识分子和日文西学论著接触、了解亨利·乔治及其学说。

综上所述，亨利·乔治的思想学说在欧美国家引起一阵风潮后，也对中、日两国产生了一定影响。在经世思潮再次兴起的清末中国，经世知识分子基于中国社会普遍存在的土地问题，对亨利·乔治的学说产生了关注。另外，随着西学东渐的主要途径从欧美转向日本，中国的留日学生在日本知识分子的影响下，对乔治及其学说产生了更全面的认知。

二、论及亨利·乔治及其学说的清末著述

亨利·乔治的学说主要通过以下三种著述被清末知识群体所认知：一是由清末来华传教士译述的文章或著作；二是洋人在中国发行的英文报刊，其中刊载了若干论及乔治的文章；三是汉译日本西学论著。

---

① 丹羽邦男. 地租改正法の起源：開明官僚の形成[M]. 京都：ミネルヴァ書房，1995：275.
② 城泉太郎. 賦税全廃済世危言[M]. 東京：知新館，1890.
③ 伊原沢周. 日中両国におけるヘンリー・ジョージの思想の受容[J]. 史林，1984（67）.

在传教士的译述作品中，马林译述的《富民策》在传播亨利·乔治学说方面产生了最大影响。加拿大传教士马林是亨利·乔治单一地价税理论的支持者。在中国助手李玉书的协助下，马林将《进步与贫困》编译成《富民策》一书。自 1894 年起，马林还在《万国公报》和《中西教会报》上发表文章宣传乔治的学说。这些文章于 1899 年被编入《足民策》和《富民策》之中，由上海广学会出版。《足民策》是《万国公报》上刊登文章的合集，而《富民策》比前者更全面系统，更接近《进步与贫困》的章节体系。《富民策》在 1903 年和 1911 年又分别由商务印书馆和上海美华书馆重新出版，后两个版本的内容与广学会版基本一致。在向中国人介绍乔治的学说时，马林还借鉴了亚当·斯密和弗朗西斯·沃克等西方学者对经济学基础知识的论述，帮助读者理解乔治的经济理论。在保留《进步与贫困》原著核心主张的前提下，马林还在《富民策》中大量比附中国古代的井田制，将井田制和乔治主张的"只征地税、豁免他税"联系起来，以"西学中源"的阐释方式，提高读者对乔治学说的认同[1]。

同样由上海广学会于 1899 年出版的《大同学》，是英国传教士李提摩太译述的作品。该书的原著是本杰明·基德（Benjamin Kidd）的《社会进化》（*Social Evolution*），《社会进化》中多处提及亨利·乔治。基德借用《进步与贫困》探讨了人类社会进化发展的规律。乔治曾在《进步与贫困》中指出，随着人类文明的进步，社会底层阶级反而愈加困窘。高度发达的文明社会中，明显存在着不平等的政治制度，在这样的制度下追求理论上的人人平等，犹如把金字塔尖顶朝下竖立在地上[2]。这段论述被本杰明·基德引用到《社会进化》中并予以肯定[3]。此外，基德还在书中提到，面对显著的社会问题，一些学者在自己的著作中以人民群众的名义发声，其中包括"德国卡尔·马克思的《资本论》、美国亨利·乔治的《进步与贫困》、贝拉米的《回顾》以及英国的《费边论丛》"[4]。可见基德将乔治与马克思都看作关心民众、研究社会问题的重要学者。这些对乔治的介绍在中译本《大同学》中也有所体现。然而，《大同学》并非《社会进化》的直译本，李提摩太在译述该书时做了大量选择、删改。因此，呈现在《大同学》中

① 北京大学《马藏》编纂与研究中心. 马藏：第一部第一卷[M]. 北京：科学出版社，2019：349.
② Henry George. *Progress and Poverty*[M]. New York：The Modern Library，1905：10.
③ Benjamin Kidd. *Social Evolution*[M]. New York：Macmillan and Co，1894：4，70，259.
④ Benjamin Kidd. *Social Evolution*[M]. New York：Macmillan and Co，1894：68.

的亨利·乔治及其学说相较《社会进化》原著而言显得较为扁平，但中国读者仍可通过《大同学》简单了解到乔治"主于救贫"[①]的思想。

　　来华洋人在中国创办的英文报刊，也是中国人了解亨利·乔治的途径之一。其中，有"英国官报"之称的《字林西报》（ *North China Daily News* ），是出版较早、势力较大的报刊。以《字林西报》为代表，英文报刊的读者包括来华的外国官员、商人、传教士，以及一些中国的政界人士和知识分子[②]。《字林西报》曾于1903年2月25日发表《亨利·乔治和土地国有化》一文，并在同一天发行的副刊《北华捷报》（ *North China Herald* ）上进行全文转载。该文未署名，从文章内容能明显看出作者并不赞同乔治的理论。作者肯定了乔治在探讨劳资关系、贫困和土地所有权等问题上所作的贡献，但同时也认为仅靠土地国有化或征收单一地价税的方法，并不能解决贫困问题。作者特别强调，若无法给地主做出补偿，强制征收土地税必然会引起他们的强烈不满，不仅无法保证真正的公平，还可能引起社会矛盾。作者从劳动、资本与土地三者的关系，以及土地私有制的合理性、税收的公平性、单一地价税不足以应付国家支出等方面反驳了乔治的观点，指出乔治的理论有重大谬误[③]。该文还认为，面对当时日益严重的社会问题，只有"沿着宗教和教育的传统路线耐心坚持，提高劳动效率，合理分配劳动、资本和土地三者在生产中所占份额"[④]，才能稳步解决。

　　《亨利·乔治和土地国有化》发表后不久，《字林西报》又刊登了马林的来信，这位亨利·乔治的支持者大力反驳了《亨利·乔治和土地国有化》中的观点。马林强调地主垄断土地，会给社会生产带来极大阻碍。他指出如果将所有地租都收归国有，便可以打破垄断，让所有土地得到充分、合理的利用。马林还强调，如果地租不再流向个人，而是流向卫生、教育、道路等公共建设，也能减少劳动者的开支，增加他们的收入。[⑤]马林还估算了英国和中国上海的土地价值，表示仅凭地租税就能应付全部公共开支。此外，关于如何对地主进行补偿的问题，马林并没有给出正面回应。他提

---

　　① 《大同学》中仅有两处简单提及亨利·乔治，参见：北京大学《马藏》编纂与研究中心. 马藏：第一部第一卷[M]. 北京：科学出版社，2019：372，386.

　　② 马光仁. 上海新闻史（1850—1949）[M]. 上海：复旦大学出版社，2014：795.

　　③ Henry George and the nationalisation of the land[N]. The North China Daily News，1903-02-25.

　　④ Henry George and the nationalisation of the land[N]. The North China Daily News，1903-02-25.

　　⑤ W. E. Macklin. Henry George and land nationalisation[N]. The North China Daily News，1903-03-14.

到，依照乔治的理论在青岛（指胶州湾租界）进行的土地税改革，将会为人们探寻到答案。①这是马林继编译出版《富民策》之后，再次对乔治理论做出的宣传。总体而言，这次以英文报刊为平台展开的争论，为读者提供了进一步深入了解亨利·乔治的机会。然而，无论是英文报刊中的文章，还是洋人翻译的西学著作，其数量并不多，在清末中国的阅读量亦较为有限。相对而言，留日学生翻译的日本西学论著所介绍的亨利·乔治，则为清末中国知识分子提供了更丰富的思想资源，产生了更广泛的影响。

汉译日本西学论著的大量涌现，大幅度增加了中国人了解西学的机会。比起来华传教士的译著以及在华发行的英文报刊，在清末汉译日书中，亨利·乔治与"社会主义"这一概念更密切地联系在一起。本文统计了论及亨利·乔治的 8 种汉译日书（表 1），这些译著大多是介绍西方社会主义思潮和社会党近况的著作或文集。

表 1　论及亨利·乔治的清末汉译日书列表

书名	作者	译者	出版年	出版机构
十九世纪大势变迁通论	大隈重信、加藤弘之、高山林次郎等	吴铭	1902	广智书局
社会问题	大原祥一	高种	1902	闵学会
社会主义	村井知至	佚名	1902—1903	《翻译世界》连载
社会主义	村井知至	罗大维	1903	广智书局
社会主义	村井知至	侯士绾	1903	文明书局
近世社会主义	福井准造	赵必振	1903	广智书局
近世社会主义评论	久松义典	杜士珍	1903	《新世界学报》连载
社会党	西川光次郎	周子高	1903	广智书局

表 1 中 8 种译书的日文原著都撰写、出版于世纪交替之际。当时日本知识分子群体热衷于探讨新世纪的"世界大势"，纷纷介绍、分析进入 20 世纪后世界思想文化的潮流趋向，及其对社会发展模式的影响。其中"社会主义"便是不少人认定的"世界大势"之一。日本知识分子主要依赖英文著作，并辅以德文、法文著作，纂译了不少介绍欧美政治、思想、文化

---

① W. E. Macklin. Henry George and land nationalisation[N]. The North China Daily News, 1903-03-14.

的专著[1]，而亨利·乔治的著作便是他们重要的文献依据之一。例如，福井准造的《近世社会主义》、村井知至的《社会主义》和久松义典的《近世社会主义评论》都明确提到乔治的《进步与贫困》和《社会问题》是其重要参考书目。由于立场的不同以及论著主题的差异，这些论及亨利·乔治的文本对乔治的看法也不尽相同。有的著作在介绍美国社会党派的发展情况，或论及土地问题、贫富悬殊问题时，简单提及乔治的名字；有的则用大量篇幅详细介绍了乔治的著作和观点；也有学者反对乔治的理论，用长文驳斥、批判其观点。但总体而言，这些日本学者都将亨利·乔治视作西方社会主义思潮的代表人物之一，认为其思想是社会主义的一个重要流派。这类日本社会主义论著被大量传入中国，以致清末中国的知识分子也产生了相同的认知。因此，尽管亨利·乔治的思想与马克思的科学社会主义有很大出入，但汉译日本社会主义论著的翻译和出版，使亨利·乔治的思想对清末知识分子了解、认识社会主义思想产生了很大影响。

三、清末知识分子在亨利·乔治的影响下认识社会主义

清末中国知识分子对社会主义的认识还处于初步阶段。20 世纪初日趋紧张的民族危机和社会矛盾让知识分子比以往更积极主动地通过西学著作了解西方思想文化，寻求救国之道。亨利·乔治的名字在此时与社会主义思想联系在一起，成为人们了解社会主义的一条重要线索。同一时期，国际共产主义运动在欧美诸国已产生重要影响。以列宁为代表的俄国布尔什维克发展和深化了马克思和恩格斯的科学社会主义理论，使科学社会主义成为 20 世纪后在全球范围内都无法忽视的思想理论。但国际共产主义运动与社会主义思想在国外的最新动态，并没有同步传入清末中国。在信息传播缓慢、知识资源有限的情况下，论及亨利·乔治的各种著述还是清末知识分子了解社会主义的重要依据。尽管乔治本人从未自称社会主义者，并且这一事实在不少英文社会主义著述中也有明确论述[2]，但日本学者大多忽视、过滤了这一信息。通过日本学者的介绍，亨利·乔治在清末成为中国人认知"社会主义"的关键人物之一。考察清末中国出现的各种中英文

---

① 参考拙文：刘庆霖. 从纂译到译纂——以《近世社会主义》为例看马克思学说在中日两国的早期传播[M]//北京大学《马藏》编纂与研究中心. 《马藏》研究：第二辑. 北京：科学出版社，2021.

② 如 William D. P. Bliss. *A Handbook of Socialism*[M]. New York：Swan Sonnenschein，1895；Morris Hillquit. *History of Socialism in the United States*[M]. New York：Funk & Wagnalls Company，1910.

相关文本，可知亨利·乔治对中国人认识社会主义思想，产生了以下几个方面的影响。

首先，亨利·乔治对贫富悬殊问题的思考，为清末知识分子提供了解决社会不公的思路。亨利·乔治揭示了19世纪末20世纪初社会主义者所关注的核心问题，即社会公平问题。论及亨利·乔治的清末文本，尤其是汉译日书的文本中，几乎都将乔治与"社会主义""贫富悬殊（或贫富悬隔）"这两个关键词联系在一起。乔治指出，在近代西方社会，生产技术的进步和物质财富的增长并不能消除社会贫困。这是乔治对资本主义社会贫困问题的重要揭示。这一揭示在介绍到清末中国的文献中也曾多次被引用。如村井知至著、罗大维译《社会主义》一书，在介绍"欧洲现时之社会问题"一章中，有以下论述：

> 世界之财富既增，将举世人同蒙其利益乎？夫自机器制造以来，有为之预想者，谓劳动者得机器之助，将大减其劳苦。贫困者得富率之骤增，亦可藉分余润。是贫困者，其遂绝迹于社会矣。而岂知作此预想者，正生反对之结果。富者益愈富，贫者益愈贫。其故何哉？以富之所以增加者，不过积之一方，属之一人，而他方之穷困者且群然起。是故边利氏（即亨利·乔治——引者注）著《进步与贫困》一书，以攻现今之社会制度，此其故可思矣。①

文中提到在产业机械化的近代社会，劳动者并没有"大减其劳苦"，反而由于财富积累在少数人手中，导致"富者益愈富，贫者益愈贫"。这是乔治著书抨击资本主义社会制度的原因，也是乔治展开贫困问题研究的切入点。乔治为同样关注贫富问题的社会主义者提供了研究思路，同时也为阅读这类文献著述的中国知识分子提供了对社会主义的具体认知。这段论述虽然简短，但已精练概括了近代西方社会贫富悬殊问题的起因，引导读者了解在资本主义私有制的条件下，技术进步、财富积累与贫富悬殊的关系。《社会主义》一书在清末有三个译本，除罗大维译本外，《翻译世界》连载本和侯仕绾译本虽然在表述上各有特点，但基本都传达了作者的原意。其中《翻译世界》连载本还特别强调了《进步与贫困》在西方世界"盛行

---

① 北京大学《马藏》编纂与研究中心. 马藏：第一部第五卷[M]. 北京：科学出版社，2019：272.

于世"的影响力①。

相较于《社会主义》的简短论述，赵必振译、福井准造著《近世社会主义》对亨利·乔治的介绍和评析更为具体、详细。在探讨贫富悬殊问题时，该书还猛烈抨击了资本主义社会虚假的"自由平等"。

> 社会虽日有长足之进步，而个人之富厚，亦逐月而蓄积之。然是不过社会一部之现象，而是等文明之里面发见几多悲惨之实事。而多数之劳民，因其生产之机关与其原料，不能自给，而不能谋独立之生计，不得不托生于资本家，以谋一身自活之资，岂非社会组织之一大弊事乎！社会之状态，既已如斯，于是劳动者一身之权利，虽曰自由平等，此等之自由平等，岂足以救彼等乎！譬而言之，如导人而置之于四面森森之太平洋中，而曰"汝有自由平等之权利。从自己之所好，以自达于自由之陆地。吾人无救护之义务，无诱导之责任②"。是岂为救护诱导之道乎？呜呼！是导人以陷于死地，为残忍之最者。而社会现时之状态，是殆类之。③

可见《近世社会主义》同样揭示了资本主义私有制主导下贫富悬殊的成因。引文还进一步指出，由于失去生产资料的所有权，劳动者不得不依附资本家。作者认为这是"社会组织之一大弊事"。在资本主义社会，劳动者虽然在形式上被赋予"自由平等"，但不能独谋生计，又深陷于贫困之中，因此这种自由平等是资本主义社会虚假、伪善的"自由平等"。以上观点是福井准造参考了亨利·乔治《社会问题》一书后做出的论述。从中可见乔治对资本主义社会不公问题的探讨，与马克思的观点已有几分相近。虽然他并没有触碰到贫富悬殊问题的根源，即资本主义剥削制度，但他从资本家占有生产资料的角度对社会不公做出的剖析，的确能为清末知识分子群体了解社会主义理论提供一种有效门径。通过了解亨利·乔治的思想主张，人们可以较清晰地认识到社会主义者提倡社会平等的一般思路。

其次，亨利将地租税视作解决社会问题的关键，为清末知识分子提供

---

① 北京大学《马藏》编纂与研究中心. 马藏：第一部第五卷[M]. 北京：科学出版社，2019：204.
② 在《近世社会主义》中译本中，赵必振将此句误译为"吾人为救护之义务，为诱导之责任"，为了解原文内涵，此处引用时参考了日文原著将其修正。
③ 北京大学《马藏》编纂与研究中心. 马藏：第一部第二卷[M]. 北京：科学出版社，2019：727.

了认识社会主义的共鸣点。西方社会生产技术的进步、物质财富的增长，以及资产阶级对工人阶级的剥削奴役，并没有明显体现在清末中国社会中。亨利·乔治若仅仅探讨贫富悬殊问题的起因，可能只会让清末知识分子对西方的境况有所了解，而无法获得共感。但乔治将贫困问题的解决方案聚焦在土地问题之上，则为中国人提供了绝佳的共鸣点。事实证明，无论是西方还是中国，征收单一地价税的政策并不是解决社会贫困问题的根本方法。但乔治在研究单一地价税的过程中，深刻批判了私有制下的土地垄断，还潜心探讨了土地公有化的方案。他提出的理论及由此引起的争论，为清末乃至整个近现代中国的知识分子带来了重要启示。

　　清末论及亨利·乔治的各类文献将他描述为反对土地私有[1]、倡导"土地国有论"[2]、首倡"土地单税"[3]的社会主义者。乔治的单一地价税理论，基于他对土地所有权的认识，这一认识在部分清末相关文献中有详细论述。如高种译，大原祥一著《社会问题》是如此介绍的：

　　　黑利祚止（即亨利·乔治——引者注）派，谓单税者，地主之负担，不能转与他人。一般人民，不至受苦，诚良税也。……单税论者所主张之说，大致谓土地者，天与之，非人工所能手造。不论何人，无所有专用之权利。土地价格，苟有增加，实社会发达之结果，非因个人劳役而得。故其利益，所谓不劳之增加 Unearned increment，属于社会全体，非个人所专有。且土地私有之制，于各种社会，颇有弊害。此政府统率社会全体，所以有匡正弊害之义务。而个人各自劳役，亦可占用土地。但原地价格 Value of the bare-land（即经济的地代 The economic rent）仍归国家收取。若此则税法改良，而各种社会问题，亦可真正解决。[4]

　　这段文字为读者梳理了乔治对土地问题的基本认识。以引文为例，介绍乔治单一地价税理论的清末文献尤其注重论述征税的公平性，强调赋税

① 北京大学《马藏》编纂与研究中心. 马藏：第一部第二卷[M]. 北京：科学出版社，2019：268.
② 北京大学《马藏》编纂与研究中心. 马藏：第一部第二卷[M]. 北京：科学出版社，2019：625.
③ 北京大学《马藏》编纂与研究中心. 马藏：第一部第七卷[M]. 北京：科学出版社，2020：301.
④ 北京大学《马藏》编纂与研究中心. 马藏：第一部第七卷[M]. 北京：科学出版社，2020：302.

改革必须有利于一般民众，否则将会阻碍生产力的发展[①]。这与乔治批判地主垄断土地后哄抬地价，从而压迫劳动者、阻碍生产力发展的论述相互呼应。乔治主张征收单一地价税的原因，在于土地的自然属性。由于土地是"天与之"的自然生产资料，所以不应由个人独占。在此之上，乔治强调土地价格的增长是社会进步的产物，即文中所言"不劳之增加"。由此可见，乔治继承并发展了约翰·斯图亚特·穆勒的观点，将土地产生的非劳动增值（unearned increment，又译作非劳力增值、自然增值）与劳动者产生的劳动增值严格地区别开来。乔治认为，为提高生产积极性、维护社会公平，就应该只向非劳动增值的部分征税，即征收单一地价税。乔治重点探讨的土地问题和赋税问题，都是清末中国切实存在的重大问题，这无疑能让中国读者产生较大共鸣。因此，从乔治的角度理解社会主义对社会公平的追求，对于清末知识分子而言并非难事。

　　《社会问题》《近世社会主义》等汉译日书也指出了单一地价税理论存在的问题与缺陷。按亨利·乔治对"非劳动增值"的阐释，他的理论漏洞在于只看到土地，而忽略了资本也同样具有"非劳动增值"的特性。如大原祥一就在《社会问题》中以资本家投资银行为例，认为资本家因"事业发达、金利腾贵"而获利，也是不劳而获。因此，无论是资本还是土地的所有者，其获利方式并没有本质区别，都应归类为乔治所言的"非劳动增值"。[②]这样一来，仅针对土地征收单一地价税，明显是不合理的。此外，在福井准造的《近世社会主义》中，作者虽然没有直接指出乔治理论的漏洞，但却专门论述了乔治与"社会党"的区别，指出前者仅针对土地，而后者则主张资本及土地都应归为国有，并且提及这一分歧正是乔治最终与美国社会主义政党分道扬镳的重要原因。[③]当然，无论是《社会问题》的论述还是《近世社会主义》的论述，都没有像马克思、恩格斯对乔治的批判那样洞察到问题的本质。乔治的单一地价税理论，是不敢直接冲击土地私有制的折中方案，最终并没有动摇大地主和资本家的根本利益。因此，清末知识分子通过这些介绍、讨论或批判乔治的文献，并不能真正了解到科学社会主义对土地和资本的正确认识。但在初步接触到社会主义的清末

---

① 除《社会问题》外，《近世社会主义》中也有相似论述。参见：北京大学《马藏》编纂与研究中心. 马藏：第一部第二卷[M]. 北京：科学出版社，2019：726.
② 北京大学《马藏》编纂与研究中心. 马藏：第一部第七卷[M]. 北京：科学出版社，2020：303.
③ 北京大学《马藏》编纂与研究中心. 马藏：第一部第二卷[M]. 北京：科学出版社，2019：726-727.

时期，乔治的理论还是有利于知识分子群体理解社会主义对社会公平的追求。乔治对土地、地租和税收的研究，让清末知识分子能够结合中国社会所面临的同类问题，认识到社会主义解决社会矛盾的基本思路。虽然乔治的思路与政策缺乏科学性和实践性，但也能引导中国知识分子关心土地问题，为进一步解决近代以来中国自身的土地问题提供社会主义的知识基础。

最后，亨利·乔治被视作社会主义的代表人物，让清末知识分子对社会主义的认识不再停留在笼统、浅显的层面。清末时期，介绍社会主义的文献并不少见。留日期间或留日归国后，知识分子创办了各类进步杂志，刊载了一系列讨论社会主义的文章。清末新政大力改革教育，催生了一系列新式教科书的出现，其中历史、政治、经济类教科书常有对社会主义的简单介绍。无论是赞成或批判，这些文献都将社会主义描绘成"均贫富、救贫民、治民生"的思想理论，这也是清末知识分子对社会主义的最初印象。随着西学东渐的进一步发展，更多专门讨论社会主义的译著在清末问世，中国人对社会主义有了更全面的理解。对一种思想的相关人物产生具体认识，证明这种认识已不再停留在浅显的层面。

论及亨利·乔治的清末文献，对乔治的介绍或简短或详细，但几乎都提到了他的《进步与贫困》，指出该书在美、英乃至全球范围内的巨大影响力。此外，作为单一地价税的提倡者，乔治还与"单税论""土地单税"等关键词绑定在一起。与马克思、恩格斯、拉萨尔等人一样，乔治在清末并没有固定的译名，但《进步与贫困》和"单税论"的译法却基本一致。因此，乔治的思想理论与这些书名、术语关联起来，加强了他的识别度，有利于给中国人留下深刻印象。

不少讨论亨利·乔治的汉译日书都将乔治认定为美国社会主义的代表人物。在分国别介绍社会主义流派和社会主义政党的著作，如《社会党》中，作者谈到美国社会主义的发展情况时，就将乔治和爱德华·贝拉米（Edward Bellamy）、理查德·T. 伊利（Richard T. Ely）一同作为美国社会主义者的代表。[①]实际上，在 19 世纪后半期，美国社会主义的发展受到英国、德国等欧洲社会主义流派的重要影响。这一事实也在《社会党》和《近世社会主义》等汉译日书中有较为详细的介绍。与此同时，亨利·乔治的思想则被描绘成纯粹的"亚美利加之社会主义"，区别于"自欧洲而起"的

---

① 北京大学《马藏》编纂与研究中心. 马藏：第一部第五卷[M]. 北京：科学出版社，2019：450.

魏特林、马克思、拉萨尔等人的思想。[①]此外,《近世社会主义》还介绍了乔治与美国社会劳工党（Socialist Labor Party）、联合工党（United Labor Party）等政党从合作竞选纽约市长、费城市长到竞选失败后冲突、分离的经历。该书指出,以乔治为代表的单税论者虽然是社会主义的一个流派,但因为与纯正社会主义者"意见时相冲突",最终导致"单税论者与社会党分裂"。此后,乔治还一度与共和党合作,倡导自由贸易论。[②]因此,通过了解乔治的思想和经历,中国知识分子也能在一定程度上认识到社会主义不同流派之间的联系与区别,认识到社会主义阵营内部复杂的合作、斗争关系。

小　结

亨利·乔治的《进步与贫困》在 1899 年就经来华传教士马林的译述,以"富民策"为名被介绍到中国。但《富民策》及马林在《万国公报》《字林西报》等中英文杂志中对乔治的宣传,由于文本数量有限,再加上有能力阅读英文报刊的人数有限,很难立即产生广泛的影响。学界以往主要关注 1911 年及民国以后江亢虎、孙中山对乔治学说的吸收。但实际上,清末知识群体对亨利·乔治的认识不限于此。在《富民策》出版后不久,即 1902 年以后,随着一系列汉译日本西学论著的传入,亨利·乔治以"美国社会主义派之骁将"的身份再次出现在清末文献中,丰富了清末知识分子对乔治、对社会主义的认识。

鉴于马克思的科学社会主义在民国产生了巨大的影响,并在当代中国继续展示着强大的生命力,研究者更加注重回溯清末时期马克思学说在中国的传播和影响。但这种回溯研究往往会得出马克思及其科学社会主义在清末并没有受到太多重视的结论,与同一时期马克思主义在国际共产主义运动中的历史地位并不相符。究其原因,一方面是由于传入清末中国的西学思想信息有限,另一方面则是由于马克思主义理论体系的复杂性,要理解、掌握和接纳其思想,有相当高的门槛。相对而言,乔治的《进步与贫困》,以及他的单一地价税理论,在日本知识分子的影响下,则更容易被中国人接受。当然,与科学社会主义相比,乔治的"社会主义"学说明显缺乏科学性与实践性。但在清末中国,其学说却更具传播优势。这一方面在

---

① 北京大学《马藏》编纂与研究中心. 马藏: 第一部第二卷[M]. 北京: 科学出版社, 2019: 723.
② 北京大学《马藏》编纂与研究中心. 马藏: 第一部第二卷[M]. 北京: 科学出版社, 2019: 728.

于乔治"进步与贫困"的巧妙逻辑，易于理解；另一方面在于单一地价税理论从"贫困"和"土地"入手，迎合了清末中国面临的积贫积弱、土地兼并等社会问题，能引起强烈共鸣。因此，通过各种文献的译介与传播，亨利·乔治学说对中国知识分子在清末认识与接纳社会主义思想产生了很大影响，并在民国初年因孙中山等人对其土地理论的吸纳而继续发挥作用。从社会主义在中国的发展历程看，五四以后，特别是中国共产党成立后，马克思的科学社会主义最终脱颖而出，成为西学东渐各类思潮中影响最大的思想理论。但亨利·乔治在清末时期对中国知识分子认识社会主义所发挥的作用，仍值得被认知与肯定。

Henry George and the Early Spread of Socialism in Late Qing China

Liu Qinglin

Abstract: Henry George was a famous American economist in the late nineteenth century. His discussion of poverty and his advocacy of the single tax on land have had important influences around the world. Marx and Engels pointed out that George's ideological propositions were the views of bourgeois economists, and criticized his "attempts to save the capitalist rule under the guise of socialism". But in late Qing China, George was known as "American Socialist Warrior". Jiang Kanghu's program of the Chinese Socialist Party and Sun Yat-sen's people's livelihood doctrine were directly influenced by Henry George's doctrine. In addition, at that time, many socialist treatises were translated from Japanese works. These works introduced George and made his doctrine have a wider impact on the Chinese intellectuals. In the late Qing Dynasty, when the Chinese people initially came into contact with socialism, Henry George's discussion on the problem of the disparity between the rich and the poor as well as the nationalization of the Land provided an important ideological foundation for the acceptance and dissemination of socialism and Marxism in China.

Key words: Henry George；socialism；translation；the disparity between the rich and the poor；single tax theory

晚清海外报刊译介俄国革命的
主要对象、思想特征与历史影响

摘要：晚清时期，许多进步留学生和革命派纷纷在海外创立中文报刊宣传各自主张。海外报刊成为近代中国民主革命思想传播的重要阵地，其创立者中主要的代表是东京派和巴黎派。晚清海外报刊译介了大量俄国革命者的事迹和革命思想，主要译介对象包括"民意党"、俄国社会革命党和俄国社会民主工党等。晚清海外报刊对俄国革命的译介体现出其借俄国革命的事迹鼓动国内革命热情和通过关注俄国女性革命者以呼应妇女解放的主张等思想特征，对社会主义思想在中国的早期传播产生了深远影响。

关键词：晚清海外报刊；俄国革命；译介对象；思想特征；历史影响

作者简介：耿仁杰，北京大学习近平新时代中国特色社会主义思想研究院助理教授、研究员。主要从事马克思主义发展史研究。

一、晚清海外报刊：近代中国革命思想传播的重要阵地

19 世纪末 20 世纪初的中国，清朝统治集团日趋腐朽，戊戌维新运动的失败标志着君主立宪派和改良主义道路的破产，一批知识分子于是将目光转向海外，"其中一些人就能够从西方资产阶级政治文化中吸取其曾经是革命和民主的有用部分，而使自己在当时革命潮流中，成为先觉的进步力量"①。这一时期，许多进步留学生和革命派纷纷在海外创立中文报刊，

---

① 翦伯赞. 中国史纲要：第 4 册[M]. 北京：人民出版社，1964：111.

一方面译介西方政治思想，另一方面宣传各自的革命主张。由此，海外报刊成为近代中国民主革命思想传播的重要阵地。在海外报刊的创立者中，又以日本的东京派和法国的巴黎派为最主要的两派。

1. 东京派

由于距离、语言、成本等原因，日本是晚清中国学生最主要的留学目的地。有历史学家认为，20 世纪第一个 10 年中国学生留学日本的活动，很可能是"世界史上最大规模的学生出洋运动"[①]。中国留学生在日本大量接受民主主义、无政府主义、社会主义等思潮，他们不满于清政府的封建统治和帝国主义对中国的剥削压迫，革命热情日益高涨。对于这些留日学生而言，创办报刊是传播革命思想最主要、最有效的途径。他们以乡籍为纽带，创办了一批由本省同乡会组织编辑、以本省命名的报刊。这些报刊既报道国内新闻，也译介国际时事和西方学术思想，不仅在留日学生与旅日华人群体中有很大影响，还通过各种渠道被转运回中国，在一些口岸城市发行，进而将革命思想传入国内。

从时间上看，留日学生创办报刊在 1903 年达到第一次高潮，《湖北学生界》(后改名《汉声》)、《浙江潮》《江苏》等刊物都在这一年创刊。1901 年清政府与列强签订《辛丑条约》后，中国的半封建半殖民地化程度愈发加深，留日学生对此忧心忡忡，所以，这一时期留日学生创办的报刊普遍表现出鲜明的反帝国主义倾向。如《湖北学生界》创刊号所言："自民族主义一变而为帝国主义，亚洲以外之天地，一草一石，无不有主人翁矣。鹰瞵虎视者数强国，四顾皇皇，无所用其武。于是风飙电激席卷而东，集矢于太平洋亚洲。……危哉中国，其为各国竞争中心点也。"[②]《江苏》也提出"要之为政，所以求治，求治必先使人爱国"[③]的救国之方。这些报刊所表达的反封建反帝国主义的民族主义、民主主义的观点和主张，在海内外华人群体中很有影响,同时也为革命派的活动创造了思想舆论条件。

1905 年，孙中山等在东京领导组建中国同盟会并创办机关报《民报》，宣扬其三民主义革命观。《民报》创刊后不久，就与梁启超在日本横滨创办

① 费正清，刘广京. 剑桥中国晚清史（1800—1911 年）：下卷[M]. 中国社会科学院历史研究所编译室，译. 北京：中国社会科学出版社，1985：342.

② 张继煦. 绪论[J]. 湖北学生界，1903（1）：1.

③ 竞盦. 政体进化论[J]. 江苏，1903（1）：30.

的《新民丛报》展开了一场论战。这场革命派与改良派之间的论战极大地促进了民主革命思想的传播。到了 1906 年以后，在清政府的打压下，《民报》运送回国变得更加困难。"为此，留日学生中各省的革命同志，又纷纷以本省的名义创办和继续出版报刊，分散地运进国内，进行革命宣传。"①其中，李根源、赵伸负责的《云南》和吴玉章主编的《四川》等刊物皆是在这一时期创办的。此外，还有刘师培、何震夫妇创办的《天义》《衡报》等。据不完全统计，晚清留日学生创办的期刊有 97 种之多，但由于办刊参与者流动性大，多数刊物只存续一年半载，连续出版超过一年的仅有 9 种，很多刊物遭到日方查禁或被迫停刊。②

2. 巴黎派

20 世纪初，法国是日本以外另一个晚清中国学生的主要留学目的地。当时，法国是无政府主义思想的重要发源地和传播中心，据《世界之无政府日报（革命）出现》介绍，那一时期在巴黎一地出版的无政府主义报刊就不下数十种，"无政府主义者非常活跃，旅法华人颇受他们的影响"③。受无政府主义思想的影响，留学法国的李石曾、流亡法国的吴稚晖与旅居法国经商的张静江等于 1906 年底创建了世界社，后又在张静江的资助下，于 1907 年 6 月创办了《新世纪》杂志（世界语刊名：*La Tempoj Novaj*；法语刊名：*Les Temps Nouveaux*，后期改为：*Nouveau Siècle*），宣传无政府主义思想。《新世纪》在巴黎出版了近三年，共发行 121 期，是近代出版时间最长的中文无政府主义刊物。《新世纪》近距离观察到欧洲社会阶级对抗下的革命风潮，并与中国国内的革命形势相比较，得出应当鼓吹社会革命的结论："由此可见革命之进化，匪独一国为然，各地风潮亦同时而进"，以中国而论，"近数年中进步殊猛。故我新世纪出，亦能勉讲刻刻进化，日日更新之革命"④。

从思想史、革命史的角度看，尽管《新世纪》宣扬"扫除一切政府""废官止禄"的无政府主义思想，同孙中山等革命派主张的"三民主义"

---

① 吴玉章. 辛亥革命[M]. 北京：人民出版社，1969：93.
② 李礼. 转向大众：晚清报人的兴起与转变（1872—1912）[M]. 北京：北京师范大学出版社，2017：139.
③ 胡庆云. 中国无政府主义思想史[M]. 北京：国防大学出版社，1994：56.
④ 佚名. 新世纪之革命[J]. 新世纪，1907（1）：1-2.

不尽相同，但是张静江、李石曾、吴稚晖等人与革命派交往密切，辛亥革命爆发后他们也大都回到国内参加革命，并在日后成为国民党内举足轻重的人物。总的来说，在巴黎出版的中文报刊数量虽不及东京那样多，但因其身处彼时无政府主义思潮的大本营，所以同样对中国后来的无政府主义乃至社会主义思想的传播起到了很大作用。正如土耳其裔美国学者阿里夫·德里克所说，无政府主义促进了 20 世纪 20 年代中国社会主义语言的繁荣，"巴黎无政府主义者对这种语言的形成起了重要作用"[①]。

二、主要译介对象：19 世纪末 20 世纪初活跃在俄国的革命组织

晚清海外报刊对俄国革命的译介既有侧重于人物事迹的，也有侧重于思想主张的，就具体对象而言，总体上大多集中于俄国 19 世纪末 20 世纪初较为活跃的三个革命组织，即"民意党"、俄国社会革命党和俄国社会民主工党，其中又以对前两者的译介为多。

1. "民意党"

"民意党"是活跃于 19 世纪末俄国的一个民粹主义组织。19 世纪 70 年代后期，随着俄国社会阶级对抗不断激化，农村土地问题愈发尖锐，经济社会的形势发生了新的变化，旧的革命民粹主义组织逐渐沉寂。于是，许多俄国青年开始寻找新的革命方向，并逐渐形成了一些受革命民粹主义思想影响的革命组织，其中影响较大的一支就是 1879 年由"土地与自由"社分裂而来的"民意党"。相较于其他民粹派组织，"民意党"以新的出发点为基础确定自身纲领，即中央集权的国家政权对整个人民生活制度的作用和影响。在他们看来，国家制度本身就是劳动人民最主要的掠夺者。政府在经济上压迫人民的同时，也使各阶层人民，特别是农民在政治上处于无权地位。"从整个现存制度的观点来看，目前，我国的农民是微不足道的，比微不足道还要微不足道。"[②]因此，经济变革应当让位于政治变革，而实行政治变革的有效手段就是直接针对当权者的斗争。在这样的纲领指导下，"民意党"将革命重心从农村转移到了城市，投入更多的

① 阿里夫·德里克. 中国革命中的无政府主义[M]. 孙宜学，译. 桂林：广西师范大学出版社，2006：76-77.
② 中共中央马克思恩格斯列宁斯大林著作编译局，国际共运史研究室. 俄国民粹派文选[M]. 北京：人民出版社，1983：511.

精力在组织政治暗杀上，并明确提出，"恐怖活动就是要铲除政府中危害最大的分子……恐怖活动的目的是破坏政府的感召力，不断地证明反对政府是可能的，从而激发人民的革命精神"①。为了针对"政府中危害最大的分子"，民意党人从一开始就将目标锁定在刺杀沙皇身上。在经历了多次失败行动后，民意党人在 1881 年成功刺杀了亚历山大二世。这一事件在西方社会引起了轩然大波，欧洲媒体由此开始特别关注俄国"民意党"的革命活动，并进行了大量报道。这些资讯经过译介，使更多中国人得以知晓民意党人的革命活动。在这一过程中，海外报刊也发挥了不可忽视的作用。

1903 年，《浙江潮》第四、第五期"学术·政法"栏发表署名"独头"（即孙冀中）的《俄人要求立宪之铁血主义》一文，介绍了以"民意党"为代表的俄国革命者反抗沙皇专制、要求立宪民主的事迹。作者认为，沙皇尼古拉一世压制俄国民间的自由思潮，导致民众纷纷秘密结社。"民意党"成立后，其不再寄希望于鼓动农民暴动，而是将斗争的矛头直指沙俄政府："政府既不能应平和之恳请，则吾人不得不施强暴之手段以强制之。"②到了亚历山大二世时期，沙皇政府不仅无法平息民怨，还大肆逮捕、处死民意党人，进一步促使"民意党"转向暗杀的革命策略。该文颇为详细地介绍了 1881 年 3 月亚历山大二世遭民意党人刺杀身亡的经过，同时较为全面地介绍了"民意党"的政治纲领、革命策略、经济来源、保密手段、组织形式，以及女性成员众多等特征。此外，1907 年《天义》发表的《露国革命之祖母婆利萧斯楷传》《俄国女杰遗事汇译》等文章也提及了民意党人刺杀沙皇的事件，并明确将其视作俄国社会主义革命活动的一部分。随刘师培夫妇同在东京的同盟会成员汪公权提出："昔'民意党'之组织，自投爆烈弹于来维河畔，轰碎亚历山二世马车，政府搜禁酷虐。其有力者，或入狱，或处刑，或自杀，或衰老，或病毙。其为社会主义之运动者，则弃其政治的方面，均归于经济的范围。"③可见，汪公权认识到，在沙皇政府残酷镇压民意党人以后，俄国社会主义者很大程度上放弃了暴力的政治革命行动，而转向经济领域的斗争。历史证明，"民意党"

① 中共中央马克思恩格斯列宁斯大林著作编译局，国际共运史研究室. 俄国民粹派文选[M]. 北京：人民出版社，1983：522.

② 独头. 俄人要求立宪之铁血主义[J]. 浙江潮，1903（4）：26.

③ 公权. 露国革命之祖母婆利萧斯楷传[J]. 天义，1907（4）：41.

虽然在沙皇政府的镇压下逐渐销声匿迹，但其严密的组织性和强大的执行力仍然为后来的俄国革命实践提供了诸多启示。列宁的长兄亚历山大·乌里扬诺夫就是民意党人，后因参与刺杀沙皇亚历山大三世未遂遭到逮捕，被处以绞刑。列宁非常清楚地认识到"民意党"专注暗杀而脱离群众的革命策略注定不会成功，但"民意党"的组织经验也给列宁后来领导布尔什维克提供了诸多借鉴。正如列宁所说："把战斗的革命组织看做民意党人特有的东西，这在历史上和逻辑上都是荒谬的，因为任何革命派别，如果真想作严肃的斗争，就非有这样的组织不行。"①

2. 俄国社会革命党

"民意党"刺杀沙皇不仅使整个欧洲为之震惊，而且其政治主张和革命策略也对俄国革命产生了深远影响，一个集中体现这种影响的革命组织就是 20 世纪初在俄国一度十分活跃的社会革命党。成立于 1901 年底至 1902 年初的社会革命党是俄国 20 世纪最大的民粹派政党，由老民意党人小组、南方社会革命党、社会革命党人联合会和社会主义土地同盟等 19 世纪末活跃的民粹派团体联合而成。相比于"民意党"，社会革命党在阶级立场上更加接近农民。在土地问题上，社会革命党人继承革命民粹派的纲领，主张由村社按照平均原则分配土地，消灭土地私有制并发展农业合作社。在政治上，社会革命党积极参与俄国杜马议会的竞选和斗争，并且在其内部形成了一个继承"民意党"恐怖路线的"战斗组织"，组织实施了一系列暗杀行动。这些行动同样引起了海外中国留学生的关注。比如，汪公权就强调了农民立场和实施暗杀这两大俄国社会革命党的基本特征：一方面，"确信农民之中必可起最大之革命"，"以为革命多数之人民，不独属于工业劳动之人，即农民亦占革命党之多数"。另一方面，"而革命社会党之有志者，更组织'战斗团'一派，以暗杀为主，为职工、农民、犹太人等复仇"②。对于社会革命党"战斗组织"诉诸暗杀的革命策略，列宁曾经给予批评："这个党认为自己特别'革命'特别'左'，因为它肯定个人恐怖、暗杀手段，而我们马克思主义者却坚决摒弃这种做法。"③

---

① 列宁. 列宁选集：第 1 卷[M]. 北京：人民出版社，2012：414.
② 公权. 露国革命之祖母婆利萧斯楷传[J]. 天义，1907（4）：41-42.
③ 列宁. 列宁选集：第 4 卷[M]. 北京：人民出版社，2012：144.

除了在东京的《天义》，巴黎的《新世纪》更是凭借距离欧洲媒体更近的便利，在 1909 年集中刊发了一系列文章，译介了俄国社会革命党及其"战斗组织"的革命事迹。在一组署名"燃"（即吴稚晖）所作、题为《俄罗斯警界之丑剧》《俄警丑剧之余闻》《俄警丑剧之尾声》的连载文章中，作者以"阿泽夫事件"为中心，广泛论及俄国社会革命党和沙俄政府的各色人物，以生动的笔触勾勒出俄国社会革命党及其"战斗组织"的诸多特点。叶夫诺·阿泽夫是一名双面间谍，"卖革党于政府，亦卖政府于革党"①。一方面，他是社会革命党"战斗组织"的创始人之一，并作为主要领导者组织了一系列针对沙俄政府贵族官员、军事将领的暗杀行动；另一方面，阿泽夫也是秘密警察组织的卧底，接受大笔佣金，给警方提供诸多情报，致使很多社会革命党成员遭到沙俄政府的逮捕。后来，一名沙俄秘密警局的卸任局长向一位流亡西欧的俄国作家布尔泽夫透露了其中的内幕，布尔泽夫在其主编的杂志上详细披露了这一事件，一时间引起欧洲舆论哗然。

通过分析社会革命党"阿泽夫事件"，吴稚晖认为，虽然俄国革命者的勇气和行动力如此之强，但俄国革命还是迟迟没有成功，其原因一则在于"缺乏统一之机关"，二则在于过度推崇少数人的暗杀行动，"俄革命党之'个人直接行动力'过强，故人人希望廓清政府之妖孽，全仗'炸弹'与'匕首'，俄人遂成为世界刺客之原料"②。值得注意的是，吴稚晖在这一组文章中，还由社会革命党阿泽夫案进而谈到俄国 1905 年革命的一些相关情况。1905 年 1 月 22 日，三万多名俄国工人在加邦神甫的带领下聚集在圣彼得堡冬宫广场请愿，遭到沙俄军警血腥镇压。这一流血事件成为俄国 1905 年革命的开端，史称"血腥的星期日"。吴稚晖将这一事件译作"流血之日曜"，并将其描述为："此一千九百五年嘉本（即加邦神甫——引者注）率工人行强硬要求于冬宫前之一日也。其日工人男女，被军队所蹂践者千百人。"③总的来说，作为 20 世纪初俄国最为活跃的革命力量之一，社会革命党的革命事迹吸引了晚清海外报刊的关注，并引发了中国革命者对社会主义和革命道路的思考。

---

① 燃. 续俄警丑剧之余闻[J]. 新世纪，1909（99）：10.
② 燃. 续俄罗斯警界之丑剧[J]. 新世纪，1909（87）：9.
③ 燃. 续俄警之丑剧之余闻[J]. 新世纪，1909（93）：9.

3. 俄国社会民主工党

俄国社会民主工党是以马克思主义为指导思想的俄国无产阶级政党，由俄国的马克思主义者（也称"社会民主党人"）组成，是布尔什维克和俄国共产党的前身。1898 年 3 月，俄国社会民主工党在明斯克召开第一次代表大会，宣告其正式成立。1903 年，俄国社会民主工党在第二次代表大会上分裂为以列宁为首的布尔什维克和以马尔托夫为首的孟什维克。在 20 世纪的第一个十年，社会民主工党在众多俄国革命组织中并不突出，其活动很大程度上还处于半公开的状态，加之缺少特别引人瞩目的革命事迹，因而在晚清海外华人革命群体中受到的关注不及"民意党"和社会革命党。即便如此，晚清海外报刊中还是有一些文章对其有所提及。

在《天义》的作者中，汪公权较早关注到俄国社会民主工党的发展起源、阶级立场和基本主张。他提出，在"民意党"运动之后，"'劳动者解放同盟'一派之纲领为各团体所采用。而团体中更有组织'社会民主党'者，始渐有政治的运动。但社会民主党，其始则以纠合职工为主，不注重于农民，名为'社会民主劳动党'之运动"。相比之下，社会革命党"确信农民之中必可起最大之革命"，"以为革命多数之人民，不独属于工业劳动之人，即农民亦占革命党之多数"。①汪公权在此明确指出了俄国社会民主工党与社会革命党的区别，将俄国社会民主工党的指导思想称作"革命的社会主义"，并指出其主要的革命活动是组织工人、农民的"同盟罢工之运动"。今天看来，汪公权的这一认识基本上是正确的。刘师培则主要介绍了俄国社会民主工党在杜马议会中的斗争情况。刘师培在《社会主义与国会政策》（署名申叔）一文中提出："俄国社会民主党劳动党，于千九百五年开大会。其提议之事，一为要求设代议政体，一为要求普通选举权，一为官吏由人民公选。又宣布'革命最后方法'，其第一条，亦以劳民得政权为目的。"②不久后，刘师培又在给怪汉译《俄国第二议会提议之土地本法案及施行法案》一文作的序中，简要介绍了包括俄国社会民主党、社会革命党在内的 104 名杜马议员提出土地改革法案的始末，进而引出沙俄第一届、第二届杜马议会期间俄国革命者与沙俄统治者之间的

---

① 公权. 露国革命之祖母婆利萧斯楷传[J]. 天义, 1907（4）: 41. 按: 社会民主党是社会民主工党的前身。

② 申叔. 社会主义与国会政策[J]. 天义, 1907（13-14）: 30.

斗争，以及著名的"六三政变"事件。

> 其在俄国者，则第一议会开会时，议员即要求土地均有，致被解散。议员二百十九名，乃公布檄文。略谓："吾辈承人民之命，要求制定土地分配法，举所谓私有地寺院领地皇室料地者，悉由人民分配。而政府以强权解散，则人民对于政府，当谢绝纳税服兵之责。并迫政府偿还国债。"此檄既布，而议员百六十九名，悉处禁锢三日之刑，并剥夺公权。及第二议会开设，议员之中，计社会党三十八名。合以社会平民党劳动党农民联合党社会民主党，计一百〇四名，将土地本法案及土地本法之施行法案，向议会提议，并由委员摩钱苟氏说明，于议会颇占优胜。俄政府欲加以拒绝，虑无词克假，乃诬称社会党各派议员中，其五十五各，将为暴动之隐谋。遂捕缚议员，解散议会。嗣后身处重刑者，计三十有九名。由是土地法案，遂不克施行。此俄国土地民有派运动之大略也。①

对于俄国社会民主工党的具体人物，晚清海外报刊涉及不多。《天义》载《俄国女杰遗事汇译》一文提到了犹太裔俄国革命家列夫·德依契（译作"略铎伊齐"）。德依契早年与普列汉诺夫、查苏利奇等组建了俄国第一个马克思主义团体"劳动解放社"，后追随马尔托夫一派而成为一名孟什维克。作者由此指出，当时的俄国革命者多赴瑞士等西欧国家"潜印书籍，运动平民"。②这与晚清时期留日革命青年所从事的活动，本质上无疑是十分契合的。总体上看，晚清海外报刊对于俄国社会民主工党以及马克思主义在俄国传播的认识还比较简单，更多情况下还是将其视作俄国革命和社会主义运动中的一支力量、一个派别。

三、思想特征与历史影响：鼓动革命热情与宣扬妇女解放

19 世纪末 20 世纪初的中国，清朝统治阶级日益腐朽，在西方列强的压迫下，中国日渐沦为半殖民地半封建社会。戊戌变法失败后，很多追求进步的中国青年对清政府彻底失望，逐渐从主张维新、改良转向追求彻底

---

① 佚名. 俄国第二议会提议之土地本法案及施行法案[J]. 怪汉, 译. 天义, 1908（16-19）：79-80.
② 衡民. 俄国女杰遗事汇译[J]. 天义, 1907（8-10）.

的革命，民主主义、无政府主义、社会主义等思潮开始受到推崇。很多晚清海外报刊都集中反映并积极引领了这一社会思潮的转向，他们对彼时风潮最盛的俄国革命给予了大量关注，积极译介其中的人物事迹和革命主张，这在一定程度上促进了马克思主义在中国的传播。综合来看，晚清海外报刊对俄国革命的译介表现出一些具有规律性的思想特征，并对中国革命产生了相应的历史影响。

1. 借俄国革命事迹鼓动国内革命热情

19 世纪中后期，大多数西欧国家已经完成了资产阶级民主革命，走上了资本主义快速发展的道路。在欧洲主要国家中，只有俄国仍然处于沙皇专制之下，封建统治阶级与劳工群众之间的矛盾日趋尖锐。在这一点上，沙俄与晚清时期的中国具有相似性。而且，自"十二月党人"以来，俄国革命者在同沙皇政府近一个世纪的斗争中谱写了很多可歌可泣的事迹，有志于革命的海外中国青年将俄国与中国类比，并表现出对俄国革命者的推崇之情，就成为一种十分自然的选择。据吴玉章回忆，"当俄国 1905 年的革命失败以后，有许多无政府党人逃亡到日本。当时我们在日本的一些中国革命者，从他们那里不仅受到了无政府主义思想的影响，而且还学到了许多从事恐怖活动特别是制造炸弹的技术。于是，与发动武装起义的同时，组织对清朝政府官员的暗杀，一时成为风气"[①]。美国历史学家马里乌斯·詹森也认为，自 1903 年无政府主义通过日文译著传入中国人群体中开始，俄国革命者就成了中国留日学生仿效的典范，"在留学生以先驱者自任的意识中，在他们对其政府的暴政的厌恶情绪中表现出来的激情，似乎都与俄国的事例有关"[②]。

1903 年，《浙江潮》就提出："全地球有专制国二，一曰俄其一则吾中国是已，以吾中国与俄较。""俄民既负此大好民族之名誉，度其将来，要必雄飞于世界。而吾中国民族之问题，犹沈霾于万重泥犁之下，而猥曰吾其要求立宪，要求何具？立宪何究竟？试一念及，吾心寒而魂惊，安得不为我中国国民同声一哭也欤。"[③]以上这段话不仅表达了作者对清朝实

---

① 吴玉章. 辛亥革命[M]. 北京：人民出版社，1969：101.

② 费正清，刘广京. 剑桥中国晚清史（1800—1911 年）：下卷[M]. 中国社会科学院历史研究所编译室，译. 北京：中国社会科学出版社，1985：367.

③ 独头. 俄人要求立宪之铁血主义[J]. 浙江潮，1903（5）：20.

施君主立宪制改革失败的痛心，也流露出作者对中国国民革命性不足的忧虑。此后，随着海内外革命派的活动日趋活跃，到 1908 年，《天义》刊载了托尔斯泰《俄国革命之旨趣》（今译为《论俄国革命的意义》）一文。译者表示："现今世界各国，人民反抗君主者，以俄国及中国为最著。"[①]吴稚晖 1909 年也在《新世纪》上提出俄、中两国革命情势的相似性："暴乱之国之凶秽，固如出一辙矣。"[②]值得注意的是，《天义》此时已经认识到欧洲资产阶级革命后社会阶级分化的弊端，"未尝有利于多数人民"，因而提出应当效法欧洲人的"善于革命"，而不必效法其"革命之目的及结果"，进而表示"故凡革命后进国，均当引为殷鉴，而别筹革命之方"[③]。如前文所述，吴稚晖也批评俄国革命者"全仗'炸弹'与'匕首'"。可见，此时海外革命派一方面期待中国革命者的热情能够高涨，另一方面对于具体的实现路径，已经开始了新的思索。

2. 关注俄国女性革命者以呼应妇女解放的主张

晚清时期，在民族解放思想的影响下，妇女解放思潮渐盛，其集中体现就是出现了一批妇女报刊。在国内有秋瑾等创办的《中国女报》（1907年创刊）和陈以益等创办的《女报》（1909 年创刊）；在海外则有留日学生在东京创办的《中国新女界杂志》（1907 年创刊），以及发表大量宣扬无政府主义妇女解放思想的《天义》。何震发表在《天义》上的长文《女子复仇论》更是批判中国封建传统文化对女性压迫、禁锢的代表作。正是在这一思潮的影响下，诸多晚清海外报刊在译介俄国革命的时候，非常关注俄国女性革命者反抗沙皇专制的事迹，以此宣扬其妇女解放的主张。

自民粹主义运动兴起以来，俄国革命者中就一直不乏女性的参与，这也成为俄国革命的一个鲜明特点。其中，"民意党"女革命家索菲娅·利沃夫娜·佩罗夫斯卡娅就是其中最早为中国人所熟悉的一位。早在 1903年，梁启超在《新民丛报》上发表的《论俄罗斯虚无党》就提到"俄皇亚历山大阅兵归，为女豪杰苏菲亚等爆弹所狙毙于道旁"[④]。在晚清海外报

---

① 杜尔斯德 Tolstoy. 俄国革命之旨趣[J]. 天义，1908（16-19）：63. 按："杜尔斯德 Tolstoy"，即托尔斯泰。

② 燃. 俄罗斯警界之丑剧[J]. 新世纪，1909（87）：15.

③ 杜尔斯德 Tolstoy. 俄国革命之旨趣[J]. 天义，1908（16-19）：63.

④ 中国之新民. 论俄罗斯虚无党[J]. 新民丛报，1903（40-41）：5. 按：梁启超的说法并不完全准确，索菲娅（"苏菲亚"）虽然参与了对亚历山大二世的刺杀行动，但直接行刺者并非她本人。

刊关注俄国女革命者事迹较为集中的 1907 年，《民报》第 15 号发表了《苏菲亚传》，"其意志之坚卓，智力之俊迈，虽以一年少弱女子，尝凌党中之有名先辈矣"①。《新世纪》第 27 期刊登了"俄罗斯之女无政府党"索菲娅的照片。《天义》第 7 卷刊载了另一位"民意党"女革命家薇拉·尼古拉耶芙娜·菲格纳（译作"维拉斐哥奈尔"）的照片，第 8—10 卷的《俄国女杰遗事汇译》一文更是"博采东西书籍所记载"，译介了包括索菲娅、菲格纳在内的十余名同沙皇专制暴力抗争的女革命者事迹。②

　　另一位颇受中国人关注的俄国女革命家是叶卡捷琳娜·康斯坦丁诺夫娜·布列什柯-布列什柯夫斯卡娅。布列什柯夫斯卡娅很早就投身民粹派的革命活动，几经牢狱与流放，后来成为俄国社会革命党的创始人之一。她一生的革命经历颇为传奇，因而被时人誉为"俄国革命的小祖母"。布列什柯夫斯卡娅的事迹由俄国传入日本，又经由留日学生的译介传入中国。从辛亥革命之前到五四运动时期，中国思想界多有介绍布列什柯夫斯卡娅的文章。汪公权在《天义》第 4 卷上发表的《露国革命之祖母婆利萧斯楷传》，实际上就是"节译幸德秋水《露国革命之祖母》及志津野次郎《革命妇人》而成"③。李大钊 1921 年曾经在《俄罗斯革命之过去、现在及将来》一文中提到布列什柯夫斯卡娅（李大钊将其译为"加塞林·贝雷希古夫斯基"），介绍这位"俄国革命祖母"身为贵族子弟，却做革命事业。④事实上，中上阶层出身的女性投入革命事业，这一点也是俄国革命中和中国革命中的一个相似之处，俄国女性革命者中很多出身贵族，而中国女革命家秋瑾也是出身官宦人家。秋瑾 1907 年就义后，晚清海外报刊集中出现了一批讨论、赞美秋瑾的文章。《天义》不仅迅速做出反应，而且前后持续近半年时间，形成了纪念秋瑾的第一个舆论高潮。⑤《天义》对秋瑾的纪念反映了其主编何震对秋瑾的高度认同，秋瑾主张女性解放和直接行动的暴力革命方式，这同《天义》时期何震的想法高度一致。不过何震后来随刘师培归国后入端方幕，背离了从前的革命立场，引起了海外革命派的反感。

————————

　　① 无首. 苏菲亚传[J]. 民报，1907（15）：120.

　　② 衡民. 俄国女杰遗事汇译[J]. 天义，1907（8）.

　　③ 公权. 露国革命之祖母婆利萧斯楷传[J]. 天义，1907（4）：39.

　　④ 李大钊. 李大钊全集：第 3 卷[M]. 北京：人民出版社，2013：365.

　　⑤ 万仕国.《天义》对秋瑾案的反应[M]//赵昌智. 扬州文化研究论丛：第 14 辑. 扬州：广陵书社，2014：170-181.

吴稚晖也借译介一位潜入俄国社会革命党内部的女性君主主义者齐奈达·朱琴科–格恩格罗斯的事迹，批评何震：俄罗斯素闻有女革命党，今知又有女侦探，所以中国既有秋瑾必又有何震。①

The Main Objects, Ideological Characteristics, and Historical Influence of the Russian Revolution Translated and Introduced by Overseas Newspapers and Journals in the Late Qing Dynasty

Geng Ren-jie

Abstract: In the late Qing Dynasty, many progressive overseas students and revolutionaries set up Chinese newspapers and journals overseas to publicize their respective propositions. Overseas newspapers and journals became an important position for the dissemination of ideas of the democratic revolution in modern China, of which the main representatives were in Tokyo and Paris. Overseas newspapers and journals in the late Qing Dynasty translated and introduced a large number of deeds and ideas of Russian revolutionaries, including the "Narodnaya Volya", the Russian Social Revolution Party and the Russian Social Democracy Labor Party. The translation and introduction of the Russian revolution by overseas newspapers and journals in the late Qing Dynasty reflected the inspiring domestic revolutionary enthusiasm through the deeds of the Russian revolution and the ideological characteristics of paying attention to Russian female revolutionaries in response to women's liberation claims, which had a profound impact on the early dissemination of socialist ideology in China.

Key words: overseas newspapers and journals in the late Qing Dynasty; the Russian revolution; object of translation and introduction; ideological characteristics; historical influence

---

① 燃. 俄警丑剧之尾声[J]. 新世纪，1909（113）：7.

19世纪俄国民粹派革命家
索菲娅·佩罗夫斯卡娅

叶 帆

摘要：《俄罗斯大风潮》一书中，提及一位成功刺杀俄国皇帝亚历山大二世的俄罗斯"女杰"，她就是索菲娅·佩罗夫斯卡娅。佩罗夫斯卡娅是俄国历史上首位受绞刑的女革命者，她反对专制主义的英勇壮举和大无畏的革命精神值得后人敬仰纪念。以佩罗夫斯卡娅为代表的俄国民粹派革命者所作的探索和尝试，为后来列宁领导的无产阶级革命起到了重要的试错和铺垫作用。然而长期以来，我国学界对佩罗夫斯卡娅传奇经历的关注甚少，了解不深，成果匮乏，这不但与其在俄国革命运动史中的地位不符，亦不利于研究恩格斯和列宁对民粹派思想的批判和超越。本文旨在对佩罗夫斯卡娅的革命经历作简要的梳理和介绍，在一定程度上填补相关研究的空白。

关键词：佩罗夫斯卡娅；俄国民粹派；社会主义

作者简介：叶帆，历史学博士，北京大学马克思主义学院助理教授、研究员。主要从事中共党史、苏联史、中苏关系史研究。

历史人物的研究情况往往同时代需求息息相关。我国学界对《俄罗斯大风潮》中译本涉及的三位俄国民粹派革命者的研究状况，就充分体现了这种相关性。20世纪初的中国，政治腐败，民族危机加深，社会矛盾激化。知识界对社会变革的渴望同俄国民粹派推翻专制政权、砸碎封建制度的主张与行动道同契合。因此在清末的中国，对拉甫罗夫[①]、查

[①] 彼得·拉甫罗维奇·拉甫罗夫（Пётр Лаврович Лавров，1823—1900），俄国哲学家和政论家，社会活动家，民粹派思想家。

苏利奇[①]、佩罗夫斯卡娅三位俄国民粹派革命者的介绍较多，而在现当代学者的著作中，仅偶有提及，鲜有专门研究。研究稀缺的现状，与这三位革命者在社会主义史、俄国革命运动史、俄国社会主义和民粹派思想史和传播史中的地位不符，亦不利于研究恩格斯和列宁对民粹派思想的批判和扬弃，以及探寻孟什维克的思想源流等重要问题。

《俄罗斯大风潮》一书中，提及了一位俄国女革命者，并介绍了其震惊世界的弑君行动。

> 至尊无对威权赫赫之皇帝亚力山大第二，亦死于一妇人手。此妇人名，薛非亚培娄屋司加牙。薛女杰贵族也，甚美。被面障引数人入见俄帝，掷以炸弹，俄帝立死。[②]

这位"薛非亚培娄屋司加牙"即是本文要介绍的俄国著名民粹派革命者，也是俄国历史上首位受绞刑的女革命者——索菲娅·利沃芙娜·佩罗夫斯卡娅（简称索菲娅·佩罗夫斯卡娅）。

清末时期，中国革命者苦寻变革救国的良方无果，以暴力刺杀为主要手段的革命思潮大获流行。故索菲娅·佩罗夫斯卡娅的事迹在 20 世纪之初，较常见于书刊之中。罗普的《东欧女豪杰》[③]、任克的《俄国虚无党女杰沙勃罗克传》[④]、金一的《自由血》[⑤]等，根据日本学者烟山专太郎《近世无政府主义》一书中的相关内容，对佩罗夫斯卡娅的活动经历撰述颇详。当代国内学者对佩罗夫斯卡娅鲜有关注，其名仅见于部分国外作品译著[⑥]、

---

① 薇拉·伊万诺夫娜·查苏利奇（Вера Ивановна Засулич，1849—1919），俄国早期社会主义女活动家、作家。曾短暂支持恐怖手段，1879 年土地与自由社分裂为土地平分社和民意党时，选投主张和平宣传策略的黑土平分社。后成为孟什维克首领之一。

② 北京大学《马藏》编纂与研究中心. 马藏：第一部第一卷[M]. 北京：科学出版社，2019：502. 按："被面障引数人入见俄帝，掷以炸弹，俄帝立死"，此处叙述有误。1881 年 3 月 1 日，亚历山大二世被民意党人炸死于皇宫外。索菲娅·佩罗夫斯卡娅是这次暗杀行动的主要组织者，但炸死沙皇的是出身于波兰贵族家庭的伊格纳季·阿基莫维奇·格里涅维茨基（1856—1881），他自己也因伤势过重当场死亡。

③ 罗普. 东欧女豪杰[J]. 新小说，1902（1-5）.

④ 北京大学《马藏》编纂与研究中心. 马藏：第二部第二卷[M]. 北京：科学出版社，2021：305-313. 按："沙勃罗克"，即索菲娅·佩罗夫斯卡娅。

⑤ 金一. 自由血[M]. 上海：东大陆图书译印局，1904.

⑥ 莱泽克·科拉科夫斯基. 马克思主义的主要流派：第 2 卷[M]. 马翎，袁晶，赵艳萍，译. 哈尔滨：黑龙江大学出版社，2015；莫斯. 俄国史：1855—1996 [M]. 张冰，译. 海口：海南出版社，2008；马丁·艾·米勒. 克鲁泡特金[M]. 于亚伦，等译. 哈尔滨：黑龙江人民出版社，1982，等。

文学译著①和科普百科②中，鲜有专门研究。本文从这位著名女革命者的人生历程入手，以个人视角为主线，回溯19世纪70—80年代俄国风起云涌的民粹派革命运动，并浅析这场运动对无产阶级革命的作用和意义。

革命家的成长

1853年9月13日，佩罗夫斯卡娅出生在一个显赫的贵族家庭，其父列夫·尼古拉耶维奇·佩洛夫斯基是四等文官，历任圣彼得堡省（今列宁格勒州）省长、内务部长会议委员等职，其祖父为四等文官、塔夫利省省长尼古拉·伊万诺维奇·佩洛夫斯基，其曾祖为佩洛夫斯基姓氏之始祖、教育部部长阿列克谢·基里尔洛维奇·拉祖莫夫斯基伯爵。佩罗夫斯卡娅少时先后在圣彼得堡、普斯科夫省、家族封地基利布隆（今克里米亚戈尔基）和辛菲罗波尔市生活学习，过着无忧无虑的生活（图1、图2）。少年时期，佩罗夫斯卡娅最爱读皮萨列夫③的著作。她认为，《思考的无产阶级》

图1　索菲娅（右一）与姐姐玛利亚的　　图2　索菲娅·佩罗夫斯卡娅（1863年）
　　　画像（1859年）

---

① 爱德华·拉津斯基. 亚历山大二世：最后的伟大沙皇[M]. 周镜，译. 广州：新世纪出版社，2017；薇拉·妃格念尔. 俄罗斯的暗夜[M]. 谢翰如，译. 北京：生活·读书·新知三联书店，1992；让原登. 不可饶恕的人[M]. 周保雄，戴建方，译. 上海：东方出版中心，2014，等。

② А. М. 普罗霍罗夫. 苏联百科手册[M]. 中国社会科学院苏联东欧研究所，译. 济南：山东人民出版社，1988；蒋路. 俄国文史采微[M]. 北京：东方出版社，2003；А. М. 普罗霍罗夫. 苏联百科词典[M]. 丁祖永，等译. 北京：中国大百科全书出版社，1986，等。

③ 德米特里·伊万诺维奇·皮萨列夫（Дмитрий Иванович Писарев，1840—1868），俄国唯物主义哲学家和政论家、文艺评论、政治思想家。皮萨列夫与车尔尼雪夫斯基、杜勃罗留波夫一起被认为是19世纪60年代青年学生的"思想领袖"。皮萨列夫也是列宁尊敬和喜爱的一位政治思想家。

中所描绘的那些具有牺牲精神、敢于反抗社会不公的普通劳动者和知识劳动者，才是代表着未来的"新人"。少年时期萌发的这种思想，伴随了佩罗夫斯卡娅终生，并在其后来民粹派、民意党、弑君者的革命经历中，不断巩固增强。

　　1869 年，佩罗夫斯卡娅考入圣彼得堡阿拉尔钦高级女子进修班，成为进修班的首批学生。学习期间，她对数学、物理、化学等学科展现出了很高的天赋和兴趣。佩罗夫斯卡娅在进修班中结识了一批民粹派女革命者①，同她们一起研习米哈伊洛夫②的《论妇女解放》《妇女和妇女教育在家庭和社会中的意义》，由此激发了她对女性受高等教育和实现彻底解放的强烈要求。在研读弗列罗夫斯基③的《俄国工人阶级状况》后，认识到沙俄对劳动人民的剥削"所造成的死亡，是瘟疫和祸乱都无法造成的"④。佩罗夫斯卡娅深受影响，对人民疾苦十分同情，进而产生了对专制制度和资本主义双重压迫下残酷黑暗的社会现实的强烈愤慨。1870 年底，佩罗夫斯卡娅的父亲注意到她的思想变化，禁止其与虚无主义者交往，并威胁要将她禁足在家，休学停课。这一强制举动，激起了佩罗夫斯卡娅的反抗，她在朋友的帮助下离开家庭，先后隐居在圣彼得堡和基辅。

　　1871 年春，因父亲重病并承诺给予其更多自由，佩罗夫斯卡娅遂返回

---

　　① 主要有：索菲娅·亚历山德罗夫娜·冯·赫茨费尔特（Софья Александровна фон Герцфельд，1842—1898），俄国民粹派革命者，是俄国历史上第一位被判处死刑（后改为终身苦役）的女革命者。安娜·巴甫洛芙娜·普里贝列娃-科尔芭（Анна Павловна Прибылёва-Корба，1849—1939），俄国民粹派革命家，民意党执行委员会委员。亚历山德拉·伊万诺夫娜·科尔尼洛娃（Александра Ивановна Корнилова，1853—1941），俄国民粹派女革命者，柴可夫斯基团成员。维拉·伊万诺夫娜·科尔尼洛娃（Вера Ивановна Корнилова，1848—1873），俄国民粹派女革命者，柴可夫斯基团成员。

　　② 米哈伊尔·伊拉里奥诺维奇·米哈伊洛夫（Михаил Илларионович Михайлов，1829—1865），俄国革命家、作家和政论家。出生于官吏家庭，1845 年起开始发表作品。1846 年在圣彼得堡大学当旁听生时结识车尔尼雪夫斯基，1852 年开始为《现代人》杂志撰稿，1858—1859 年在国外见到赫尔岑和奥加辽夫。1861 年，他在伦敦赫尔岑办的自由俄罗斯印刷所印刷了传单《致青年一代》，并秘密运回俄国散发。1861 年 9 月 14 日被捕，被判处 6 年苦役，并终身流放西伯利亚，1865 年死于流放地。

　　③ 瓦西里·瓦西里耶维奇·别尔维-弗列罗夫斯基（Василий Васильевич Берви-Флеровский，1829—1918）；弗列罗夫斯基为笔名，真名是威廉·威廉莫维奇·别尔维（Вильгельм Вильгельмович Берви），俄国社会学家、政论家、民粹派思想家，《俄国工人阶级状况》是其代表作。马克思认为这是介绍俄国经济真实情况的第一部著作。

　　④ Флеровский Н. Положение рабочего класса в России[M]. СПб：Издание Н.П. Полякова，1869：447.

圣彼得堡。是年夏，柴可夫斯基①和纳坦松②为团结和吸收更多有革命倾向的年轻人，在柴可夫斯基团③的基础上，组织创建了自修俱乐部。柴可夫斯基团主要成员还有克鲁泡特金④、洛帕京⑤、库普列亚诺夫⑥、科尔尼洛娃姐妹等，佩罗夫斯卡娅也加入其中。1871 年 8 月，柴可夫斯基团成员开会商讨未来的活动计划，多数人投票赞同继续从事自修活动，但同时要在圣彼得堡和其他省份出版和传播政治文献。此后，柴可夫斯基团开始传播被当局所禁止的革命文献，主要是马克思、赫尔岑、拉萨尔、蒲鲁东、车尔尼雪夫斯基⑦、皮萨列夫、弗列罗夫斯基等人的著作。佩罗夫斯卡娅对各种革命思潮著作的出版事业极其热忱，广泛阅读并做了大量的相关工作。这一时期的经历对其革命思想的形成起到了重要的作用。

---

① 尼古拉·瓦西里耶维奇·柴可夫斯基（Николай Васильевич Чайковский，1850—1926），俄国民粹主义者、社会活动家。"柴可夫小组"遭破坏后于 1874 年流亡欧洲，1875 年去美国，试图在美国建立农业公社，失败后于 1880 年移居伦敦。1904 年加入社会革命党，后又成为合作社运动的积极活动家。

② 马克·安德烈耶维奇·纳坦松（Марк Андреевич Натансон，1850—1919），"柴可夫小组"、第二个"土地与自由社"以及后来的"民权党"、社会革命党等多个组织的主要创始人。多次被捕并被流放。第一次世界大战期间持国际主义立场，参加了 1915 年、1916 年先后召开的齐美尔瓦尔德会议和昆塔尔会议。十月革命后成为左派社会革命党领导人之一。

③ 柴可夫斯基团是 1869 年至 1874 年存在于圣彼得堡的革命民粹派团体，该组织以柴可夫斯基为首领，相继吸收纳坦松团和涅恰耶夫团，1871 年又吸收了佩罗夫斯卡娅和科尔尼洛娃姐妹创建的女子团体。该组织积极参加"到民间去"运动，在农民中从事革命宣传活动。该组织在莫斯科、基辅、敖德萨等城市有分支组织，许多成员都牵涉"193 人案"。1874 年，柴可夫斯基团因其成员多被当局逮捕而终止活动。

④ 彼得·阿列克谢耶维奇·克鲁泡特金（Пётр Алексеевич Кропоткин，1842—1921），俄国无政府主义思想家，曾参加俄国民粹派和第一国际的活动。

⑤ 格尔曼·亚历山德罗维奇·洛帕京（Герман Александрович Лопатин，1845—1918），俄国革命家、国际工人协会成员。他于 1870 年帮助拉甫罗夫逃出流放地，一起侨居国外，并在巴黎加入了国际工人协会；在翻译《资本论》的过程中成为马克思的密友，在国际工人协会中协助马克思同巴枯宁主义进行斗争。1870—1871 年，他又试图帮助车尔尼雪夫斯基从西伯利亚流放地逃跑，但没有成功，并因此被捕。被捕后他将翻译《资本论》的任务交给了尼古拉·弗朗采维奇·丹尼尔逊（Николай Францевич Даниельсон，1844—1918），后者完成了《资本论》第一卷的第一个译本，并于 1872 年出版（《资本论》第二、第三卷，也是丹尼尔逊翻译的）。1887 年，洛帕京被判永久监禁。1905 年革命时被释放，由于健康受到严重损害，他脱离了组织活动。

⑥ 米哈伊尔·瓦西里耶维奇·库普列亚诺夫（Михаил Васильевич Купреянов，1853—1878），俄国革命者，贵族出身，参与创建柴可夫斯基团，负责与海外革命者通信和文献的转寄收发，在工人中从事宣传工作。1874 年 3 月被捕，被关押在彼得保罗要塞，因"193 人案"被判刑，后死于狱中。

⑦ 尼古拉·加夫里诺维奇·车尔尼雪夫斯基（Николай Гаврилович Чернышевский，1828—1889），俄国思想家、文学家、政论家，革命民主主义者。列宁说他"继赫尔岑之后发展了民粹主义观点"。

革命思想的积极宣传者

1872 年春，为接近人民、了解人民、在实践中弄清理论争论的答案，佩罗夫斯卡娅参加"到民间去"运动，从圣彼得堡来到伏尔加河流域。像许多民粹派者一样，佩罗夫斯卡娅也希望通过发扬农民的公社天性，提升他们的文化和道德水平以促进社会变革。当时知识分子在农村常任村医或教师，佩罗夫斯卡娅接受了一名大地主的邀请，到萨马拉省的斯塔夫罗波尔的乡村女教师培训班担任俄语和文学教师。8 月，培训班的课程结束后，为进一步了解农民的生活，佩罗夫斯卡娅来到屠格涅夫村，在受过村医的几堂课程培训后，获得医士资格，为村民接种牛痘。同年深秋，当局得知有知识分子在当地从事教育宣传活动后，开始对他们进行搜捕。警察甚至放言："在俄罗斯，没有警察的许可，连字母都不能教给农民！"迫于压力，佩罗夫斯卡娅离开斯塔夫罗波尔，到特维尔省科尔切夫县的叶金姆诺沃村，在一所学校任教师助理并坚持学习。1873 年春，佩罗夫斯卡娅通过考试，获得教师资格。佩罗夫斯卡娅在萨马拉省和特维尔省的工作和生活，对她的人生产生了巨大而深远的影响。贵族小姐在农村生活中所遇到的不便和困难可想而知，但佩罗夫斯卡娅克服种种困难，忘我地工作，获得了人们的信任。在此过程中，她完全融入最底层民众的生活，目睹他们是如何辛劳地工作却仍旧生活在极度的贫困之中，还要受压迫、受鄙视。佩罗夫斯卡娅在此期间大量阅读，治疗患病农民，教育农民的孩子，但她也逐渐明白，无论如何努力，终究只是杯水车薪，只有彻底地摧毁封建制度，才能使人民过上幸福的生活。在人民中的这一年多时间，佩罗夫斯卡娅的意志更加坚韧，信仰更加坚定，知识更加丰富，生活更加简朴，身心更加刚强，具备了一个革命者所应有的宝贵品质。

1870 年春和 1872 年夏，圣彼得堡涅夫斯基棉纺厂和纳尔瓦的克伦戈尔姆纺织厂爆发的两次工人罢工，展现出俄国正在形成中的工人阶级的斗争性和力量，引起了民粹派革命者的重视。在工人中做革命宣传，发动工人运动，成为民粹派新的工作方向。

1873 年夏，佩罗夫斯卡娅返回圣彼得堡，重新投入柴可夫斯基团的工作中去。因目标明确，她更加积极忘我地工作。彼时柴可夫斯基团获得很大发展，成为一个人数多又团结的组织，其成员和分部遍及圣彼得堡、莫斯科、敖德萨、基辅和其他城市，甚至在瑞士设有分支机构和印刷所。佩罗夫斯卡娅是秘密工作委员会的成员，负责文字材料的印制以及与被捕同志的联络。

自 1873 年起，柴可夫斯基团投入大量精力到工人的革命宣传工作上，成员们被分配在圣彼得堡的各大工业聚集区，有的进入工厂做工，有的创办工人夜校，有的自主创建钳工作坊、修理厂、手工工场等，在这一过程中发现和培养人才。柴可夫斯基团给工人们讲授国际无产阶级运动史、马克思《资本论》第一卷。但应说明的是，这并不表示他们的观点有根本性的变化，所有在工人中的宣传都是民粹主义性质的。柴可夫斯基团并不真正理解工人阶级的历史作用和意义，只把他们看作推动未来声势浩大的农民运动的辅助力量，看作革命知识分子和农民之间的中间人。虽然民粹派的宣传工作存在认识性的问题，但客观上仍鼓动和鼓舞了工人，并将他们拉入革命运动中来。佩罗夫斯卡娅返回圣彼得堡后受组织安排，成为两个寓所的"房东"，为团员们从事宣传工作和提供掩护。

好景不长，1874 年 1 月 5 日，佩罗夫斯卡娅被逮捕，在没有任何罪证的情况下，以"在工人中鼓吹新思想"的罪名被囚禁在第三局[①]的监狱里。不久后，佩罗夫斯卡娅因贵族特惠条款，被当局交还给其父看管。是年夏，被释放的佩罗夫斯卡娅及其兄瓦西里一同被送往克里米亚母亲处，但佩罗夫斯卡娅心系人民革命事业，在听闻"到民间去"运动已席卷几乎整个俄罗斯的欧洲部分后，按捺不住激动的心情，先后赴特维尔省的韦西耶贡斯克市和克里米亚的辛菲罗波尔市，一边学习医护知识、从事医师工作，一边继续教育启化农民。

1877 年 8 月，佩罗夫斯卡娅因牵涉"193 人案"[②]被捕，庭审上因证据不足被无罪释放。重获自由的佩罗夫斯卡娅致力于解救获罪的同志梅什

---

① "第三局"是"御前办公厅第三局"的简称，1826 年 7 月由尼古拉一世建立。御前办公厅凌驾于政府之上，是沙皇在少数近臣辅佐下直接进行统治的一个最高决策机构。其中，第三局分管政治侦查，是一个秘密警察机关。

② "193 人案"，即沙俄政府对民粹派分子从事反政府宣传的审判案件。1877 年 10 月 18 日至 1878 年 1 月 23 日，参政院（元老院）对 193 人进行了审讯，其中 177 人被指控图谋组织政变。在此前三四年的时间里，各地被捕者达 4000 多人，他们来自 30 个不同的小组，在关押期间，有 97 人死亡或精神失常。

金①、科瓦利克②和沃伊纳拉利斯基③，却因流放地变动、未料到流放者被安置在货车车厢等缘故皆未成功。在哈尔科夫营救沃伊纳拉利斯基的行动失败后，佩罗夫斯卡娅暴露，再次被捕，被判流放奥洛涅茨省的波文涅茨④。赴流放地途中，佩罗夫斯卡娅设法潜逃，返回圣彼得堡。自此隐姓埋名，深居简出。

至 1878 年，先后以"服务人民"和"到民间去"为口号，持续十数载的对农民的宣传教育运动劳而无功，收效甚微。民粹派革命者中遂产生了另一批激进主义者，他们认为不能再将时间和精力浪费在发动群众上，反抗专制制度的斗争方法应该是暗杀，对当局的代表人物进行肉体消灭，用暴力手段，迫使专制政府实行民主改革，进而实现社会变革和人民解放。普列汉诺夫后来把这些恐怖主义的支持者称为"对人民丧失信仰的民粹派"。

民意党领导人

1878 年 2 月 5 日，薇拉·伊万诺夫娜·查苏利奇行刺圣彼得堡市市长特列波夫⑤，这标志着俄国民粹派进入以恐怖主义反抗专制主义的时期。5 月，基辅省宪兵局副局长盖金⑥被刺身亡。8 月，第三局长官兼宪兵司令梅

---

① 伊波利特·尼基季奇·梅什金（Ипполит Никитич Мышкин，1848—1885），俄国民粹派革命家。他曾经试图营救车尔尼雪夫斯基，是"193 人案"的主要被告人之一，并在法庭上发表了演说。1885年被枪决。

② 谢尔盖·菲利波维奇·科瓦利克（Сергей Филиппович Ковалик，1846—1926），俄国民粹派革命家。1869 年毕业于基辅大学，1873 年在国外结识巴枯宁、拉甫罗夫和特卡乔夫等，回国后倡导"到民间去"运动。1874 年 7 月被捕，在"193 人案"中被判处 10 年苦役。

③ 波尔菲里·伊万诺维奇·沃伊纳拉利斯基（Порфирий Иванович Войноральский，1844—1898），俄国民粹派革命家。出身于贵族家庭，1861 年因参加学生运动被莫斯科大学开除，随后被流放。1868—1873 年在母亲位于奔萨的庄园生活，受到警察监视。1874 年春，成为"到民间去"运动的主要组织者之一，同年被捕，在"193 人案"中被判处 10 年苦役。

④ 今属俄罗斯联邦卡累利阿共和国梅德韦日耶戈尔斯克区。

⑤ 费奥多尔·费奥多罗维奇·特列波夫（Фёдор Фёдорович Трепов，1812—1889），1830 年开始服军役，参与过镇压 1830—1831 年和 1863—1864 年的波兰民族起义，1866 年起任圣彼得堡市警察总监，1873—1878 年任圣彼得堡市行政长官。1878 年 2 月 5 日被查苏利奇刺伤，不久退休。

⑥ 古斯塔夫·埃杜阿勒多维奇·冯·盖金（Густав Эдуардович фон Гейкинг，1835—1878），俄国军人，1874 年任基辅省宪兵局副局长，男爵。1878 年 5 月 24 日深夜，盖金遭到民粹派革命者波普科（Попко Г. А.）刺杀，身受重伤，5 日后死于医院。

津措夫①被杀。各地官阶较低被害者不计其数，一时使当权者人人自危，不胜惶恐。

　　1879 年夏秋，原最大的民粹派组织"土地与自由社"②解体，分裂为以普列汉诺夫为首，主张继续奉行宣传教育路线的宣传派组织"黑土平分社"和以热利亚博夫③为首，要求采用恐怖主义斗争方式的密谋派组织"民意党"。佩罗夫斯卡娅为不使革命力量遭到削弱，曾力图避免"土地与自由社"的分裂，在努力失败后，经过短暂的思想斗争，决定加入密谋派。因为过往革命经历丰富，她成为"民意党"的领导人之一（图 3）。普列汉诺夫在给妻子的信中对此表达了自己的看法，称："索菲娅·佩罗夫斯卡娅按自己的观点和偏好来说，依然是一个革命民粹主义者，但她坚信有必要处决亚历山大二世。为了这个目的，也只为了这项行动，她加入了恐怖分子的组织。在完成这项行动后，她将重新回到人民中的活动。如此的徘徊不定与这位非凡女性的智慧和活力不相协调。"④

图 3　民意党时期的佩罗夫斯卡娅

---

　　① 尼古拉·弗拉基米罗维奇·梅津措夫（Николай Владимирович Мезенцов，1827—1878），俄国国务活动家。参加过 1853—1856 年的克里米亚战争，1861 年起任沙皇侍从武官，1871 年起任侍从将军，1876 年 12 月至 1878 年 8 月任宪兵队司令（宪兵总监）和第三局主要长官，1877 年起为国务会议成员。

　　② "土地与自由社"，俄国历史上两次存在的民粹派革命组织。首次创建于 1861 年，至 1864 年解散。复建于 1876 年，于 1879 年分裂。

　　③ 安德烈·伊万诺维奇·热利亚博夫（Андрей Иванович Желябов，1851—1881），俄国民粹派革命家，民意党执行委员会委员。列宁曾将热利亚博夫与罗伯斯庇尔、加里波第一起并称为伟大的资产阶级革命家。1881 年 4 月 15 日，热利亚博夫因谋害亚历山大二世被绞死。

　　④ Дейч Л Г. Группа «Освобождение труда». Сборник 6[M]. Москва：Государственное издательство Москва-Ленинград，1928：66.

谋 刺 俄 皇

1879 年 11 月，受民意党执行委员会指派，佩罗夫斯卡娅在莫斯科执行了针对皇帝的首次刺杀任务。她和加尔特曼①扮成巡路工夫妇，在其他民意党人的协助下，从紧邻铁路的住所下挖通道，并在铁轨下安置地雷。照惯例，出行时皇帝及其家眷和侍从分乘两列火车。为安全起见，侍从乘第一列探路，皇帝乘第二列随后。然而，在辛菲罗波尔上车时，皇帝提前到达了，为不浪费时间，临时改变了两列火车的顺序。因此，皇帝乘坐的第一列火车安然经过埋雷处，而侍从所乘列车经过时地雷被引爆，且炸毁的是存放行李的车厢，未造成人员伤亡。行动失败后，佩罗夫斯卡娅紧急逃往圣彼得堡。刺杀俄皇的行动虽然失败了，但在革命者中引起了巨大的反响，一些人建议佩罗夫斯卡娅避居国外，但她说："我宁愿在这里被吊死，也不愿到国外苟且偷生。"

1880 年春，佩罗夫斯卡娅等人受民意党执行委员会指派赴敖德萨筹备新一轮针对亚历山大二世的刺杀行动，据悉俄皇的火车将从这里经过去往克里米亚。佩罗夫斯卡娅和萨布林②假扮夫妻，租下一间杂货铺，再度采用挖掘地下通道，埋放地雷的行刺方式。然而俄皇并未从此路线经过，刺杀行动再度失败。

佩罗夫斯卡娅返回圣彼得堡后，在民意党执行委员会的领导岗位上做了大量的工作，组织印刷出版所、与彼得保罗要塞的政治犯联络、同境外的革命者联系、在学生和工人中建立组织。此时她已认识到，在没有工人广泛参与的条件下想要实现政治变革是不切实际的，但她的宣传仍是民粹派式的，即虽然认识到工人中蕴含着革命力量，但认为工人阶级缺乏政治觉悟和组织能力，仍将工人视为革命的对象，而非推动社会变革的主体，在工人中的活动也没有使其民粹主义的思想发生改变。1880 年 12 月，佩罗夫斯卡娅和热利亚博夫一起创办《工人报》，该报的主体思想，是将工人

---

① 列夫·尼古拉耶维奇·加尔特曼（Лев Николаевич Гартман，1850—1913），俄国民粹派革命家。出生于阿尔汉格尔斯克省一德国移民家庭，1876 年起参加民粹派运动。"土地与自由社"分裂后，先是参加"土地平分社"，后又转入民意党。1878 年在圣彼得堡甘油炸药厂工作。在参加了 1879 年 11 月试图炸毁沙皇所乘专列的行动后，于同年底逃往国外。1880 年 1 月 23 日被法国警察在巴黎逮捕，但经进步舆论和侨民的干预后被释放。他是民意党在国外的代表，与马克思和恩格斯相识。

② 尼古拉·阿列克谢耶维奇·萨布林（Николай Алексеевич Саблин，1849—1881），俄国民粹派革命者，民意党地下组织成员。

认作是农民的一部分，否定工人阶级的独立性。民粹派非常重视在工人中的宣传工作，但其主要目的，却是利用工人来实现民粹主义的纲领，对各阶级在革命中的角色和作用认识不清。从历史的后见之明来看，这大概是那一代民粹派革命者最大的理论局限和实践悲剧的根源所在。

1881 年初，民意党人再度谋划刺杀亚历山大二世。佩罗夫斯卡娅起初领导侦察队，负责研究亚历山大的进出路线。在热利亚博夫被捕后，佩罗夫斯卡娅成为民意党的实际领导人并全面负责刺杀行动。佩罗夫斯卡娅给每位参与者都分配了明确的任务，还亲绘地图，将每个人的位置清楚地标出，也正是她在 3 月 13 日向雷萨科夫①和格里涅维茨基②下令投掷炸弹。

下午两点三十分，雷萨科夫投掷的第一颗炸弹准确命中亚历山大的马车，使马车周围的卫兵受伤，但亚历山大二世本人无恙。警察局局长建议亚历山大二世立即乘其他马车返回皇宫。亚历山大二世同意了，但提出要看一眼罪犯。亚历山大二世不乏嘲讽地对雷萨科夫说道："上帝保佑，我安然无恙。"话音未落，格里涅维茨基将第二颗炸弹投向亚历山大二世，使俄皇身负重伤，不治而亡。

弑君案发生后，当局迅速行动，在很短的时间内将圣彼得堡民意党的核心成员悉数抓获。雷萨科夫的供述使民意党的寓所暴露，三四月间，警方先后逮捕格里夫曼③、米哈伊洛夫④、佩罗夫斯卡娅、基巴利契奇⑤、弗

---

① 尼古拉·伊万诺维奇·雷萨科夫（Николай Иванович Рысаков，1861—1881），俄国民粹派革命者。他在 1881 年 3 月 13 日的暗杀行动中引爆了首枚炸弹，但未对沙皇造成伤害。雷萨科夫当场被捕并在次日供出了佩罗夫斯卡娅等人的住所，但他仍被处决。

② 伊格纳季约·阿基莫维奇·格里涅维茨基（Игнатий Якимович Гриневицкий，1856—1881），民粹派革命家。出身于波兰贵族家庭，参加过波兰和俄国的革命小组，在地下印刷所当过排字工人。1875—1880 年在圣彼得堡工学院学习。在 1881 年 3 月 13 日的暗杀行动中，是他最后投掷的炸弹炸死了亚历山大二世，他自己也因伤势过重不久后死亡。

③ 盖霞·米罗夫娜·格里夫曼（Геся Мировна Гельфман，1855—1882），俄国民粹派革命者，民意党人，8 名主要组织并成功刺杀亚历山大二世的革命者之一。

④ 季莫菲·米哈伊洛维奇·米哈伊洛夫（Тимофей Михайлович Михайлов，1859—1881），俄国民粹派革命者，民意党人，参与刺杀亚历山大二世。

⑤ 尼古拉·伊万诺维奇·基巴利契奇（Николай Иванович Кибальчич，1853—1881），俄国民粹派革命者、发明家，民意党执行委员会委员。以"总技师"的身份参与了谋刺亚历山大二世的准备工作，负责制造爆炸物。1881 年 4 月 15 日被绞死。

罗连科①等人，萨布林拒捕自杀。

审　判

　　1881 年 3 月 26 日至 29 日，在参政院②的主导下，当局召集社会各阶层代表审理弑君案。陪审团成员均是精挑细选的，非但对受审者没有一丝同情，反而对他们充满了憎恶。颇具讽刺意味的是，仿佛是有意与陪审团呼应，受审者也来自社会各阶层。如前所述，佩罗夫斯卡娅出身贵族，热利亚博夫是农民之子，米哈伊洛夫是工人，基巴利契奇是神父之子，格里夫曼和雷萨科夫是普通市民，正是推翻专制制度的共同目标，把他们团结到了一起。他们在庭审上宣告，他们是为人民的解放事业服务的。

　　佩罗夫斯卡娅在庭审时很少发言，仅在被指控德行品性有失时，才愤而出言反驳道："检察官对我们提出了许许多多的指控，对事件事实部分的指控我没什么好说的，在审讯时我已全部承认。但指控我和其他人无德、残忍、蔑视社会舆论，我不能接受。了解我们是在怎样的条件下生活和行动的人，也绝不会这样指控我们。"③

　　审判的结局早已注定，1881 年 4 月 11 日，佩罗夫斯卡娅等 6 名参与刺杀俄皇的民意党成员被判处绞刑，罪名是"加入俄国社会革命党，作为其党徒数次蓄意谋害皇帝并于 1881 年 3 月 1 日弑君得逞。"④4 月 15 日，除格里夫曼因有身孕被改判缓期执行（后又改判终身苦役）外，其余 5 人被执行绞刑。

余　论

　　由贵族革命者们开创的为解放而奋斗的事业，经过平民知识分子的发

---

　　① 米哈伊尔·弗奥多罗维奇·弗罗连科（Михаил Фёдорович Фроленко，1848—1938），俄国民粹派革命者，民意党执行委员会委员。参加了 1879 年民粹主义者的利佩茨克会议和沃罗涅日会议，参加了 1879 年 11 月在敖德萨附近炸毁沙皇专车的准备工作，是 1881 年 3 月 13 日刺杀沙皇的重要组织者之一。1881 年 3 月被捕，先被判处死刑，后代之以终身苦役。1936 年加入联共（布）。

　　② 参政院是彼得一世在 1711 年设立的具有国家政权性质的机构，也称"元老院"，后逐渐变成隶属沙皇的最高官僚机关，负责监督其他机关的活动。1810 年以后成为最高国家司法机关，19 世纪末兼有公布解释法律和监督法律实施等职能。1917 年十月革命中被废除。

　　③ Сегал Е. А. Перовская[M]. Москва：Молодая гвардия，1964：130.

　　④ Павлюченко Э. А. Софья Перовская[M]. Москва：Учпедгиз，1959：31. 文中的 3 月 1 日为旧俄历，公历为 3 月 13 日。

展扩散，最终在列宁领导下的无产阶级政党手中得以实现。第三代俄国革命者吸取前人的教训，真正放手发动群众，在最广泛的群众中组织无产阶级大军，使俄国革命迎来了 1825—1895 年从未有过的新局面。"我们要走另一条路！"诚如列宁在得知其民粹派的兄长被处决后所言，无产阶级革命既不是一小撮勇敢者同政府对决，也不是靠着恐怖主义和刺杀手段来完成的，而是在一个与人民紧密联系的强大政党的领导下，通过发动群众运动，通过罢工、游行、起义、战争等方式来实现的一场真正的社会变革。

列宁在其著名的《俄国社会民主党人抗议书》中写道："如果说老'民意党'的活动家在俄国历史上起了巨大的作用，而且当时拥护这些为数不多的英雄的社会阶层十分狭小，运动的旗帜也根本不是革命的理论，那么社会民主党依靠无产阶级的阶级斗争，就一定能成为不可战胜的力量。"列宁进而说道："俄国无产阶级将摆脱专制制度的桎梏，以便用更大的毅力去继续同资本主义及资产阶级作斗争，直到社会主义完全胜利。"[①]

列宁的革命思想和理论，既根植于马克思主义的科学理论基础，又形成于对民粹派革命者所犯错误的批判和经验的汲取。在严厉批判民意党错误观点的同时，马克思主义者也从未否认 19 世纪 70 年代的民粹派是真正的革命者，他们对专制制度的憎恶，对人民的忠诚，对革命道路的探寻，都使列宁深受感动，他曾满怀敬意地说："俄国在半个世纪里，经受了闻所未闻的痛苦和牺牲，表现了空前未有的革命英雄气概，以难以置信的毅力和舍身忘我的精神去探索、学习和实验，经受了失望，进行了验证，参照了欧洲的经验，真是饱经苦难才找到了马克思主义这个唯一正确的革命理论。"[②]

苏联时期，社会主义国家铭记着民粹派革命者们为反对专制所作的努力和立下的功勋，将他们视作祖国和人民的儿女。他们为了人民的自由和祖国光明的未来，献出了自己宝贵的生命。索菲娅·佩罗夫斯卡娅甘为理想奋斗和献身的崇高精神，值得世人敬仰缅怀。

---

① 列宁. 列宁全集：第 4 卷[M]. 北京：人民出版社，2017：156.

② 列宁. 列宁全集：第 39 卷[M]. 北京：人民出版社，2017：6.

Sophia Perovskaya: Russian Narodnism Revolutionist in the 19th Century

Ye Fan

Abstract: In the book *The Great Trend of Russia* mentioned a Russian "female hero" who successfully assassinated Russian Emperor Alexander II, it was Sophia Perovskaya. Perovskaya is the first female revolutionary hanged in Russian history. Her heroic deeds against despotism and fearless revolutionary spirit deserve to be respected and remembered by later generations. The explorations and attempts made by Russian Narodniks-revolutionaries represented by Perovskaya played an important role in trial and error and foreshadowing the proletarian revolution led by Lenin later. However, for a long time, the academic circles in our country had paid little attention to the legendary experience of Perovskaya, understanding was not deep, and academic achievements were scarce. This is not only inconsistent with Perovskaya's status in the history of the Russian revolutionary movement, but also not conducive to the study of Engels's and Lenin's criticism and transcendence of Narodnism. This article aims to provide a brief overview and introduction of Perovskaya's revolutionary experience, filling a gap in relevant research to a certain extent.

Key words: Perovskaya; Russian Narodnism; socialism

编 后 记

　　《〈马藏〉研究（第四辑）》是国家社科基金重大项目"《马藏》早期文献（1871—1921）与马克思主义在中国的早期传播"（项目批准号19ZDA006）课题组近年来部分研究成果的汇集，也是该课题的阶段性成果之一。

　　本辑共 15 篇论文，按研究专题分为 5 类。顾海良的论文系统考察了20 世纪二三十年代李大钊等中国共产党早期思想家关于"以工立国"的理论及中国工业化道路和方式的各种观点，并围绕《申报月刊》特辑提出的"中国现代化问题"，探讨了中国思想家第一次以"中国现代化"为主题进行的思想交流、交锋和交融；路宽、汪越的论文，分别从欧洲近代思想史和中国资产阶级的社会主义观入手探讨了马克思主义在中国早期传播的思想历程；孙熙国、陈绍辉、邱华宇、陈筠淘、曹得宝、孔令珂、耿仁杰的论文则从《天义》《衡报》《新世纪》《共产党》等进步期刊入手，分析了上述期刊中所刊载的译介和宣传马克思主义的相关文章，阐发了这些文章的思想内涵、进步意义和历史影响，王保贤撰写的《恩格斯〈共产党宣言〉1888 年英文版序言"民鸣"中译本编纂及编者说明》，通过考察《共产党宣言》1888 年英文版序言在我国的早期传播，阐释了《马藏》不是简单的资料汇编，更不是对原有文本的复制，而是对所收文本进行必要的考证、注释、说明和研究，是集编纂与研究于一体的重大学术工程；对马克思主义在中国早期传播相关思想家与论著的考证一直是《马藏》编纂与研究工作的重点，巩梅的《〈近世界六十名人〉与〈维新人物考〉之比较》、金德楠的《道德批判与道德建构：李大钊对马克思主义道德理论的引介传播与科学运用》、刘庆霖的《亨利·乔治与社会主义在清末中国的传播》、叶帆的《19 世纪俄国民粹派革命家索菲娅·佩罗夫斯卡娅》均在这一方面阐述了相关考证结果，并提出了有价值的研究见解；本辑还收录了张懿撰写的《20 世纪 20 年代中国共产党初创时期在香港的革命活动考辨》，该文考察了中国共产党香港组织的建立，探讨了中国共产党香港组织在中国共产主义运动史上所发挥的重要作用。

　　北京大学《马藏》编纂与研究中心主任顾海良教授在百忙之中审定了本辑收录的所有论文，我负责论文的编选并对部分论文作了修改，巩梅副研究馆员和曹得宝博士后参与了资料整理和论文征集工作，曹得宝还协助我对论文进行了编辑和修改。

　　在本辑即将付梓之际，作为该项目的负责人，我要向参与项目研究工作的诸位同仁和承担本辑出版工作的科学出版社的编辑们致以衷心的感谢！

孙熙国

2024 年 3 月 29 日于北京大学